Karlheinz Gaertner

Nachtstreife

Aus dem Leben eines Großstadtpolizisten

orell füssli Verlag

2. Auflage 2015

Umschlaggestaltung: Hauptmann & Kompanie Werbeagentur, Zürich, unter Verwendung eines Fotos von © Oliver Gaertner
Druck: fgb – Proost Industries

ISBN 978-3-280-05575-5

Die Deutsche Nationalbibliothek verzeichnet diese Publikation in der Deutschen Nationalbibliografie; detaillierte bibliografische Daten sind im Internet über http://dnb.d-nb.de abrufbar.

Inhaltsverzeichnis

Statt eines Vorworts

Menschenverachtende Geschäftemacher, Giftmischer, Dealer des Todes und der Verelendung – anders vermochte ich jene zwei Brüder nicht zu benennen, die wir festnehmen konnten, nachdem sie monatelang jungen Menschen Heroin verkauft hatten. Dass sie sich zusätzlich als Sklavenhalter betätigten, wie man es nur aus Erzählungen des Mittelalters kennt, erschütterte mich tief. Der Glaube an das Gute im Menschen trat bei mir aufgrund der Dinge, die wir mit diesen beiden Männern erleben mussten, für einige Zeit in den Hintergrund.

Es fing damit an, dass mein Zivilfahndungspartner Achim und ich einen Betäubungsmittelabhängigen beobachteten, der an einem kaltnassen Novemberabend ein Wohnhaus in der Urbanstraße im Kreuzberger Kiez betrat. Auffällig war, dass er sich ständig nach allen Seiten umsah, auf dem Klingeltableau einen bestimmten Namen suchte und nachdem er geklingelt hatte, mehrere Minuten warten musste, bis er eingelassen wurde. Achim und ich waren uns fast sicher, dass der 20-jährige, süchtige Stefan P. – wir kannten ihn gut, denn er war von uns bereits mehrfach als Dieb und Einbrecher erwischt worden – »Stoff« für seine Heroinsucht erwerben wollte.

Während wir warteten, kroch langsam die kalte Nässe meine Hosenbeine empor, ich begann zu frösteln. Knapp eine halbe Stunde mussten wir in der Kälte stehen, da öffnete sich vorsichtig die Eingangstür und Stefan P. trat ins Freie.

Hastig verließ er das Haus, überquerte die Fahrbahn und rannte mehr als dass er lief in Richtung des Hermannplatzes. Hier begab er sich schnurstracks in die öffentliche Toilette, die in der Mitte des

Platzes, eine Treppe tiefer, unterhalb der Straße lag. Von der Dunkelheit eingehüllt und dadurch fast unsichtbar, folgten wir ihm. Einige Meter vor dieser Toilettenanlage blieben wir erst kurz stehen und stiegen dann vorsichtig die Treppen hinab. Mein vorsichtiger Blick um die gekachelte Ecke in den Vorraum des Pissoirs bestätigte unseren Verdacht: Stefan P. hatte sich Heroin besorgt. Ich konnte gut sehen, wie er gerade dabei war, mit einem brennenden Feuerzeug, das er unter einen Löffel hielt, Heroin »aufzukochen«, um es dann in einer Spritze aufziehen zu können.

Wir warteten nicht länger. Als er uns bemerkte, schüttete er das Heroingemisch vom Löffel mit einem gezielten Schwung ins Pissoir und versuchte gleichzeitig, ein kleines, weißes Briefchen, das er eilig aus der Jackentasche zog, hinterherzuwerfen. Doch in dem Augenblick hatte ich ihn schon ergriffen und nahm ihm das Briefchen weg. »Stefan, mach keinen Quatsch, du weißt es hat keinen Zweck sich zu wehren!«, eröffnete Achim ruhig das Gespräch. Da er uns nun ebenfalls erkannte, zuckte er etwas hilflos mit den Achseln und ließ sich dann widerstandslos nach oben führen.

Auf dem Abschnitt begann nun die übliche Prozedur: Personalienüberprüfung, Blut- und Urinprobe, Vernehmung und – sollte er einen festen Wohnsitz nachweisen können – seine Entlassung. Während der Vernehmung fragte ich ihn nach dem Verkäufer des Heroins. Mir war aber bewusst, dass ich kaum eine verwertbare Antwort bekommen würde, denn ein Suchtabhängiger braucht nun einmal eine sichere Bezugsquelle. Schon allein deshalb besteht kein Bedürfnis, ausgerechnet der Polizei seinen Dealer zu offenbaren.

Doch hier verhielt es sich einmal anders. Erstaunlicherweise äußerte sich Stefan P. schließlich doch dazu:

»Herr Gaertner, ich habe das Heroin in der Urbanstraße für 80 Euro gekauft, und ich sage es ganz offen, ich war das zweite Mal dort. Warum ich aber hier überhaupt etwas dazu sage, liegt nur daran, dass mir dieser Dealer voll unheimlich, ja total ›plemplem‹ erscheint. Nicht nur, dass er sich wie ein König von vorn bis hinten von einer jungen Frau bedienen lässt, nein, er behandelt diese vielleicht 25-Jährige wie eine Sklavin«, erläuterte er.

Was heißt dass, können Sie dies genauer beschreiben?«, fragte ich sicherheitshalber nach.

»Also, die Wohnung befindet sich im 5. Stockwerk des Vorderhauses und auf dem Namensschild steht: Christian Z. Den habe ich aber dort nicht gesehen, sondern nur Ashral S., so nennt er sich jedenfalls. Er ist wohl aus Ägypten, wie er selbst sagt, und ich glaube, der hat auch noch einen Bruder, der beim letzten Mal, vor vielleicht einer Woche, da war. Ansonsten schaut euch die beiden selber an, die sind mir zu gefährlich und mehr sage ich euch nicht, aber helft dem Mädchen!«, beendete Stefan P. seine Aussage.

Wir hatten die Aussage und als Beweismittel das Briefchen mit Heroin, also beschlossen Achim und ich, uns zwei weitere Kollegen zur Unterstützung zu holen, um diesem Ashral S. mal einen Besuch abzustatten. Beim Besorgen des richterlichen Durchsuchungsbeschlusses hatten wir erfahren, dass in der betreffenden Wohnung zwar Christian Z. angemeldet war, ein Ashral S. wohnte dort laut Melderegister jedoch nicht.

Während wir vor dem Wohnhaus in der Urbanstraße auf die Kollegen warteten, kamen nochmals zwei Männer heraus, die, unseren Erfahrungen nach, so wirkten, als ob sie sich ebenfalls gerade mit Rauschgift versorgt hatten. Die ließen wir aber laufen, wir verfolgten ein anderes Ziel.

Bald darauf erschien das andere Team und gemeinsam erklommen wir die Treppen bis zum 5. Obergeschoß. Gerade als ich an der Wohnungstür klingeln wollte, hörte ich im Flur Schritte. Die Tür wurde geöffnet und zwei Männer und eine Frau wollten die Wohnung verlassen. Erschreckt fuhren sie zurück, als ich laut und vernehmlich rief: »Halt, Polizei, nehmen sie die Hände hoch und verhalten sie sich ruhig!« und ihnen dabei den Weg zur Treppe versperrte. Während einer der Männer und die Frau schreckensstarr keinerlei Bewegungen machten, reagierte der hintere Mann blitzartig. Er stürzte zurück in die Wohnung und rannte in ein Zimmer, das rechts von einem kleinen Flur abging. Ich stieß das vor mir stehende Pärchen beiseite, direkt in die Arme meiner Kollegen, und rannte dem

Flüchtenden hinterher. Dieser versuchte ein Messer vom Wohnzimmertisch zu ergreifen, als ich ihn mit einem gewaltigen Sprung gerade noch erreichte und ihm meine rechte Faust heftig gegen die Schläfe schlug. Durch diese unerwartete Attacke verlor er sein Gleichgewicht und fiel krachend auf den Tisch, der unter seinem Gewicht zusammenbrach. Mühsam und sichtlich benommen wollte er sich aufrappeln, da klickten bereits meine Handschellen um seine Handgelenke.

Nach und nach gewannen wir einen gewissen Überblick über die Situation. Bei meinem verhinderten »Messergreifer« handelte es sich um den beschriebenen Ashral S., während das Pärchen in Schockstarre offensichtlich gerade Heroin erworben hatte; drei Briefchen fanden wir in ihren Hosentaschen. Zunächst wurde das Pärchen einer hinzugerufenen Funkwagenbesatzung zum Transport in die Gefangenensammelstelle übergeben, anschließend begannen wir vier mit der Durchsuchung der Wohnung. Ashral S. musste sich dabei auf einen Stuhl setzen, wurde immer aufmerksam bewacht, und konnte so die Durchsuchung beobachten. Er hatte sich inzwischen von meinem Faustschlag und dem Sturz erholt und betrachtete mich mit einem zynischen Lächeln. Unterwürfig, mit schleimig-näselnder Stimme wisperte er ungefragt: »Ich dachte, ihr wolltet mich überfallen, ich habe nichts gemacht, ich bin nur zu Besuch in dieser Wohnung!«

Während ich noch über die naive Schamlosigkeit nachdachte, mit der dieser 46-Jährige, dickwanstige Kerl seine mir bereits bekannte Tatbeteiligung zu verschleiern versuchte, rief plötzlich Achim, der sich inzwischen in einem Nebenzimmer aufhielt, in einer Tonlage nach mir, die nichts Gutes ahnen ließ: »Kalle, komm mal her, schau mal, hier ist noch jemand!« Ich betrat das Nebenzimmer und konnte aufgrund der dortigen Lichtverhältnisse, hier brannte nur eine kleine Funzel, etwas schemenhaft eine Gestalt entdecken, die gekrümmt neben Achim stand. Gemeinsam betraten wir das hell erleuchtete Wohnzimmer.

Der Anblick, der sich mir nun bot, war entsetzlich und gleichzeitig mitleiderregend. Vor mir stand, nein, krümmte sich eine Frau, deren Gesicht ein völlig zerschlagenes, verbeultes, blau-grünes Etwas darstellte. Als sie den Mund öffnete, um leise etwas kaum Hörbares zu flüstern, sah ich, dass ihr sämtliche Zähne fehlten. Ich blickte in einen weißgrauen Schlund, der von blutverkrusteten Lippen umrandet wurde. Erschüttert wandte ich mich zunächst ab, um meine Fassung wiederzuerlangen. Mein nachfolgender Blick wanderte über ihre zerlumpte Kleidung bis zu ihren Armen und Fingern. Auch die Arme wiesen großflächige Blutergüsse auf, während die Finger kohlrabenschwarz waren.

Der Anblick war so erbarmungswürdig, so entsetzlich, dass es mir die Sprache verschlug. Auch meine Kollegen schauten betreten zu Boden. Nachdem ich meinen Schock ein wenig verdaut hatte, rief ich eilig einen Rettungswagen der Feuerwehr. Behutsam versuchte Achim nun, zunächst den Namen der Frau herauszufinden. Wer für diese bestialischen Misshandlungen verantwortlich sei, fragte er voller Empathie und mit leiser Stimme. Mühselig wiederholte sie dreimal hintereinander ihren bereits geflüsterten Namen: »Karin G., mehr möchte ich nicht sagen«, und blickte dabei angstvoll, mit aufgerissenen Augen, in Richtung des Ashral S., der immer noch feist lächelnd auf dem Stuhl saß. Die wenige Minuten später eintreffenden Rettungssanitäter nahmen Karin G. mit ins Krankenhaus, wozu sie erst länger überredet werden musste.

Wir durchsuchten jetzt sehr gründlich die Wohnung. Schnell stellten wir fest, dass Karin G. und Christian Z. die eigentlichen Wohnungsmieter waren. Aber aus Unterlagen, die verstreut auf einem Schrank lagen, ging hervor, dass sich Christian Z. in Ägypten befand. Auch stellte sich die Angabe von Ashral S., der mittlerweile behauptet hatte, bei seinem Bruder in der Ohlauer Straße zu wohnen, als weitere Lüge heraus, denn unzählige Dokumente auf seinen Namen und etliche persönliche Sachen wie Kleidungsstücke usw. wiesen eindeutig darauf hin, dass er hier fest wohnte. Leider konnten wir nur zwei kleine Briefchen mit Heroin hinter einer Wandverkleidung finden. 3680 Euro, ein dickes Bündel, bestehend aus überwiegend kleinen Scheinen, trug allerdings der Ashral S. in seiner Jackentasche. Ziemlich viel Geld, insbesondere für einen Asylbewerber. Sofort nachdem Achim das Geld entdeckt hatte, rief Ashral S., der mich inzwischen nur noch anwiderte, aus, dass er die Geldscheine nur für einen Freund aufbewahre, es ihm also gar nicht gehöre. Eine oft gehörte Ausrede, um zu verhindern, dass das Geld vom Gericht als Tatmittel eingezogen wird.

In dem Zimmer, in dem wir Karin G. entdeckt hatten, fanden wir zunächst ihren völlig verdreckten Schlafplatz und in einer Ecke unzählige Kohlenbriketts, hochgestapelt neben einem großen Kachelofen. Dies war offensichtlich der Grund für ihre rabenschwarzen Hände. Des Weiteren war dieses Zimmer völlig vermüllt, hauptsächlich von Unmengen gebrauchter Spritzen, schmutziger Wäsche und sonstigem Unrat.

Nachdem auch ein inzwischen hinzugerufener Hundeführer mit seinem Rauschmittelsuchhund keinen weiteren »Stoff« gefunden hatte, brachen wir die mehr als unappetitliche Wohnungsdurchsuchung ab und fuhren mit Ashral S. zur Wache. Von hier sollte er dem Haftrichter vorgeführt werden, damit dieser einen Haftbefehl wegen des »Handels mit Betäubungsmitteln« ausstellen konnte. Dass dafür jedoch die Aussage von Stefan P. ausreichen würde, daran glaubte ich selbst nicht. Und tatsächlich, am nächsten Tag war Ashral bereits wieder frei. Die Beweislage gegen ihn war einfach zu dünn.

Wir forschten also weiter und obwohl uns die übel misshandelte Karin G. aus Angst nichts über den Gewalttäter sagen wollte, der ihr die Torturen angetan hatte – sie verbrachte über drei Wochen im Krankenhaus allein schon wegen der unzähligen Verletzungen und Knochenbrüche –, kamen wir im Laufe der Zeit doch noch hinter ihr schreckliches Geheimnis. Natürlich hatte ich von Anfang an den Verdacht, dass sie von Ashral S. so fürchterlich misshandelt worden war. Aber da niemand etwas sagen wollte, konnte ich dies nicht beweisen.

Dass er aber ohne Strafe davonkommen sollte, das war für mich undenkbar. So setzte ich zunächst darauf, dass wir ihn weiterhin bei seinen Betäubungsmittelgeschäften stören wollten, denn dass er mit Heroin gehandelt hatte und weiter handeln würde, war völlig klar. Klar war mir auch, dass er dabei jedoch zunächst sehr vorsichtig agieren würde, und so beobachteten wir erst einmal die Wohnung seines Bruders Eldin. Denn ich vermutete, dass dieser den gleichen »Geschäften« nachgehen würde, und ich sollte mich darin nicht täuschen, wie sich noch herausstellen sollte.

Nur eine Woche nach der Festnahme von Ashral S. gelang es uns, auch in die Wohnung seines Bruders einzudringen, nachdem wir dort ebenfalls zwei Erwerber von Heroin abgefangen und festgenommen hatten. Und wir hatten Erfolg. In dieser geräumigen Dreizimmerwohnung überraschten wir nicht nur vier weitere Fixer. Eldin S. war auch gerade damit beschäftigt, mit einem Verwandten 100 Gramm Heroin mit einem Streckungsmittel zu vermischen. Dazu hatten sie das Heroin auf einer Zeitung ausgebreitet und wollten es mit Koffein vermengen, um es anschließend in Briefchen abzufüllen. Eldin S.' Versuch, das Heroingemisch mit einem Fußtritt vom Tisch zu fegen, als wir in das Zimmer eindrangen, misslang kläglich, denn das Gemisch segelte gemeinsam mit dem Zeitungspapier zu Boden, ohne dass dabei nur ein Körnchen der beiden Substanzen verloren ging. Pech für die beiden, denn sie landeten umgehend im Knast, wo sie zunächst auch blieben.

Aber wie schon so oft kam Eldin S. sieben Monate später mit einer Bewährungsstrafe davon. Sein Bekannter hatte die gesamte Schuld auf sich genommen. Für mich nicht weiter verwunderlich, denn die Angst, die die beiden Brüder in ihrer Umgebung verbreiteten, war offensichtlich so massiv, dass sie damit mühelos solch falsche Schuldeingeständnisse bewirken konnten.

Auch in den folgenden Wochen ging mir die schwer misshandelte Karin G. nicht aus dem Kopf, obwohl wir längst etliche andere Straftäter der Gerichtsbarkeit überstellt hatten. Inzwischen war es Sommer geworden, als ich an einem frühen Nachmittag unseren Zivilwagen über den Hermannplatz lenkte. Mit einem Mal sah ich ihn wieder. Ashral S. saß auf dem Beifahrersitz eines silberfarbenen BMW, der gerade in die Sonnenallee einbog. Blitzartig zog ich unser Fahrzeug von der linken Spur auf die rechte und folgte dem BMW. Kollege Schulle, der an diesem Tag mein Beifahrer war, stieß mir seinen Ellbogen in die Seite und fragte mich, ob ich vielleicht von einer Wespe gestochen worden sei, denn hinter uns ertönte wildes Hupkonzert.

»Schulle, Mann, in dem BMW vor uns fährt dieser ägyptische BTM-Händler aus der Urbanstraße, der dieses Mädchen so furchtbar misshandelt hat. Den suche ich doch schon seit Monaten«, erklärte ich ihm aufgeregt. Schulle wusste sofort, von wem ich sprach, denn er hatte von jenem Fall gehört und sich ebenfalls sehr darüber echauffiert. »Na dann los, den stoppen wir, vielleicht hat er ja ›Stoff‹ dabei!«, erwiderte er und kurz darauf konnten wir das Fahrzeug anhalten.

Zunächst einmal erstaunte es mich, dass die Fahrerin eine mir altbekannte Fixerin und Wohnungseinbrecherin war: Gabi F. Auf dem Rücksitz saß ihre mir ebenfalls gut bekannte Freundin Sabrina D. Beide machten einen lockeren Eindruck, während Ashral S. mich böse musterte. Unsere gründliche Überprüfung der drei führte zu keinem Erfolg, und wir wollten schon enttäuscht weiterfahren, als mich Ashral S. bat, kurz mit mir unter vier Augen sprechen zu dürfen. Wir gingen ein Stück beiseite, und er verkündete in verschwörerischem Ton, dass er mir mehrere Großdealer nennen könne. Ich solle bloß morgen gegen 12.00 Uhr im Terminal 3 des Flughafens Tegel sein. Er selbst wolle nach Ägypten fliegen und zuvor reinen Tisch machen. Verdutzt antwortete ich zunächst einmal, dass ich mir das überlegen wolle, und ging zu unserem Fahrzeug zurück, während Ashral S. zu den Frauen in seinem BMW zurückging und davonfuhr. Schulle war ebenfalls verwundert, erklärte dann aber, dass ich ja kein Risiko eingehen würde, wenn ich mir diese angebliche Wandlung des Ashral S. zum »Freund und Helfer« der Polizei mal genauer ansehen würde. Ich solle mir seine Hinweise doch einfach mal anhören.

Am nächsten Tag machte ich mich auf den Weg nach Tegel. Mir war dieser Ashral S. zwar immer noch total zuwider, aber andererseits war ich auch neugierig, was er zu berichten hatte. Hinzu kam, dass ich wusste, dass er hier in Deutschland Asyl beantragt hatte, und mich wunderte, was er nun eigentlich in seinem Heimatland wolle.

Als ich das Terminal 3 betrat, traute ich zunächst meinen Augen nicht. Vor dem Abfertigungsschalter Richtung Kairo stand Ashral S. und neben ihm, freudig erregt, Gabi F. und Sabrina D. Beide erzählten mir gelöst, dass sie von Ashral S. eingeladen worden seien, einen dreiwöchigen Urlaub in seiner Heimat zu verbringen. Anfänglich glaubte ich mich verhört zu haben. Aber da checkten sie schon ihre Koffer ein.

»Herr Gaertner, warten sie mal kurz, ich muss bloß noch mein Gepäck abgeben, dann komme ich zu ihnen«, ertönte Ashrals Stimme, der gerade mit einer Dame von der Lufthansa sprach. In diesem Gespräch ging es um 48 Kilo Übergewicht, Gepäck, das er mitnehmen wollte und extra bezahlt werden musste. Ich kam aus dem Staunen nicht mehr heraus. Wie ich sehen konnte, hatte er unter anderem einen Farbfernseher, ein Mountainbike, eine Angelausrüstung sowie einige andere Gerätschaften dabei.

Ich lief einige Schritte zurück und versuchte mich zu sammeln. Das kann doch nicht sein, dachte ich, dass ein Asylbewerber mit unzähligen Wertgegenständen ausgerechnet in das Land reisen will, aus dem er aus politischen Gründen geflohen ist, und zusätzlich lädt er noch zwei Bekannte zum Urlaubmachen ein. In meinem Kopf drehte sich alles und ich versuchte eine telefonische Verbindung zu der Staatsanwaltschaft herzustellen, um mich beraten zu lassen, wie ich diesen Ausflug stoppen könnte. Die Antwort war mehr als ernüchternd. »Schreiben Sie alles detailliert auf, wir klären gemeinsam mit der Ausländerbehörde die Strafbarkeit seines angeblichen Asylverfahrens. Um ihn jetzt sofort festzunehmen, reichen diese Anhaltspunkte nicht aus!« Na toll! Kam mir aber bekannt vor, hatte ich schon öfter mal in ähnlicher Form gehört.

Inzwischen schlenderte Ashral S. auf mich zu. Er kam sofort zur Sache und erklärte, dass er mir jetzt mehrere Dealer nennen wolle, die mit größeren Mengen Heroin und Kokain handeln würden. Dies aber nur unter der Bedingung, fuhr er ebenso anbiedernd wie leise fort, dass ich in Zukunft seinen Bruder in Ruhe ließe. Das war allerdings noch nicht alles, denn er toppte seine Ankündigung noch damit, dass er bald wieder nach Deutschland zurückkäme, dann eine Deutsche heiraten wolle, um sein Asylverfahren erfolgreich zu beenden, und ich ihm dann doch sicher eine Arbeitsstelle besorgen könne. Zwischen den Zeilen ließ er mich zusätzlich wissen, dass auch noch ein schöner Urlaub in Ägypten für mich drin sei.

Ich war wie vom Donner gerührt. Was bildete sich dieser größenwahnsinnige Dealer eigentlich ein?! Mühsam die Fassung wahrend, verdeutlichte ich ihm, dass ich mich weder bestechen ließe noch seinen Bruder in Ruhe lassen würde, wenn sich dieser nicht an unsere Gesetze hielte. Dann drehte ich mich abrupt um und verließ eilig das Terminal. Wieder auf meiner Dienststelle eingetroffen, notierte ich sofort alles, was ich gerade erlebt hatte, und schickte die Dokumente den zuständigen Dienststellen. Kamen später von diesen Rückfragen oder ein Feedback? Fehlanzeige!

Sieben Wochen später. Langsam fahren wir durch die Weserstraße, da sehe ich sie wieder. Gabi F. und Sabrina D. laufen auf der gegenüberliegenden Straßenseite.»Schulle, halt doch mal an und schau, wer dort läuft«, rufe ich und zeige auf die beiden Frauen. In diesem Augenblick bemerken sie uns und bleiben stehen. Wir halten an, überqueren die Fahrbahn und stehen kurz darauf vor ihnen. Meine Frage, wie es denn in Ägypten gewesen sei, bleibt mir im wahrsten Sinn des Wortes im Halse stecken. Vor uns stehen zwei völlig abgemagerte, skelettartig aussehende Frauen mit etlichen, nur notdürftig verdeckten Hämatomen im Gesicht und an den Armen.

»Was ist denn mit euch passiert?« entfährt es mir erschüttert.

»Das ist eine lange Geschichte«, klärt mich Gabi F. auf und fragt, ob wir uns nicht kurz in ein Café setzen wollen, damit sie es uns erzählen kann. Gemeinsam betreten wir einen nur wenige Meter entfernten Imbiss und setzen uns dort in eine Ecke. Langsam und mit dem Hinweis verbunden, dass wir dies nicht als Aussage verwerten können, beginnen sie abwechselnd eine wahrlich gruslige Geschichte zu erzählen. Danach war ihnen Folgendes passiert:

Vor einigen Monaten hatten sie Ashral S. kennengelernt, als sie bei ihm Heroin kauften. Dabei zeigte er sich häufig großzügig, indem er ihnen schon mal ein Gramm extra gab, ohne es zu berechnen. Auch war er immer freundlich und zuvorkommend. Eines Tages fragte er, ob sie nicht Lust hätten, gemeinsam mit ihm nach Ägypten zu reisen. Er würde die Flugreise bezahlen und auch wohnen könnten sie bei ihm, er hätte dort ein großes Anwesen. Die Aussicht, mal aus Berlin rauszukommen, sei verlockend gewesen, und so sagten sie schnell zu. Schon einige Wochen später war es so weit. »Herr Gaertner, sie können sich doch sicher erinnern, wie sie uns auf dem Flughafen Tegel mit ihm gesehen haben?«, fragte Sabrina D. unvermittelt.

»Ja sicher, ich war auch sehr verwundert, habe mich aber so über die unverschämte Art von Ashral S. geärgert, dass ich gar nicht mehr dazu kam, einige Worte mit euch zu wechseln«, antwortete ich.

Aufgeregt erzählte Gabi F. weiter, dass der Flug noch völlig in Ordnung gewesen sei: »In Kairo angekommen, verwandelte sich Ashral allerdings schnell. Kaum saßen wir im Auto seines Schwagers, der uns abgeholt hatte, sprach er fast gar nicht mehr mit uns und wenn doch, äußerte er sich nur noch im Befehlston. Nach einer zweieinhalbstündigen, chaotischen Fahrt durch verstopfte Straßen landeten wir schließlich in einem Vorort von Kairo. Dort war alles unglaublich staubig, dreckig und voller Menschen. Wir wurden nun vom Schwager in ein zweistöckiges Haus geführt, dass von einer hohen Lehmmauer umgeben war. Hier mussten wir uns in einen Raum begeben, in dem lediglich zwei alte Matratzen mit einigen Decken lagen. Ansonsten war der Raum leer. Er machte uns mit Handzeichen klar, dass dies unser neues Zuhause sei. Und tatsächlich, in den nächsten Wochen sollten wir diesen Raum nicht mehr verlassen. Bald darauf erschien auch Ashral.« Gabi redete jetzt schneller, war nun sichtbar erregt und fuhr fort: »Er war einfach nicht mehr wiederzuerkennen. Brutal nahm er uns unsere Pässe ab und machte uns unmissverständlich klar, dass wir die Flug- und Unterhaltskosten abzuarbeiten hätten. Das bedeutete, wie er mit einem Ton erklärte, der keinen Widerspruch duldete, dass wir uns prostituieren sollten. Anschließend gab er uns etwas Heroin und verschwand. Nachdem wir vor Erschöpfung und Angst eingeschlafen waren, wurden wir bereits zwei Stunden später aus dem Schlaf gerissen. Getrennt wurden wir in verschiedene Zimmer geführt und mussten dort die ersten ›Freier‹ bedienen. Es war einfach entsetzlich!« Gabi F. konnte nicht mehr weitersprechen, sondern begann leise vor sich hin zu weinen. Ihre Freundin Sabrina übernahm die weitere Schilderung, wobei auch sie immer wieder stockte.»Bis zu zwölf Männern am Tag mussten wir zu Willen sein, ich kann gar nicht erzählen, was die alles von uns verlangten! Hinzu kam, dass wir kaum zu essen bekamen, und wenn es etwas gab, war es ein ungenießbarer Pamps. Das Essen brachte uns meist eine jüngere Frau, die nur arabisch sprach. Mehrere unserer Versuche, nach draußen auf die Straße zu gelangen, scheiterten daran, dass Ashrals Schwager unerbittlich auf uns aufpasste. Drei unserer Fluchtversuche endeten mit brutalen Prügelattacken durch Ashral, der uns zusätzlich häufig rabiat missbrauchte!«

»Wie ist es euch denn überhaupt gelungen, dieser Hölle zu entkommen?« fragte ich völlig konsterniert.

»Eines Nachts, wir waren gerade wieder mal brutal verprügelt worden und hatten solchen Hunger, dass mir ganz schwindlig war, nahmen wir all unseren Mut zusammen. Leise und fast ohne Atem zu holen schlichen wir aus dem Schlafraum und hatten tatsächlich Glück. Der Schwager, seinen Namen hatten wir nie gehört oder verstanden, war nicht da. Es gelang uns, im Erdgeschoss ein Fenster zu öffnen und hinauszuklettern, denn durch die Türen konnten wir nicht, die waren immer abgeschlossen. Kaum waren wir draußen, rannten wir so schnell, wie wir konnten, davon. Wir wussten zwar überhaupt nicht wohin, aber wir rannten und rannten, verschnauften kurz und rannten weiter. Hinzu kam, dass die Gassen dort alle ähnlich aussehen und wir die arabischen Schriftzeichen nicht lesen konnten!«, berichtete Sabrina D. »Irgendwann setzten wir uns in einem parkähnlichen Waldstück nieder, klammerten uns aneinander und überlegten, an wen wir uns überhaupt wenden könnten und wie es weitergehen sollte. Vor Erschöpfung schliefen wir dann ein und wachten erst in den frühen Morgenstunden wieder auf.«

Sabrina stockte, als würde das Grauen erneut vor ihrem inneren Auge ablaufen: »Erneut irrten wir fast den ganzen nächsten Tag umher. Glücklicherweise hatte Gabi vier ägyptische Pfundnoten während unserer mehr als vierwöchigen Gefangenschaft »mitgehen« lassen, sodass wir zumindest eine Kleinigkeit zu essen und vor allem etwas zu trinken kaufen konnten. Die Hitze in den Straßen und Gassen mit dem chaotischen Verkehr von Menschen und Autos war allerdings kaum auszuhalten, und wir waren am Ende unserer Kräfte. Da entdeckte ich ein europäisch aussehendes Pärchen. Wir nahmen unseren ganzen Mut zusammen und sprachen die beiden an. Es waren Engländer. Radebrechend machten wir ihnen mit unserem Schulenglisch klar, dass wir dringend Hilfe bräuchten und fragten, ob sie uns doch bitte irgendwie den Weg zur deutschen Botschaft zeigen könnten. Jetzt hatten wir erneut Glück. Nicht nur, dass sie offensichtlich unsere Notsituation erkannten und beide neben Englisch auch perfekt Arabisch sprachen. Sie hielten auch noch ein Taxi an und fuhren mit uns gemeinsam bis zur deutschen Botschaft auf einer Nilinsel im Stadtteil Zamalek. Dort bezahlten sie die Taxifahrt und gingen mit uns gemeinsam ins Botschaftsgebäude. Erst als wir dort sicher angekommen waren und ein Botschaftsangehöriger uns anhörte, verließen sie uns.« Sabrina seufzte: »Sie können sich gar nicht vorstellen, wie erleichtert, dankbar und froh wir waren. Tatsächlich halfen uns die Botschaftsangehörigen und bereits am nächsten Tag saßen wir im Flugzeug zurück nach Berlin!«

Bevor ich Fragen zu dieser unglaublichen Geschichte stellen konnte, übernahm wieder Gabi F. das Erzählen: »Noch in der Botschaft wurden unsere »Erlebnisse« zu Protokoll und zur Anzeige gebracht, wobei wir nicht sagen konnten, wo wir gefangen gehalten worden waren. In den vier Wochen unserer Gefangenschaft habe ich über zehn Kilo abgenommen, und sie kennen mich ja von früher: Ich war ja nie sehr dick!«, betonte sie und blickte erstmals wieder in meine Richtung.

»Bringt dieses brutale Schwein hinter Gitter, wenn ihr ihn hier seht. Das ist kein Mensch, das ist ein Tier«, brach es hasserfüllt aus Sabrina hervor.

Nun kam ich aber doch dazu, eine Frage zu stellen: »Sagt mal, habt ihr gehört, was mit Karin G. aus der Wohnung in der Urbanstraße geworden ist? Und wie kam es überhaupt dazu, dass Ashral S. dort wohnte?«

»Ja, können wir euch sagen, damit hat der ja in Kairo rumgeprahlt und uns zusätzlich Angst eingejagt«, erregte sich Gabi F. aufs Neue und fuhr fort:» Die Karin G. war sein Aschenputtel, die musste die Kohlen aus dem Keller holen und heizen, wurde nach Belieben von ihm windelweich geprügelt, wenn sie auch nur andeutungsweise was gemacht hatte, was ihm nicht gefiel. Sie haben ja gesehen, wie sie aussah. Der hat die genau wie uns als persönliche Sklavin gehalten. Die durfte noch nicht einmal aus dem hinteren Zimmer kommen, wenn jemand zu Besuch kam. Der hat sich tatsächlich damit gebrüstet, dass sie, wenn sie etwas Heroin haben wollte, auf den Knien zu ihm hinrutschen musste. Die Wohnung hatte ihm übrigens Christian Z. für einen dreiwöchigen Urlaub in Ägypten überlassen!«, beendete Gabi S. ihre Schilderung.

Mit dem Versprechen, Ashral S. hinter Gitter zu bringen, sobald wir ihn auch nur ansatzweise sehen sollten, verabschiedeten wir uns von Sabrina D. und Gabi F. Vermutlich hatten aber die Anzeigen der Mädchen und meine aufrüttelnden Berichte, die ich an alle maßgeblichen Behörden schickte, dazu geführt, dass Ashral S. nicht mehr nach Deutschland einreisen konnte und wollte. Er wäre mit Sicherheit sofort festgenommen worden, von seinem Asylantrag ganz zu schweigen. Sein Bruder Eldin S. wurde noch zweimal wegen Heroinhandels von Mitarbeitern meiner Zivileinheit festgenommen und nach einer 16-monatigen Haftstrafe in Deutschland endlich und endgültig nach Ägypten abgeschoben.

Gabi F. musste ich übrigens zwei Jahre später wegen eines Wohnungseinbruchs festnehmen, den sie gemeinsam mit einem weiteren Drogenabhängigen begangen hatte. Ihr konnten insgesamt 27 Wohnungseinbrüche aufgrund entsprechender Beweismittel und ihres Geständnisses nachgewiesen werden. Das Strafprozessurteil lautete: Ein Jahr und sieben Monate Freiheitsstrafe.

Ihre Freundin Sabrina D. hatte sich nur acht Monate nach unserem Gespräch eine Überdosis Heroin gespritzt. Sie wurde in einer öffentlichen Toilette in Kreuzberg, unweit des bei Touristen so beliebten Imbisses »Curry 36«, mit einer Spritze im Arm tot aufgefunden.

Von Karin G. hingegen hörte ich nichts mehr. Sie war von der Bildfläche verschwunden.

Als sich bei mir der Wunsch verfestigte, Polizist zu werden, hatte ich nicht im Entferntesten daran gedacht, dass ich »Horrorgeschichten« wie diese miterleben würde. Mir war zwar durchaus bewusst gewesen, dass es alles andere als leicht sein würde, Recht und Gesetz durchzusetzen. Auch war mir klar, dass ich als Polizist auch brutale Szenen miterleben würde. Doch ein solches Ausmaß an Grausamkeit, Brutalität und Menschenverachtung überraschte mich denn doch. Auch heute noch, viele Jahre danach, sind mir die schrecklichen Bilder dieses Verbrechens und die Erzählungen der beiden Frauen überaus präsent.

So fing alles an

»Lachen Sie mich aus oder an?«, dröhnte die Frage in meinen Ohren. Ausbilder Rainer M. war zwar relativ klein, aber seine lautstarke Stimme übertönte locker den gesamten Exerzierplatz in der Kaserne am Augustaplatz in Berlin-Lichterfelde.

»Warum immer ich?«, war mein erster Gedanke. Egal. Ich blickte absichtlich suchend über den 16 Zentimeter kleineren Schreihals hinweg, schwenkte dabei meinen Kopf nach rechts und links, und erwiderte mit unschuldsvoller Mimik:

»Wo sind Sie denn, Unterführer M.?«

»Sehen Sie mich an, Gaertner!« Seine Nasenspitze berührte fast mein Kinn und einige Speicheltropfen seiner sich überschlagenden Stimme trafen unangenehm mein Gesicht. Ich senkte meinen Kopf etwas und sah in sein vor Wut verzerrtes, dunkelrot angelaufenes Gesicht.

»Hören Sie endlich auf zu grinsen oder lachen Sie mich aus, an oder was?«, brüllte er mich erneut an.

»Suchen Sie sich etwas aus«, lautete meine bewusst freche Antwort. »Gewehr vorhalten, drei Runden um den Platz! Marsch! Marsch!«, folgte postwendend sein Befehl und wieder einmal war ich derjenige, der den Kürzeren zog. Aber was mich nicht umbringt, härtet mich ab, so lautete ein weiterer Spruch meiner polizeilichen Ausbildung im Jahr 1969, und so lief ich mit strahlendem Lächeln die drei Runden.

Drei Monate zuvor hatte ich mit 17 Jahren meine Grundausbildung bei der Berliner Polizei begonnen. Sie fiel nicht unbedingt so aus, wie ich sie mir vorgestellt hatte. Das lag nicht nur daran, dass ich bis dahin meine Kenntnisse über meine zukünftigen polizeilichen Aufgaben aus unzähligen Jerry-Cotton-Romanen bezogen hatte, die ich regelrecht, meist vor dem Einschlafen, verschlang, sondern auch daran, dass diese einjährige Grundausbildung Ende der 60er-Jahre doch noch recht militärisch vonstattenging. Dementsprechend führten sich unsere Gruppenführer (Ausbilder) auch auf. Da mussten wir schon mal, natürlich auf einen gebrüllten Befehl hin, »volle Deckung« in einer großen Pfütze suchen, weil angeblich ein Panzerangriff von vorne erfolgte. Mit dem Maschinengewehr schießen, 15 Kilometer mit schwerem Gepäck marschieren, Handgranaten werfen und Schützenlöcher ausbuddeln gehörten fast immer zum alltäglichen Ritual.

Dass die Grundausbildung so militärisch durchgeführt wurde, lag vor allem daran, dass der Kalte Krieg zwischen dem Ostblock und dem Westen in vollem Gange war. Berlin war seit dem 13. August 1961 durch eine Mauer geteilt und die drei Westmächte USA, Großbritannien und Frankreich fühlten sich in ihren drei Besatzungszonen nicht nur für Westberlin verantwortlich, sie wollten es auch im Kriegsfall gegen die Sowjets verteidigen. Diese hielten als vierte Besatzungsmacht den Ostteil Berlins besetzt. Zusätzlich hatte die DDR (Deutsche Demokratische Republik) in ihrer selbst ernannten Hauptstadt Berlin mit den sogenannten Betriebskampfgruppen eine kleine Armee unter Waffen aufgestellt.

Also beschlossen die drei Westmächte, dass die Westberliner Bereitschaftspolizei als Gegengewicht zu diesen Betriebskampfgruppen fungieren sollte. Nur so ließ sich die militärisch geprägte Polizeiausbildung politisch begründen, zumal es nach dem Vier-Mächte-Abkommen in Westberlin keine Bundeswehr geben durfte.

Ganz so toll klappte diese Ausbildung allerdings nicht immer. So bekam ich durchaus hin und wieder mit, wie beim Handgranatenwurf das ein oder andere Mal richtig Hektik aufkam. Normalerweise gestaltete sich dieser in der Regel so, dass sich zunächst der Werfer mit einem Ausbilder hinter einer halbhohen Mauer aufstellte. Er hatte dann die Aufgabe, immer streng auf das Kommando des Ausbilders zu achten, den Sicherungsstift aus dem Sperrhebel der Handgranate zu ziehen und diese ohne zu zögern blitzschnell weit über die Mauer zu werfen. Dort sollte sie explodieren. Einer meiner Kameraden war allerdings so aufgeregt, dass er, nachdem er den Sicherungsstift gezogen hatte, die Handgranate auf die Mauer legte, anstatt sie wegzuwerfen. Blitzartig holte der Ausbilder aus und schlug mit einem gekonnten Schwung die Handgranate von der Mauer auf die andere Seite. Dann riss er den verhinderten Werfer mit sich zu Boden. Kaum lagen beide auf der Erde, explodierte die Granate mit ohrenbetäubendem Lärm. Die Mauer wackelte leicht und einige Sandbrocken flogen herüber und prallten auf die mit Stahlhelmen bewehrten Köpfe der am Boden Liegenden. Unverletzt, aber sehr bleich im Gesicht erhoben sich beide.

Wir, die in sicherer Entfernung standen, mussten trotz des Schreckens etwas schmunzeln, denn diese Aktion glich einer Slapstick-Nummer. Obwohl wir alle immer wieder mit Gips gefüllte Handgranaten und harmlosen Übungshandgranaten geworfen hatten, war die Nervenanspannung offensichtlich zu groß gewesen. Dass dieser Werfer bei den Ausbildern in den kommenden Monaten kein leichtes Spiel hatte, dürfte nachzuvollziehen sein. Handgranaten musste er nach diesem Vorfall übrigens nicht mehr werfen.

Aber das Jahr ging schneller vorbei als gedacht, und das, obwohl ich aufgrund meiner »großen Klappe« häufig »Extrabestrafungen« hinzunehmen hatte. Andererseits machte es mir auch ein wenig Spaß, die Gruppenführer zu ärgern, schon weil sie uns ständig lauthals anschrien. Dafür rannte ich gern die ein oder andere Runde mehr, machte Kniebeugen mit dem Gewehr in Vorhalte und Liegestütze ohne Ende.

Diese Zusatzübungen hatten durchaus ihr Gutes, denn ich begann mein zweites Ausbildungsjahr bei der Bereitschaftspolizei in ausgezeichneter körperlicher Verfassung. In diesem und auch im dritten Jahr unserer Ausbildung sollte sich unsere polizeiliche Arbeit jedoch leider hauptsächlich im Bewachen des eigenen Unterkunftsgeländes, dem Wachestehen am sowjetischen Ehrenmal neben der Straße des 17. Juni und bei unzähligen Demonstrationseinsätzen abspielen. Erst nach dem ersten Polizeifachlehrgang auf der Polizeischule in Spandau änderten sich unsere Aufgabenstellungen und es kam die von mir ersehnte Funkwagenstreife hinzu. Wobei zugegebenermaßen meine erste Funkwagenstreife nicht unbedingt eine Erfüllung darstellte: Ein älterer Polizeihauptmeister fungierte als Streifenführer und drei gerade mit der Ausbildung fertig gewordene Polizeihauptwachtmeister, zu denen auch ich zählte, durften hinten im Polizeiwagen Platz nehmen. Dann ging es auch schon los, allerdings nicht so, wie von mir erwartet. Der erfahrene Streifenführer war offensichtlich gar nicht so erfahren, wie ich dachte, denn anstatt Aufträge aller Art von der Funkbetriebszentrale zu übernehmen, fuhr er im Schneckentempo durch den Bezirk Charlottenburg. Dabei übertrug er uns die Aufgabe, nach abgelaufenen TÜV-Plaketten zu suchen, um dann Ordnungswidrigkeiten-Anzeigen zu schreiben. Nach vier Stunden konnte ich meinen Kopf nicht mehr gerade halten und sah nur noch TÜV-Stempel vor meinen Augen. Restlos bedient kehrte ich in die Unterkunft zurück, wir hatten tatsächlich keinen einzigen anderen Auftrag bekommen.

Bald darauf wechselte ich von der 2. Bereitschaftspolizeiabteilung in der Kruppstraße zum Einsatzkommando nach Kreuzberg in die Friesenstraße. Aber bereits ein halbes Jahr später (1974) kam es zu einer grundlegenden Polizeireform. So landete ich zunächst bei der Polizeieinsatzbereitschaft 52 und kurz darauf bei der 54sten. Erst hier machte mir der Polizeidienst wirklich Spaß, denn jetzt fuhren wir neben den zahlreichen Demonstrationseinsätzen auch kontinuierlich Streife mit dem Funkwagen.

Blutbesudelt

»Fahren sie bitte zur Schönleinstraße 22, hier besteht der Verdacht auf Streitigkeiten. Der Anrufer war anonym, das Ganze soll sich im Vorderhaus, in der zweiten Etage abspielen!«, klang es nüchtern aus dem Lautsprecher unseres Funkstreifenwagens. »Na, dann mal los!«, forderte mich Micha, mein Streifenführer auf, und ich beschleunigte das Fahrzeug. Micha war ein Schutzmann, wie ich ihn mir bereits als Junge vorgestellt hatte. Fast 1,85 Meter groß, breitschultrig, circa 100 Kilo schwer und durch nichts und niemanden in seiner ruhigen, überlegten Art zu erschüttern. Ich selbst war keinesfalls ruhig. Ich, der Neuling, wartete aufgeregt und erwartungsvoll auf jeden neuen Einsatz wie ein Flitzebogen.

Zwölf Minuten später trafen wir ein und betraten den Hausflur des Hauses Nr. 22. »Hörst du was? Alles total ruhig«, flüsterte Micha und betrat die ersten Stufen des Treppenhauses. »Wir schauen uns mal in der zweiten Etage um«, führte er weiter aus, und schon lief ich hinter ihm her.

Im zweiten Stockwerk war ebenfalls alles mucksmäuschenstill. Aber die linksseitige Wohnungstür stand einen Spalt offen. »Hallo, ist da wer, hier ist die Polizei!«, rief Micha laut in die offen stehende Wohnung. Stille, nichts rührte sich. »Wir gehen rein!«, sagte Micha laut zur mir und stieß die Eingangstür auf. Nacheinander betraten wir vorsichtig den Flur. Linker Hand befand sich die Küche und beim Hineinblicken stockte mir der Atem. Blut, überall Blut. Beim näheren Hinschauen – ich stellte überrascht fest, dass meine linke Hand anfing zu zittern – erblickte ich einen Mann, der reglos zwischen dem Küchentisch und einem offen stehenden Kühlschrank auf dem Fußboden lag. Ich ging zwei Schritte näher heran und erkannte sofort, dass er tot war. Micha beugte sich zu ihm herab und versuchte den Puls zu erfühlen, aber da war nichts mehr zu machen. Augenscheinlich hatte bereits die Totenstarre eingesetzt. Deutlich erkennbar hatte man ihn totgeprügelt, denn sein Gesicht war nur noch eine blutige Masse. Auch seine Kleidung war über und über mit Blut besudelt. Blutspritzer fanden sich praktisch in der gesamten Küche, sie fanden sich bis in einer Höhe von circa eineinhalb Metern an den Wänden, alles war blutbesudelt.

Sofort zogen wir uns aus der Küche zurück, um keine Spuren zu vernichten. Dann durchsuchten wir mit gezogenen Waffen eilig sämtliche weitere Räume der Wohnung. Aber wir konnten niemanden entdecken und stellten uns zunächst einmal auf dem Treppenabsatz vor der Wohnungstür auf. Mir ging es schlecht. Dieser schockierende Anblick sorgte dafür, dass mein Herz wie wild schlug und ich mich kurz am Treppengeländer festhalten musste, um mich etwas zu stabilisieren.

Unsere Bitten nach sofortiger Unterstützung durch weitere uniformierte Kräfte und die Mordkommission wurden zunächst abgelehnt. Der Kollege aus der Funkbetriebszentrale teilte uns mit, dass sämtliche Funkwagen im Einsatz seien und die Mordkommission bereits einen aktuellen Mordfall bearbeitete, sodass eine zweite alarmiert werden musste. Es würde allerdings mindestens noch zwei Stunden dauern, bis sie bei uns eintreffen könnte.

»Na, das wird nicht gerade gemütlich«, verdeutlichte mir Micha und unsere Warterei begann. Die Zeit verging für mich wie im Schneckentempo. Immer noch die schlimmen Bilder vor Augen, konnte ich einfach nicht stillstehen und warten: »Micha, hast du was dagegen, wenn du hier kurzfristig allein wartest? Ich will mal die Hausbewohner befragen, ob jemand etwas gehört hat. Dieses Gemetzel muss doch einen erheblichen Lärm verursacht haben!«, führte ich aus. »Kein Problem, mach mal«, erwiderte er und steckte sich dabei eine Zigarette an.

Zunächst lief ich nach unten in den ersten Stock. Dort lauschte ich an der Wohnungstür, die genau unter der Wohnung des Getöteten lag. Im Innern waren deutlich Stimmen von mehreren Leuten zu vernehmen. Ich klingelte. Zunächst tat sich nichts, lediglich war drinnen schlagartig alles ruhig. Ich klingelte erneut. Jetzt näherte sich jemand der Tür und gleich darauf wurde sie von einer etwa 20-jährigen Frau geöffnet. Ein unangenehmer Alkoholgeruch schlug mir entgegen.

»Hallo, ich habe mal einige Fragen an Sie und an die in ihrer Wohnung befindlichen Leute!«, sprach ich sie auffordernd an.

»Na, denn kommse mal rin und jehen durch nach hinten ins Zimmer«, lallte sie mit unsicherer Stimme.

Zielsicher steuerte ich das besagte Zimmer an: Drei Männer und eine weitere Frau, alle so um die 20–25 Jahre alt, saßen um einen Wohnzimmertisch herum. Es herrschte betretenes Schweigen. Auf dem Tisch, neben der Couch und neben den Stühlen, auf denen sie saßen, standen unzählige Bierflaschen und leere Wodkaflaschen herum. Insgesamt machte dieses Zimmer einen total heruntergekommenen, unaufgeräumten Eindruck. Dieser wurde noch durch den intensiven Geruch nach »Fusel« verstärkt.

Meine Frage nach irgendwelchen lautstarken Vorkommnissen aus der Wohnung über ihnen wurde zunächst nicht beantwortet. Lediglich die Frauen schüttelten bedripst ihren Kopf. Ein schlaksiger, sehr groß gewachsener Kerl stand abrupt auf, schwankte leicht und antwortete etwas zu laut: »Wir haben nüscht jehört!« Dabei schaute er nacheinander allen anderen Saufkumpanen eindringlich, ja fast bedrohlich ins Gesicht. Das gesamte Verhalten dieser »Party-Gesellschaft« kam mir sonderbar, ja mehr als verdächtig vor, denn ich hatte nichts von dem Toten erzählt und diese Reaktion erschien mir nicht »normal«. Aus meiner Sicht bestand ein dringender Tatverdacht gegen diese fünf. So kam mir der Gedanke, den Gesprächen mal zuzuhören, nachdem ich vorgetäuscht hatte, die Wohnung verlassen zu haben. »Na, wenn keiner was gehört hat, dann schönen Dank, ich finde den Weg nach draußen allein«, verabschiedete ich mich deutlich und ging zum Ausgang. Dabei zog ich die Wohnzimmertür bis an die Einrahmung heran und lief mit deutlich vernehmbaren Schritten durch den Flur zur Wohnungstür. Ich öffnete sie und lies sie anschließend laut knallend, aber von innen, ins Schloss fallen, sodass der Eindruck entstehen musste, dass ich die Wohnung verlassen hatte. Genau das war auch meine Absicht und mein Plan schien aufzugehen. Alle waren im Wohnzimmer sitzen geblieben, während ich mich weiterhin in der Wohnung befand; genau genommen im Flur. Leise schlich ich zur angelehnten Wohnzimmertür zurück und konnte nun deutliche, lautstark vorgetragene Sätze wie diesen hören:

»Olaf, du musstest doch nich so zuschlagen, der hat doch nur ›Prosit, Schätzchen‹ zu mir jesagt!»Det war so ne schöne Party, warum seit ihr dem denn hinterherjejangen, det war doch bloß een alter Säufer«, jammerte sie. Das war die Frau, die mir die Wohnungstür geöffnet hatte.»Wat habt ihr bloss jemacht, wat soll ick mit den blutigen Klamotten machen?«, klagte sie weiter.

Ich hatte genug gehört. Leise, ganz leise schlich ich zur Wohnungstür zurück, öffnete diese und zog sie anschließend ohne einen Laut ins Schloss. Dann rannte ich geschwind nach oben zu Micha und erzählte ihm das soeben Gehörte.»Mensch, dann hast du ja diesen Fall bereits aufgeklärt, allerdings wohl ein wenig wie nach dem Kreuzberger Landrecht«, erklärte er schmunzelnd und weise, wie ich später feststellen sollte. Anerkennend klopfte er mir auf die Schulter und stellte gleichzeitig fest, dass wir dringendst Verstärkung bräuchten.

Während ich mich wieder in die erste Etage begab, um zu verhindern dass einer der offensichtlichen Täter die Wohnung verlassen konnte, blieb Micha oben stehen. Er forderte nun mit Nachdruck weitere Uniformierte an. Jetzt wurden alle anderen Aufträge zurückgestellt und binnen acht Minuten kamen die ersten Kollegen die Treppen heraufgerannt. Wir verteilten uns auf den Treppenabsätzen der ersten und zweiten Etage. Als 30 Minuten später die Mitarbeiter der Mordkommission eintrafen, nahmen wir zunächst die zwei Frauen und drei Männer aus der Wohnung fest.

Aufgrund meiner Angaben und der sofortigen Vernehmungen der Festgenommenen war dieser Totschlag binnen weniger Stunden aufgeklärt. Als Zeuge wurde ich allerdings nicht gehört. Meine Unerfahrenheit, die mich veranlasst hatte, diese heimliche »Lauschaktion« in der Wohnung durchzuführen, war rechtlich so nicht erlaubt und dementsprechend nicht gerichtsverwertbar. Selbstverständlich hätte ich die Beschuldigten als Tatverdächtige über ihre Rechte belehren müssen und hätte sie nicht heimlich belauschen dürfen. So fielen meine Angaben unter das Beweisverwertungsverbot.

Beide Täter waren einschlägig wegen etlicher Rohheitsdelikte vorbestraft und auch geständig. Lediglich das Wort »Schätzchen« beim Zuprosten hatte gereicht, dass der eifersüchtige Verlobte Olaf R. mit Unterstützung seines Freundes Harry M. den 32-jährigen »Mitzecher« Wolfgang L. totgeprügelt hatte. Sie wurden einige Monate später wegen Totschlags zu 6- bzw. 5-jährigen Haftstrafen verurteilt.

Geiselnahme

An diesem Montag fuhren Detlev und ich in Tempelhof Streife. Wir waren beide Angehörige der gleichen Polizeieinsatzbereitschaft wie der bereits erwähnte »Schutzmann« Micha. Der einzige Unterschied bestand darin, dass ich mittlerweile einige Erfahrungen im Streifendienst gesammelt hatte, vom Polizeimeister zum Polizeiobermeister befördert worden war und somit selbst als Streifenführer fungieren konnte. Unsere Polizeieinsatzbereitschaft war zwar immer noch in erster Linie für sogenannte geschlossene Einsätze zuständig, also für Demonstrationen, Fußballspiele und viele andere Großveranstaltungen, grundsätzlich unterstützten wir aber auch die Funkstreifenwagen der Polizeiabschnitte.

Heute war es also wieder einmal so weit, wir konnten uns mit der alltäglichen Polizeiarbeit auseinandersetzten und meldeten uns bei der Funkbetriebszentrale mit der Rufkennung: »Anton 32 auf Sonderstreife im Polizeibereich Tempelhof« an.

Die Streifenfahrt hatte früh am Morgen begonnen und bis auf drei, vier Ordnungswidrigkeiten und einen Verkehrsunfall ohne Verletzte war nicht viel passiert, als wir so um die Mittagszeit durch die Ordensmeisterstraße fuhren. Detlev, der ebenso wie ich vor einem Jahr zum Polizeiobermeister ernannt worden war, lenkte unser Polizeifahrzeug, während ich auf dem Beifahrersitz als Streifenführer saß. Da wir beide den gleichen Dienstrang bekleideten, lösten wir uns mit der Vorgesetztentätigkeit als Streifenführer ab. Einmal war Detlev dran und einmal ich; heute war ich also der Streifenführer und hatte damit die etwas größere Verantwortung bei Einsätzen zu tragen.

Beim Herausschauen aus dem Beifahrerfenster, unsere Unterhaltung drehte sich gerade um ein Fußballspiel von Hertha BSC, sah ich eine Frau, die es erkennbar eilig hatte. Wie gehetzt rannte sie auf dem Gehsteig in Richtung Tempelhofer Damm. »Schau mal Detlev, mit der stimmt was nicht!«, unterbrach ich die Unterhaltung über Hertha und deren spielerisches Niveau. Gleichzeitig zeigte ich in Richtung der Davoneilenden. Zügig beschleunigte Detlev den Funkwagen und kurz darauf befanden wir uns mit ihr auf gleicher Höhe. Jetzt bemerkte sie uns, blieb abrupt stehen und schaute erwartungsvoll in unsere Richtung. Detlev hielt an und ich stieg aus. Mit drei Schritten war ich bei ihr, da stieß sie lautstark, leicht hysterisch und mit Tränen in den Augen Folgendes hervor: »Mein Bekannter hat mein Kind, der will meinen Jungen töten!« Diesen Satz wiederholte sie mehrmals und völlig verzweifelt.

Zwischenzeitig war auch Detlev dazugekommen. Beide versuchten wir, sie etwas zu beruhigen, um Näheres zu erfahren. Endlich gelang uns dies und mit teils sich überschlagender, teils hoffnungslos klingender Stimme beschrieb sie diese Situation. Ihr früherer Bekannter Ottomar M. halte sich in ihrer Wohnung auf, gemeinsam mit einem ihr völlig Fremden:
»Ich habe mit Ottomar ein gemeinsames, vier Monate altes Kind, bin aber aufgrund ständiger Auseinandersetzungen seit über einem halben Jahr nicht mehr mit ihm zusammen!«, führte sie weiter aus. »Vor fünf Tagen stand er auf einmal vor meiner Tür und gab vor, das gemeinsame Kind sehen zu wollen. Gutgläubig wie ich bin, ließ ich ihn gemeinsam mit seinem Freund in meine Wohnung. Beide waren zunächst ausgesprochen freundlich und zuvorkommend. Weil sie in Berlin keine Bleibe hatten, ließ ich sie naiverweise bei mir wohnen. Im Laufe der vergangenen Nacht änderte sich diese Freundlichkeit schlagartig. Zunächst wurde Ottomar mir gegenüber zudringlich, er wollte mit mir schlafen. Als ich ihn zurückwies und mir seine Annäherungsversuche verbat, schlug er mir jählings mit seiner Faust mehrfach hart ins Gesicht!« Dabei zeigte sie mit ihrer rechten Hand auf mehrere Stellen in Ihrem Gesicht. Deutlich waren blau unterlaufene und dick angeschwollene Blutergüsse an den Lippen, der Stirn und am rechten Jochbein zu sehen.

In Tränen aufgelöst erzählte sie stockend weiter: »Geschockt von dieser unerwarteten Attacke wollte ich die Polizei rufen, da erklärte er mir erbarmungslos und voller Hass, dass er meinen kleinen Jungen und mich töten wird, wenn ich die Polizei verständige. Zusätzlich unterstrich er diese Drohung, indem er das Kabel des Telefons herausriss, die Wohnungstür von innen verschloss und den Schlüssel einsteckte. Seitdem hielt er uns in der Wohnung gefangen. Es folgten endlose Streitgespräche. Erst gegen Mittag gelang es mir, unter dem Vorwand, Windeln für meinen Sohn zu brauchen, die Wohnung zu verlassen. Ich war gerade auf dem Weg zu einer Telefonzelle, um die Polizei zu verständigen, als sie neben mir hielten. Bitte, bitte helfen sie mir, der ist total durchgedreht, der macht seine Ankündigung wahr!«

Während Detlev die Frau weiter beruhigte, übermittelte ich der Funkbetriebszentrale den Sachverhalt und forderte Unterstützung durch weitere Streifenwagen an. Zusätzlich ließ ich die Feuerwehr zu ihrer Wohnung kommen. Nachdem unsere Kollegen eingetroffen waren, lief ich gemeinsam mit Detlev in den Innenhof des vierstöckigen, aus den 50er-Jahren stammenden Wohnkomplexes. Die Wohnung der Frau befand sich im Quergebäude der zweiten Etage. Wir betraten dieses Hinterhaus, liefen ins zweite Stockwerk und klingelten an der Wohnungstür. Zunächst einmal passierte nichts. Nach weiterem Klingeln und lautstarkem Klopfen hörte ich, dass sich jemand leise der Tür von innen näherte. Während ich mich seitlich versetzt aufstellte, um schnell auf eventuelle Angriffe reagieren zu können, stand Detlev auf der anderen Seite. Lautstark forderte er denjenigen, der hinter der Tür stand, auf, diese zu öffnen. Dabei machte er deutlich, dass wir von der Polizei sind.

Behutsam wurde die Wohnungstür geöffnet. Der von der Wohnungsmieterin beschriebene Freund ihres Bekannten stand vor uns. Unsere Fragen nach Ottomar verstand er offensichtlich nicht, er zeigte aber auf eine geschlossene Zimmertür am Ende des Flurs. Inzwischen waren weitere Kollegen an der Wohnungstür aufgetaucht und sicherten die übrigen Räume, während Detlev und ich in Richtung des geschlossenen Zimmers gingen. Durch die Angaben der

Frau, die beim Funkwagen wartete, war uns bekannt, dass Ottomar M. keine Schusswaffe besaß, sodass uns zumindest aus dieser Richtung keine Gefahr drohte. Ganz vorsichtig öffnete ich die Zimmertür. Da sah ich auch schon M. Er stand in dem kleinen Zimmer direkt am geöffneten Fenster und hielt den Jungen mit beiden Armen ins Freie. Eiskalt und für uns sehr glaubhaft machte er uns klar, dass er das Kind aus dem Fenster werfen würde, wenn wir nicht sofort die Wohnung verlassen: »Verlasst die Wohnung oder das Kind ist tot!«

Ich schaute Detlev an, er blickte mich an und ohne weitere Worte zu verlieren, zogen wir uns sofort zurück. Zusammen mit den Kollegen verließen wir die Wohnung und gingen erst einmal auf die Straße, um das weitere Vorgehen zu besprechen. Aus der Art und Weise, wie Ottomar auf uns reagiert hatte, schlossen wir, dass er seine Ankündigung bitterernst meinte. Es musste also schnell gehandelt werden, denn es war nicht absehbar, was dieser völlig Durchgedrehte in den nächsten Minuten tun würde.

Gemeinsam mit den Kollegen der Feuerwehr kamen wir zu dem Ergebnis, dass sofort ein Sprungtuch auf dem Hinterhof aufgebaut werden musste. Nachdem dies geschehen war, wollten Detlev und ich versuchen, mit Ottomar ein Gespräch zu führen, um ihn von seinem wahnwitzigen Vorhaben abzubringen. Sollte dies nicht gelingen, kam nur ein blitzschnelles Überwältigen infrage.

Da Spezialkräfte nicht zur Verfügung standen, waren diese zwei Optionen die einzigen, die alle Einsatzkräfte vor Ort als richtig empfanden. Während sich die Kollegen der anderen Funkwagen zunächst zurückhalten sollten, fiel Detlev und mir die Aufgabe zu, ihn zunächst anzusprechen und gegebenenfalls zu überwältigen. Dabei wollten wir gemeinsam Ottomar M. überreden, dem Jungen nichts anzutun. Sollte dies keine Wirkung zeigen, vereinbarten wir, dass ich Ottomar überwältigen sollte. Detlev wiederum war für den Schutz des Kindes zuständig.

Meine in den letzten Jahren erworbenen Kenntnisse in allen möglichen Kampfsportarten sowie der Titel des Berliner Polizeimeisters im Ringen gaben mir das nötige Selbstvertrauen. Ich traute mir diese Aufgabe zweifelsohne zu und so begannen wir uns vorzubereiten.

Wie abgesprochen, bauten die Kollegen der Feuerwehr rasend schnell ihr Sprungtuch auf, während Detlev und ich, unter den Augen des am Fenster stehenden Ottomar M., erneut das Quergebäude betraten. Eilig rannten wir ins zweite Stockwerk. Die Wohnungstür wurde wiederum vom Freund geöffnet, dem deutlich die Sorgen über den durchgedrehten Ottomar anzusehen waren.

Überlegt und konzentriert überschritt ich als Erster die Schwelle der Zimmertür, blieb stehen und begann mit besonnenen Worten auf Ottomar einzureden, der auf dem Fensterbrett saß und das Kind weiterhin mit beiden Armen aus dem Fenster hielt: »Herr M., nehmen Sie doch Vernunft an. Was kann das kleine Menschenkind in ihren Händen für den persönlichen Frust mit ihrer ehemaligen Freundin«, eröffnete ich den Dialog. Detlev schaltete sich ebenfalls ein. Auch er versuchte mit ruhiger Stimme ein befriedigendes Ergebnis für alle Seiten zu erreichen. Je länger wir aber sprachen, umso wilder und verrückter gebärdete sich Ottomar. »Verschwindet ihr Hunde aus meiner Wohnung. Wo ist diese Schlampe, die ist tot!«, dies und viele weitere bösartige Sätze und Wortfetzen spuckte er in unsere Richtung. Dabei vollzog er in seiner Erregung und ohne dass er es selbst bemerkte, eine für unseren Plan günstige Wende mit seinem Körper. Er stand nun so zu uns, dass der Junge nicht mehr aus dem Fenster baumelte. Diese Gelegenheit nutzte ich blitzartig aus. Ich explodierte förmlich. Mit einem gewaltigen Satz sprang ich ihn an und schlug ihm meine rechte Faust mitten auf die Nase. Dann war ich auch schon an seinem Hals und setzte einen häufig trainierten Würgegriff an. Detlev, der ein exzellent ausgebildeter Judoka ist, war mir auf dem Fuß gefolgt und fing den kleinen Jungen auf, bevor er auf den Fußboden stürzen konnte. Durch die heftige Gegenwehr des ausgesprochen durchtrainierten Ottomar stürzte ich gemeinsam mit ihm auf eine Couch, die unmittelbar neben dem Fenster stand. Dabei schlug er mir mit voller Wucht in meine linke Seite. Mein

Würgegriff zeigte immer noch nicht die beabsichtigte Wirkung und ich bekam weitere Faustschläge in den Magenbereich. Dann fielen wir von der Couch auf den Boden.

In diesem Augenblick kamen mir weitere Kollegen, die unterdessen das Zimmer erreicht hatten, zu Hilfe und es gelang uns mit vereinten Kräften, dem wild Tobenden Handschellen anzulegen. Anschließend wurde er dem Haftrichter vorgeführt, der sofort einen Haftbefehl erließ.

Detlev überreichte der überglücklichen Mutter ihren kleinen Jungen, der Gott sei Dank keinerlei Verletzungen davongetragen hatte, als ihn Detlev weich und sicher auffing. Wir beide befanden uns ebenfalls in einer gewissen Hochstimmung und klatschen uns aufgrund des glücklichen Ausgangs beim Erreichen unserer Dienststelle ab.

Wenig später stellte sich heraus, dass sich Ottomar M. und sein Freund illegal in Deutschland aufhielten. Ottomar M. war bereits zwei Monate zuvor wegen zweier Gewalttätigkeiten abgeschoben worden, während sein Freund unrechtmäßig nach Deutschland eingereist war und sofort wieder in Abschiebehaft kam.

Die Gerichtsverhandlung gegen Ottomar M. fand fünf Monate später statt. Er wurde wegen »Geiselnahme und Körperverletzung« angeklagt. Während meiner Zeugenaussage schrie er mich mehrfach mit den Worten an: »Dich bringe ich um, du Hund, du kannst dich nicht verstecken, irgendwann komme ich wieder raus, dann bist du tot!« Der Richter nahm diese durchaus ernst gemeinte Drohung zum Anlass, Ottomar zu sechs Jahren Haft zu verurteilen. In der Begründung seines Urteils erklärte der Richter, dass er die Drohung gegen mich bei der Strafzumessung berücksichtigt habe, und die Strafe nun wesentlich höher ausgefallen sei – was ich wiederum mit Befriedigung zur Kenntnis nahm.

Mittlerweile war einige Zeit vergangen, ich hatte etliche Einsätze hinter mir und fühlte mich aus diesem Grund längst als »erfahrener«

Polizist. Und dann passierte mir das: »Ordnung muss sein!« »Kleiderordnung muss sein!« Diese Sätze waren uns in der Ausbildung immer wieder gebetsmühlenartig eingetrichtert worden. Dementsprechend war mein Vergehen an einem grauen Montagnachmittag, fünf Tage nach der Gerichtsverhandlung, unentschuldbar. So drückte es zumindest mein Bereitschaftsführer aus, als er mich zum Rapport bestellte. Worin bestand nun eigentlich mein unverzeihliches Vergehen? Ich war an diesem besagten Nachmittag doch tatsächlich ohne Dienstmütze über unser Unterkunftsgelände vom Bereitschaftsgebäude zur Sporthalle gelaufen. Geschätzte Entfernung? 34 Meter. Unglücklicherweise lief mir zu diesem Zeitpunkt mein Abteilungsleiter über den Weg. Nicht etwa, dass er die nicht vorhandene Mütze sofort rügte, nein, aber nicht doch! Mein Bereitschaftsführer wurde einbestellt und gewichtig darauf hingewiesen, seine Pflichten als mein unmittelbarer Dienstvorgesetzter gefälligst ernster zu nehmen. Diesen »Anschiss« konnte er selbstredend nicht auf sich sitzen lassen. Und so wurde ich in seinem Dienstzimmer mit meinem sträflichen Delikt des »Nichttragens einer Dienstmütze innerhalb der Unterkunft« – die ja ohne öffentlichen Zugang war – konfrontiert und unerbittlich gemaßregelt. Ich kam mit einem scharfen Verweis davon.

Dieses Hierarchiedenken war in den ersten Jahren meiner Polizeilaufbahn intensiv ausgeprägt. Was mich aber besonders auf die Palme brachte, war die Unverfrorenheit, mit der dieser Abteilungsleiter es fertigbrachte, einem meiner Kollegen, wenige Wochen nach meiner Zurechtweisung, das Zigarettenrauchen in Uniform zu verbieten. Während er diesen jungen Uniformträger zusammenschrie, rauchte er selbst eine Zigarre, die, so schien es mir damals jedenfalls, so dick und lang war wie eine Rolle Zeitungspapier. Führungsqualitäten wurden zu jener Zeit eben etwas eigentümlich umgesetzt.

Unter dem Motto »Augen zu und durch« oder »Bange machen gilt nicht« rollte ich bald wieder mit dem Funkwagen durch unsere Stadt. So fuhr ich einige Monate später gemeinsam mit meinen Kollegen Winne und Bernd B. im Bezirk Kreuzberg Streife. Während

Winne bereits einige Jahre als Funkwagenfahrer hinter sich hatte und dementsprechend über ausreichend Erfahrung im Umgang mit unserem Gegenüber verfügte, war es für Bernd die erste Streifenfahrt in einem Nachtdienst überhaupt. Er hatte drei Tage zuvor seine Ausbildung auf der Polizeischule beendet und war dann zu uns versetzt worden. Aufgrund dieser Tatsache erklärte ich ihm ausführlich, wie wichtig die Eigensicherung sei, um sich nicht selbst in Gefahr zu bringen. Dabei erwähnte ich auch einige Fälle, bei denen ich selbst nur sehr knapp Verletzungen oder Schlimmeres vermeiden konnte – und dann passierte Folgendes.

Motorraddiebe

Die Nachtschicht war bislang relativ ruhig verlaufen, als wir gegen 03.55 Uhr auf dem Kottbusser Damm langsam in Richtung Kottbusser Brücke rollten. Der Kottbusser Damm verläuft vom Hermannplatz, der als Verkehrsknotenpunkt Neukölln und Kreuzberg verbindet, bis zum Kottbusser Tor. Dieser gilt als der belebteste Platz Kreuzbergs. Angemerkt werden muss, dass der Kottbusser Damm ab der Kottbusser Brücke, die den Landwehrkanal überquert, Kottbusser Sraße heißt. Der viel befahrene Kottbusser Damm trennt bis in Höhe der Kottbusser Brücke die Bezirke Kreuzberg und Neukölln. Erwähnenswert ist auch der dicht bewachsene Mittelstreifen, der die beiden Richtungsfahrbahnen teilt.

Während wir in der langsam zu Ende gehenden Nacht gemächlich dahinrollten, erblickte ich zwei Männer. Sie waren mit auffallender Motorradkluft bekleidet und überquerten den Kottbusser Damm. Beide liefen zu einer auf dem »Zickenplatz« stehenden Telefonzelle und betraten diese. »Seltsam, ist euch auch aufgefallen, dass die beiden gar keinen Motorradhelm bei sich tragen? Und wo ist überhaupt ihr Motorrad?«, fragte ich meine beiden leicht schläfrig wirkenden Kollegen. Diese zuckten nur ratlos mit den Schultern und antworteten zunächst einmal nicht. »Winne, fahr doch zweimal rechts, also über die Hobrechtstraße von hinten in die Pflügerstraße hinein, wir können dann vielleicht besser sehen, was los ist. Ich könnte wetten, die haben ihr Krad dort abgestellt; wenn das mal nicht gestohlen ist«, führte ich weiter aus. Beim Abbiegen in die Pflügerstraße stand tatsächlich, ungefähr 100 Meter vor dem Kottbusser Damm, auf dem rechten Gehweg eine blaue Kawasaki. »Winne, stopp mal, die sehe ich mir einmal an!« Rasch sprang ich aus unserem Fahrzeug und lief zur Kawasaki. Im Lichtschein der dort befindlichen Gaslaterne konnte ich sehen, dass das Zündschloss überdreht war. Eine gängige Methode, um Kräder aller Arten zu stehlen. Dabei wird ein großer Schraubendreher ins Schloss hineingestoßen und gedreht, um so das Motorrad zu starten. Obendrein hingen beide Motorradhelme lose an den Lenkern. Schnell machte ich mich auf den Rückweg zum Funkwagen.

»Die Karre ist geklaut, da gehe ich jede Wette ein«, verkündigte ich meinen Mitfahrern in voller Überzeugung. Nun fuhren wir rückwärts zur Hobrechtstraße, um von dort aus ungesehen zurück zum Zickenplatz zu kommen.

Der »Zickenplatz« heißt übrigens eigentlich »Hohenstaufenplatz«. Im Volksmund wird er jedoch Zickenplatz genannt, weil dort vor Urzeiten Ziegen weideten und später, in den 60er-Jahren, ein Denkmal, das zwei kämpfende Ziegenböcke darstellt, errichtet wurde. Jetzt wird er als kleine grüne Erholungsoase mitten in der hektischen Großstadtatmosphäre genutzt.

Die mittlerweile erfolgte Nachfrage über Funk ergab anhand des abgelesenen Kennzeichens: Die Kawasaki war zwei Tage zuvor in Tempelhof gestohlen worden. Rasches Handeln war gefordert. Um beide Verdächtige besser beobachten zu können, fuhren wir rasant bis zur Boppstraße. Diese begrenzt den Zickenplatz linksseitig. Verdeckt, aus Sicht der »Telefonierer«, blieben wir stehen. Meiner Bitte um Unterstützung durch weitere Funkwagen wurde zwar entsprochen, aber es wurde gleichzeitig vom Sprecher der Fubz (Funkbetriebszentrale) darauf hingewiesen, dass die Anfahrt zu uns etwa zehn Minuten dauern würde.

Während Winne und ich ausstiegen und in Richtung Kottbusser Damm schlichen, um von dort nach rechts in die Pflügerstraße zu laufen, übernahm Bernd den Fahrersitz unseres Funkwagens. Abgesprochen war, dass er, sollte ich ihm über Funk mitteilen, dass es wider Erwarten den beiden Männern gelang, das Krad zu starten, sofort mit dem Funkwagen die Fahrbahn der Pflügerstraße in Richtung Kottbusser Damm sperren sollte. So müsste ein Durchbrechen der Kawasaki verhindert werden.

Winne und ich hatten vor, uns zunächst in der Nähe der Kawasaki zu verstecken. Dort wollten wir die Männer dann überwältigen und festnehmen. Und das kurz bevor sie das Krad besteigen würden, denn dies war zur beweissicheren Festnahme erforderlich. So weit die Theorie. Doch wie so häufig, kam es auch hier anders als geplant!

Ich hatte mich bereits auf der gegenüberliegenden Straßenseite hinter einem VW-Bus versteckt, nur Winne war es noch nicht gelungen, sich nah genug bei der Kawasaki zu postieren. Denn unvermittelt tauchten beide Männer in der Pflügerstraße auf und liefen eiligen Schrittes in Richtung Krad. Winne gelang es gerade eben, einen Hauseingang zu betreten, sonst wäre er gesehen worden.

Nun ging alles wahnsinnig schnell. Genauso geschwind, wie sie zum Krad gelaufen kamen, hatten sie es auch schon bestiegen. Mein schützendes Versteck verlassen und mich nach Winne umsehen war das eine, rennen und dabei möglichst leise auftreten war das andere. Ich schaffte es bis zur Kawasaki, als ich hörte, dass sie gestartet wurde. In diesem Moment erblickte mich der Soziusfahrer und schrie dem Fahrer ins Ohr, sofort loszufahren. Mein Versuch, dies durch das Festhalten des Fahrers am Arm zu verhindern, scheiterte kläglich. Mit durchdrehenden Reifen und lautem Aufheulen des Motors schoss die Maschine vorwärts. Nur ein schneller Schritt zur Seite und das Loslassen des Armes verhinderten, dass ich von der Maschine mitgerissen wurde. Während diese auf dem Gehweg in Richtung Kottbusser Damm entlangdonnerte, schrie ich in das Funkgerät, dass Bernd die Pflügerstraße mit dem Funkwagen sperren solle. Erstaunlicherweise schaffte er es auch. Dies störte aber unsere Kraddiebe keineswegs. Mit atemberaubender Geschwindigkeit brausten sie auf den Gehweg, am Funkwagen vorbei, ohne auch nur ansatzweise die Fahrbahn zu benutzen. Dann bogen sie nach rechts in den Kottbusser Damm ab.

Nahezu gleichzeitig sah ich Winne, der inzwischen aus seinem Versteck herausgerannt kam und geradewegs den Funkwagen erreichte. »Los, verfolgt das Krad!«, schrie ich erneut in mein Funkgerät, und rannte in Richtung Kottbusser Damm. Da ich selbst circa 100 Meter von der Kreuzung entfernt war, ist es sinnlos, dass die beiden auf mich warten, dachte ich bei mir, und beschleunigte meine Schritte. Kaum war Winne förmlich auf der Beifahrerseite in den Streifenwagen hineingesprungen, sah ich, wie sie mit eingeschaltetem Blaulicht dem Krad hinterherrasten.

Keuchend erreichte ich wenige Sekunden später den Kottbusser Damm. Weit entfernt, bereits in Höhe der Schinkestraße, sah ich das blinkende Blaulicht. Nun war guter Rat teuer. Unterstützungskräfte waren weit und breit nicht zu sehen und meine Streifenpartner hatten nicht gerade die größten Erfahrungen mit solchen »Verfolgungsjagden«. Ohne lange zu zögern, stellte ich mich mitten auf die Fahrbahn und hielt ein Taxi an, das glücklicherweise aus Richtung Hermannplatz direkt auf mich zugefahren kam. »Sie müssen mich unterstützen! Meine Kollegen verfolgen gerade zwei Diebe. Die haben ein Motorrad gestohlen, ich muss denen helfen, fahren Sie bitte schnell hinter dem Funkwagen her. Da vorn sind sie, sehen Sie das Blaulicht!«, wies ich den Fahrer mit entschlossener Stimme an. »Kein Problem, der Polizei muss man doch helfen!«, antwortete er und schon saß ich auf dem Beifahrersitz und die Hatz ging los. »Mensch ist das spannend!«, hörte ich auf einmal eine Stimme von der Rückbank. Erst jetzt bemerkte ich, dass der Taxifahrer einen Fahrgast an Bord hatte.

Bevor ich mir aber darüber nähere Gedanken machen konnte, erreichten wir die Kottbusser Brücke. Da fuhr mir der Schreck in sämtliche Glieder. Mitten auf der Brücke lag die Kawasaki auf der Seite mit aufgeblendetem Scheinwerferlicht und noch drehenden Rädern. Aber wo waren die beiden Diebe, und wo vor allem waren meine Kollegen? Schnell verließ ich das bereits stehende Taxi und lief auf die Brücke. Da bemerkte ich in etwa 60 Metern Entfernung den Funkwagen an den parkenden Autos der Kottbusser Straße stehen. Sofort rannte ich hin, während der Taxifahrer das Krad sicherte. Bereits beim Draufzulaufen sah ich die Bescherung: Bernd war vermutlich mit dem Funkwagen nach rechts von der Fahrbahn abgekommen und war in die parkenden Autos geprallt. Dabei hatte er drei davon zusammengeschoben. Auf den ersten Blick erkannte ich, dass diese drei Autos und auch der Funkwagen nur noch Schrott waren. Da entdeckte ich Bernd. Er saß am Fahrbahnrand auf der Gehwegkante und hielt sich den Kopf. Winne konnte ich nirgends erblicken.

»Bernd, was ist los mit dir? Bist du verletzt und wo ist Winne?«, rief ich aufgewühlt. Mit Tränen in den Augen und leiser Stimme wiederholte Bernd ständig die Worte: »Muss ick det bezahlen, muss ick det bezahlen?« »Bleib ganz ruhig, sag mir erst einmal, wo Winne ist. Und bezahlen musst du gar nichts«, versuchte ich den unter Schock stehenden Bernd zu beruhigen. Während ich über Funk erneut dringendst Verstärkung und einen Rettungswagen anforderte, zeigte Bernd mit dem Finger in Richtung Mariannenstraße. Er flüsterte, dass Winne dort den Dieben hinterhergerannt sei.

Kurz darauf hörte ich die Rettungssirene der Feuerwehr. »Bernd, dir wird gleich geholfen, ich muss sehen, ob ich Winne finden kann«, verdeutlichte ich ihm und rannte in Richtung Mariannenstraße. Doch bevor ich diese erreichte, kam mir Winne mehr entgegengetaumelt als -gelaufen. Dabei hielt er sich mit beiden Händen den Kopf. »Kalle, die sind in Richtung Mariannenstraße abgehauen, ich kann nicht mehr, ich bin mit meinem Kopf gegen die Scheibe des Funkwagens geprallt, der tut mir so weh!« »Komm mal her und setzt dich erst einmal hin«, redete ich beruhigend auf ihn ein. Ich half ihm, sich langsam hinzusetzten, und lehnte ihn mit dem Oberkörper gegen eine Hauswand.

Glücklicherweise trafen unmittelbar darauf zwei Rettungswagen der Feuerwehr ein. Die Sanitäter übernahmen die Versorgung der Verletzten, während ich, inzwischen ausgesprochen wütend, feststellte, dass immer noch kein weiterer Funkwagen zur Unterstützung eingetroffen war. Aufgrund der Schäden musste ich unbedingt einen dieser Diebe, die ja die Ursache für dieses ganze Chaos waren, finden. So machte ich mich auf die Suche. Über 20 Minuten rannte und schaute ich mich in der Mariannenstraße und dann am Fraenkelufer nach diesen Halunken um. Nichts! Kein Nachtschwärmer, kein Frühaufsteher, niemand, der eventuell die Diebe gesehen hatte, befand sich auf der Straße. Gebückt leuchtete ich mit meiner Taschenlampe mühselig in die Büsche direkt am Ufer. Und da sah ich etwas! Zunächst zwei Füße und dann einen langen Kerl, der sich dicht auf die Erde drückte. Leise schlich ich mich an und lies mich blitzartig und kompromisslos mit beiden Knien auf seinen Rücken fallen: »Polizei, Sie sind festgenommen! Hände auf den Rücken und keine weiteren Bewegungen!«, wiederholte ich zweimal meine Aufforderung und gab ihm gleichzeitig eindeutig zu verstehen, dass ich jeden Widerstand seinerseits rigoros unterbinden würde. Langsam schob er beide Arme auf den Rücken und sofort klickten meine Handschellen um seine Handgelenke. Dann half ich ihm beim Aufstehen und gemeinsam liefen wir zurück zum Unfallort.

Da hatte das Glück mir etwas zur Seite gestanden, stellte ich nun bei genauerem Hinsehen fest. Mir war der Fahrer des Motorrades ins Netz gegangen. Dieser war mir beim Aufsteigen bereits durch seine auffällige Motorradkluft aufgefallen. Seine schwarze Lederkombi war seitlich mit drei hellblau-weißen Streifen an beiden Armen und Beinen gekennzeichnet. Auch war er deutlich größer als der Soziusfahrer, der leider unerkannt entkommen war.

Endlich trafen mehrere Funkwagen ein und nahmen mir zunächst den Festgenommenen ab, um ihn zur GeSa (Gefangenensammelstelle) zu bringen. Bernd und Winne standen am Rettungswagen der Feuerwehr. Erfreulicherweise hatten sie schon wieder etwas Farbe im Gesicht. Auch stellten sich ihre Verletzungen als nicht so schwer dar, sodass sie nur zur ambulanten Behandlung ins Krankenhaus fahren mussten. Erst jetzt erlaubte ich mir ein zaghaftes Lächeln, denn immerhin hatte ich einen der beiden Diebe gestellt.

Wie war es aber zu diesem schweren Unfall gekommen? Es stellte sich heraus, dass der Fahrer der gestohlenen Kawasaki so stark beschleunigt hatte, dass er auf der Kottbusser Brücke, die eine leichte Erhöhung in der Mitte aufweist, mit der Ölwanne aufsetzte. Diese riss und das Krad stürzte um. Trotzdem gelang es den beiden Dieben, schon aufgrund ihres Adrenalinausstoßes und nur leicht verletzt, die Flucht zu ergreifen.

Bernd, der wenige Sekunden später die Brücke passierte, musste dem umgestürzten Motorrad ausweichen, geriet in die Ölspur der aufgerissen Ölwanne und schleuderte unmittelbar danach in die drei am Fahrbahnrand parkenden Fahrzeuge. Dies hätte, so meinte nicht nur ich später, auch erfahrenen Kollegen geschehen können. Die Zeitungen am nächsten Tag widmeten diesem Vorfall nur acht Zeilen unter der Überschrift »Glitschige Straße«.

Während Winne drei Wochen mit einer Gehirnerschütterung zu Hause bleiben musste, erschien Bernd bereits eine Woche später wieder zum Dienst. Er verzichtete allerdings für das darauffolgende halbe Jahr auf das Führen eines Polizeikraftfahrzeuges. Der Schock über diesen Verkehrsunfall saß zu tief. Aus Fürsorgegründen war dies mehr als richtig, wie ich fand.

Für mich ging der normale Dienst bereits in der nächsten Schicht weiter, wobei mir der Verkehrsunfall und auch die verdutzten Gesichter des Taxifahrers sowie seines Fahrgastes noch einige Zeit im Kopf herumspukten. Selbstverständlich hatten die Kollegen, die als erste Unterstützungskräfte auf der Kottbusser Brücke eintrafen, die Personalien des Taxifahrers aufgenommen. So konnte ich ihm drei Tage später eine Flasche Sekt als kleines Dankeschön überreichen. Der Gesamtschaden des Unfalls belief sich im Übrigen auf weit über 100 000 D-Mark, einschließlich des gestohlenen Krades, wie ich später bei der Gerichtsverhandlung erfuhr. Da mein Festgenommener eisern schwieg, konnte der zweite Dieb leider nicht ermittelt werden. Zu welcher Strafe dieser Dieb und Unfallfahrer vom Gericht verurteilt wurde, ist mir nicht bekannt. Weil er alles zugegeben hatte, waren wir als Zeugen vor Gericht nicht erforderlich. So war ich bei der Urteilsverkündung längst wieder in den Straßen von Kreuzberg und Neukölln unterwegs.

Sektorengrenze

Kann sich heute noch jemand vorstellen, was ein sogenanntes Unterbaugebiet ist und wie es im sich Jahre 1983 definierte? Im September dieses Jahres war ich gemeinsam mit »Flaps« unterwegs. Flaps war, seitdem er ein Jahr zuvor von der Ausbildungsabteilung zu uns in die Einsatzbereitschaft 54 versetzt worden war, noch nie Zivilstreife gefahren und hatte mich darum gebeten, ihn einmal mitzunehmen. Seinen Spitznamen »Flaps« hatte übrigens ich ihm verpasst, denn immer wenn wir es zwischen unseren Einsätzen etwas ruhiger angehen lassen wollten, rannte er durch die Gegend wie einer der drei Geier aus dem Zeichentrickfilm »Das Dschungelbuch«.

Versteckt parkten wir mit unserem Zivilwagen zwischen anderen Autos auf dem Spreewaldplatz mitten in Kreuzberg. Dort war es in den vergangenen Wochen zu etlichen Sachbeschädigungen an den abgestellten Fahrzeugen gekommen. Drei Tage zuvor hatte ich einen 25-Jährigen festgenommen, nachdem dieser den rechten Außenspiegel an einem Mercedes abgetreten hatte. Leider war die Serie damit noch nicht beendet.

Wir standen also dort und harrten der Dinge, die da kommen sollten, wie man so schön sagt. Obwohl erst 20 Minuten vergangen waren, rutschte Flaps unruhig auf seinem Beifahrersitz hin und her, was mich nicht weiter verwunderte, darum hieß er ja bei mir auch Flaps. Während ich noch überlegte, ob dieser Zappelphilipp eine Fußstreife machen sollte, sah ich ihn: denselben Jüngling, den ich beim Spiegelabtreten vor drei Tagen festgenommen hatte. Er lief auf der Wiener Straße, genau gegenüber unserem Standort vorbei und bestieg überraschenderweise einen alten Mercedes Benz der

250-Klasse. »Seltsam«, dachte ich mir, »soweit ich mich erinnern konnte, hatte der doch gar keinen Führerschein.« Da fuhr er auch schon los.

»Na, den werden wir uns mal greifen!«, sagte ich zu Flaps, scherte aus unserer Parklücke aus und versuchte den Abstand zu dem Vorausfahrenden zu verringern. Dies war gar nicht so einfach, denn er fuhr sehr schnell und nicht unbedingt ordnungsgemäß. Bevor ich zu ihm aufschließen konnte, hielt er an, fuhr verkehrswidrig auf den Gehsteig und ließ seinen Wagen unmittelbar vor dem Hauseingang des dortigen Wohnhauses stehen. Dann stieg er aus und verschwand eilig in selbigem. »Was soll das denn werden?«, sagte ich mehr zu mir selbst und parkte dabei unser Fahrzeug am rechten Fahrbahnrand ein. »Das schauen wir uns einmal genauer an«, bemerkte ich weiter und verließ mit Flaps unser Auto.

Der Daimler war nicht abgeschlossen und der Halter wohnte laut meiner Halternachfrage über Funk auch nicht in diesem Wohnhaus in der Skalitzer Straße. Gemeinsam stellten wir uns neben den Hauseingang und warteten, denn ich war mir sicher, dass er bald wieder auf der Bildfläche erscheinen würde. Acht Minuten später war es dann so weit. Er kam aus dem Haus und wurde von mir angehalten. Seine Augen fielen ihm fast aus dem Gesicht, als er mich wiederkannte. »Zeigen Sie mir bitte ihren Führerschein und den Fahrzeugschein für den Daimler Benz«, forderte ich ihn ruhig auf. Nervös und unsicher nestelte er an der Innentasche seines Jacketts herum. Völlig perplex erblickte ich dabei in der Brustaußentasche seines weißen Oberhemdes eine Haschischplatte, die durch die Hemdfasern schimmerte. Sofort nahm ich ihn fest und legte ihm Handfesseln an. Dann zog ich langsam die Haschischplatte aus seiner Brusttasche.

Flaps, der bis dato mit Rauschmittel noch nicht in Kontakt gekommen war, verstand die Welt nicht mehr. Auch als ich ihm demonstrativ die Platte zeigte, schaute er mich ungläubig an. »Geh mal bitte zum Auto und schau nach, ob dort noch mehr solcher Platten liegen«, wies ich ihn an, während ich selbst auf den Festgenommenen aufpasste. Einen Funkwagen hatte ich bereits per Funk zum Transport in die Gesa angefordert.

»Kieck mal Kalle, wat ick unter dem Beifahrersitz gefunden habe!« rief Flaps schon von Weitem und kam auf mich zugelaufen. In der Hand hielt er eine prall gefüllte Plastiktüte. Nun war es an mir, zu staunen.

In der Tüte lagen zehn weitere Haschischplatten der gleichen Art, wie ich sie dem jungen Mann gerade aus der Hemdtasche gezogen hatte. Jede 200 Gramm schwer, also insgesamt zwei Kilo »Stoff«. Da hatten wir also so ganz nebenbei während einer Fahrzeugkontrolle einen Haschischdealer geschnappt.

Zu jener Zeit waren zwei Kilo Haschisch noch ein ungewöhnlich großer Fund, dass sah man schon daran, dass damals gleich mehrere Zeitungen ausführlich darüber berichteten. So kam es, dass Flaps und ich unmittelbar nach der Festnahme von der Leiterin der »Kriminalpolizeilichen Sofortbearbeitung«, Kriminalhauptkommissarin Sandra K., einbestellt wurden. Diese hatte parallel dazu eine Einsatzbesprechung einberufen, denn die Wohnung des Haschischdealers musste selbstverständlich auch durchsucht werden. Daraus ergaben sich jedoch unerwartete Schwierigkeiten, denn seine Anschrift lag am Bethaniendamm in Kreuzberg, mitten im Unterbaugebiet der Sektorengrenze.

Wie aber muss man sich ein Unterbaugebiet vorstellen? Als am 13. August 1961 die Berliner Mauer quer durch Berlin errichtet wurde, verlief die Sektorengrenze teils direkt entlang der Häuserfundamente. Das hieß, wäre die Mauer unmittelbar an diesen Häusern, die zum Westteil Berlins gehörten, gebaut worden, hätte kein Westberliner Bewohner mehr die Straße betreten können. Darum waren in diesen vereinzelten Fällen die DDR-Behörden zu einem besonderen »Entgegenkommen« bereit. Gönnerhaft bauten sie die Mauer zwei bis drei Meter von den Häusern entfernt. So entstand die Situation, dass die Westberliner Hausbewohner, wenn sie ihr Wohnhaus betreten wollten, ein Stück über Ostdeutsches Staatsgebiet laufen mussten. Dies war aber uns als Polizeibeamten nicht erlaubt. Um also dort eine Durchsuchung durchführen zu können, mussten wir zunächst die amerikanische Besatzungsmacht informieren und ihre Zustimmung einholen. Denn Kreuzberg lag im amerikanischen Sektor von Berlin. Diese schickte uns eine Streife ihrer Militärpolizei zum Ort und erst dann liefen wir über das Hoheitsgebiet der DDR in das Haus und die Wohnung unseres Dealers. Nicht so einfach und sehr zeitintensiv. In der Wohnung fanden wir leider keine weiteren Beweismittel.

Mein eigentlicher fester Partner bei Zivilstreifen hieß in dieser Zeit übrigens Achim. Achim war fast genauso groß wie ich, schlank und vier Jahre älter. Er hatte im Wesentlichen die gleiche positive Einstellung zum Polizeiberuf wie ich. Dabei bildete die operative, zivile Arbeit auf der Straße, nämlich das Festnehmen von Straftätern auf frischer Tat, bei uns beiden die Hauptmotivation. Allerdings besaß Achim einen klitzekleinen Spleen, den ich selbst nur in den ersten Monaten unserer gemeinsamen Zivi-Dienstfahrten verständlicherweise unterstützte. Später konnte ich mich nur mehr schlecht als recht dazu durchringen. Es ging um die Vollstreckung von Haftbefehlen.

Vollstreckung von Haftbefehlen

Achim hatte nämlich folgerichtig erkannt, dass damals an vielen öffentlichen Plätzen frei zugängliche Toiletten (im Berliner Jargon »Café Achteck« genannt) standen, in denen sich fast immer Obdachlose aufhielten, die häufig mit einem Haftbefehl gesucht wurden.

So kontrollierten wir einmal pro Schicht diese meist unappetitlich stinkenden »Trüffelhäuschen«. Wer den Begriff »Trüffelhäuschen« geprägt hatte, weiß ich nicht, aber er leitete sich von den roten, grünen und weißen Steinen ab, die in den Pissoirs lagen und einen eigentümlichen Geruch verströmten. Achim hatte zwar recht mit seinen Kontrollen, denn in fast jeder Schicht nahmen wir eine gesuchte Person fest, aber ich konnte mich damit einfach nicht richtig anfreunden. So kam es, dass Achim diese »deliziös schnuppernden« Häuschen allein aufsuchte, sich die Ausweise geben ließ und sie mir anschließend zum Auto brachte.

Meine Tätigkeit bestand dann darin, über Funk nachzufragen, ob diese Person vielleicht gesucht wurde. Erst wenn es nun zu einer positiven Rückmeldung kam, ging ich mit ins Trüffelhäuschen und wir nahmen die Person gemeinsam fest. Es ging dabei natürlich nicht ohne irgendeine Frotzelei, zum Beispiel indem ich Achim fragte, welchen Toilettenstein (Trüffel) er denn wohl diesmal bevorzuge, ab.

Achim stieg auf diese makaber-unappetitliche Witzelei gern ein, indem er sich sich die Lippen leckte und erklärte, dass er heute mal den roten, nach Erdbeeren schmeckenden Trüffel ausprobieren wolle.

Die Vollstreckung von Haftbefehlen vollzieht sich aber keineswegs immer derart entspannt, wie der folgende Fall zeigt.

Der Wahnsinnssprung

Seine Augen huschten fahrig hin und her. Hatte er uns bereits gesehen oder war es seine nervöse Paranoia, die fast jeder Heroinabhängige im Laufe seiner »Suchtkarriere« entwickelte? Achim und ich hatten ihn fast gleichzeitig entdeckt und jetzt musste alles ganz schnell gehen. Denn der uns bekannte Ralf H. rannte plötzlich wie von Furien gehetzt über den Lausitzer Platz in Richtung Waldemarstraße davon. Es war offensichtlich, dass er uns gesehen und sofort die Flucht ergriffen hatte. Überraschend war dies nicht, denn es war nicht das erste Mal, dass uns dieser hochgradig Süchtige entkommen wollte.

Gerade einmal 14 Tage zuvor hatten wir ihn auf dem U-Bahnhof Hermannstraße nur unter größten Mühen nach einer Verfolgungsjagd quer über den Bahnsteig festnehmen können. Dabei hatte er sich heftig gewehrt und mir fast einen Finger gebrochen. Der Grund für seine Flucht war damals ein kurz zuvor begangener Wohnungseinbruch. Die gestohlenen Schmuckstücke (Sore = Diebesbeute) hatte er in seinen Jackentaschen noch bei sich gehabt.

Sofort stellte sich die Frage, warum rennt er jetzt erneut wie von Sinnen weg, wenn er uns sieht? Nicht schwer zu beantworten, dachte ich bei mir. Ralf H. ist schließlich pausenlos damit beschäftigt, Geld für seine Heroinsucht heranzuschaffen. Bei einer Summe von mindestens 70 bis 100 Euro pro Tag für den Erwerb dieser Droge ist das nachvollziehbar. Seine alles umfassenden täglichen Gedanken drehen sich letztlich nur um das eine: Wie komme ich an Geld für Heroin ran?

Dies führte fast zwangsläufig dazu, dass er zu einem Intensivtäter im Einbruchsbereich wurde. Er war sich demzufolge bewusst, dass, sollten wir ihn sehen, er auch von uns kontrolliert wird. Auch kannte er das Risiko sehr genau, nicht nur beim Einbruch selbst, sondern später beim Verkaufen der Sore erwischt zu werden. So verblüffte mich sein Fluchtverhalten also wenig.

Wo rannte er denn diesmal hin?, fragte ich mich verblüfft. Direkt ins Wohnhaus Lausitzer Platz 7. Ich befand mich ungefähr 30 Meter hinter ihm und war mir sicher, dass ich ihn im Haus kriegen würde. Achim, der erst unser Fahrzeug abschließen musste, würde dann folgen.

Ralf H. rannte durch den offenen Hausflur hindurch auf den Hinterhof und dann links in den Seitenflügel. Ich ließ mir etwas mehr Zeit, denn hier konnte er eigentlich nicht mehr weg. Selbst nach Atemluft schnaufend, hörte ich ihn vor mir, wie er, laut die Luft einziehend, relativ leichtfüßig eine Stufe nach der anderen erklomm. Und diese Stufen hatten es in sich! Es handelte sich schließlich um ein typisches Alt-Berliner Wohnhaus mit Treppenstufen so hoch, dass man glaubt, die Waden platzen einem beim Erklimmen.

In diesem Moment fiel mir Achim ein. Mir war bewusst, dass Ralf H., der trotz seiner Sucht immer noch ausgesprochen durchtrainiert war, erhebliche Gegenwehr bei seiner Festnahme leisten würde. Sein extremer Drogenkonsum machte ihn für Schmerzen vergleichsweise unempfindlich. Es wäre einfach klüger, wenn wir ihn gemeinsam festnehmen würden. Also verminderte ich meine Laufgeschwindigkeit, war aber bereits fast ganz oben, das heißt, im fünften Obergeschoß angekommen. Langsam tastete ich mich jetzt weiter. Kurz vor dem letzten Treppenabsatz bückte ich mich tief nach unten. Vorsichtig schaute ich um die gedrechselten Säulen des Geländers nach oben.

Verblüfft stellte ich fest, dass Ralf H. sich augenscheinlich in Luft aufgelöst hatte. Dort oben war er nicht, ich konnte ihn nicht sehen, er war einfach nicht mehr da.

Ungläubig stieg ich weiter empor. Mit einem seltsamen Gefühl im Magen bemerkte ich ein weit offen stehendes Flurfenster. »Der wird doch nicht aus dem Fenster gesprungen sein?« Ich konnte, ich wollte es nicht glauben. »Ist der so zugedröhnt«, dass er sich in den sicheren Tod gestürzt hat?« Meine Gedanken rasten, ich fühlte mich sofort schuldig, mich schwindelte. Langsam, ganz langsam schaute ich aus dem Fenster nach unten auf den Hof. Ängstlich erwartete ich den Anblick vom zerschmetterten Ralf!

Aber statt des erwarteten Grauens sah ich dort lediglich Achim, meinen Partner, stehen. Aufgeregt winkte er nach oben und rief lautstark: »Der ist aufs Dach, der ist aufs Dach geklettert!« Ungläubig sah ich aus dem Flurfenster nach oben in Richtung Dachfirst. »Der kann doch nicht fliegen«, dachte ich mir und äußerte dies auch lautstark in Richtung Achim.

»Kalle, glaub mir, der ist aus dem Fenster schräg nach oben an die Dachrinne gesprungen und hat sich von dort mit einem Klimmzug aufs Dach gezogen!«, rief Achim aufgeregt.

Glauben wollte ich dies nicht. Der Dachfirst steht bestimmt einen Meter von der Häuserwand entfernt. Er war also nicht nur aus dem Fenster des fünften Stockwerkes gesprungen; nein, er musste nach schräg oben geschnellt, dann die Regenrinne erfasst und sich zusätzlich mit einem kräftezehrenden Klimmzug aufs Dach gezogen haben. Eine für mich nicht nachvollziehbare artistische Leistung der Superlative, praktisch wie der Superheld »Spiderman«.

Allein schon das Hinausschauen aus dem offenen Fenster auf den Hof ließ mein Herz rasen. Aber viel Zeit zum Grübeln blieb nicht. Wenn er auf dem Dach war, dann musste ich dort auch hinaufkommen können.

Was dann in der folgenden Stunde geschah, war allerdings auch für mich eine bislang unbekannte, mehr als anstrengende Angelegenheit. Zunächst überprüfte ich die Tür, die zum Dachboden führte und die sich auf dem Treppenabsatz eine Etage höher befand. Zu meiner Überraschung war sie nicht abgeschlossen und ließ sich ohne Schwierigkeiten öffnen. Ralf hätte sich also seinen wahnwitzigen Sprung an die Dachrinne sparen können, stellte ich mit einer gewissen Verwunderung fest. Wie ich bereits geahnt hatte, war der gesamte Dachboden übersät mit Exkrementen von Tauben und anderen Vögeln. Ein häufiger Anblick auf Dachböden in Alt-Berliner Wohnhäusern. Neben dem üblichen Sperrmüll, wie alten Sofas, ausrangierten Schränken, Geschirr und wertlosen Fahrrädern, bedeckte eine ekelerregend dicke Staub- und Dreckschicht die Holzbohlen. Mühselig bahnte ich mir einen Weg durch dieses staubige Chaos, wobei mich ein Kribbeln in meiner Nase sowie ein kräftiges Niesen begleiteten. Dann erreichte ich eine hölzerne Leiter, die an einem Steinpfeiler lehnte. Vorsichtig kletterte ich diese empor, denn sie führte direkt zu einer Dachluke. Durch ein kräftiges Stoßen mit beiden Armen nach oben schob ich den Dachlukendeckel beiseite. Kurz darauf konnte ich meinen Kopf ins Freie stecken.

Vor mir dehnte sich eine grauschwarze Dachlandschaft aus, die mit dem blauen, sonnigen Himmel konkurrierte. Und da sah ich auch schon Ralf, der wieselflink auf dem Dach des Nebenhauses entlanglief. Ich konnte deutlich sehen, wie er versuchte, den dortigen Dachlukendeckel anzuheben. Obwohl er sich sichtlich anstrengte, gelang ihm das aber nicht, er war offensichtlich verriegelt. Gehetzt schaute er sich um, erblickte mich und rannte geschwind weiter zum nächsten Dach.

War es sinnvoll, ebenfalls aufs Dach zu klettern und eine wilde Verfolgungsjagd zu starten? Dies erschien mir dann doch zu gefährlich. Die Dächer waren nicht so breit wie Gehwege, man konnte jederzeit abrutschen und in die Tiefe stürzen. Also kletterte ich die Leiter wieder herunter. Weit konnte Ralf so oder so nicht kommen, denn die Häuser standen in einem großen Viereck zueinander. Er musste uns auf jeden Fall in die Arme laufen, wenn wir nur rechtzeitig das Haus entdeckten, das ihm eine offene Dachluke zur weiteren Flucht anbot.

Nun rannte ich zunächst den Hausaufgang wieder nach unten, schilderte Achim, der immer noch auf dem Hof wartete, die Lage und forderte zur Unterstützung andere Kollegen an. Dann liefen wir gemeinsam zur Waldemarstraße Ecke Manteuffelstraße. Auf dem Dach dieses Eckhauses hatte ich Ralf zuletzt gesehen. Achim und ich eilten nun abwechselnd in jedes infrage kommende Haus, um zu überprüfen, ob die jeweiligen Dachböden oder -luken offen standen. Meist fünf Etagen hoch und wieder herab. Glücklicherweise trafen bald weitere Kollegen ein, die ihrerseits einige Häuser überprüften.

Obwohl mir sowie den anderen Kollegen vor Anstrengung die Zunge aus dem Halse hing, hatten wir keinen offenen Zugang zu einem Dachboden gefunden. Dementsprechend musste Ralf noch auf den Dächern herumturnen.

»Achim, weißt du was, ich setzte alles auf eine Karte und warte auf dem Dachboden des Hauses, von dem er seine Flucht gestartet hat. Dort hätte er leicht aufs Dach spazieren können, ohne seine akrobatische Springaktion, denn dort ist die Luke offen. Vielleicht kehrt er ja dahin zurück!«, erklärte ich überzeugt.

»Okay!«, erwiderte Achim atemlos und fügte hinzu, dass er sich zunächst an der Ecke Lausitzer Platz/Waldemarstraße hinstelle, um so die Hauseingänge der Straße und des Platzes im Blick zu behalten. Über unsere Funkgeräte wollten wir in Kontakt bleiben.

Mühevoll erklomm ich erneut die fünf Etagen des mir schon bekannten Wohnhauses. Es war mittlerweile das sechste Mal, dass ich das tat, und meine Atmung lief dementsprechend fast wie das Notprogramm eines Lungenkranken. Auf dem Dachboden angekommen, hörte ich zu meiner Überraschung bereits hastige Schritte über mir. Vorsichtig schlich ich zu einem zweiten Pfeiler, der drei, vier Schritte von der Leiter entfernt stand, die aufs Dach führte. Hier wartete ich versteckt und mit klopfendem Herzen.

Etwa zwei Minuten später war es so weit. Ich hörte, wie der Lukendeckel langsam angehoben und beiseitegedrückt wurde. Dann sah ich, wie zwei Beine durch das Dachfenster geschoben wurden und vorsichtig die oberen Stufen der Leiter berührten. Nachdem sie Halt gefunden hatten, erschien alsbald der gesamte Körper, und Ralf stieg die Leiter herab. Bevor er allerdings die Holzdielen erreichte, war ich blitzartig aus meinem Versteck getreten. Lautlos trat ich von hinten an ihn heran und Sekunden später klickten meine Handschellen um sein rechtes Handgelenk.

»Herr H., Sie sind festgenommen, machen Sie keinen Zeck!«, verkündigte ich laut, und setzte zusätzlich einen leichten Würgegriff an. Aber auch an Ralf H. war diese Verfolgungsjagd nicht spurlos vorbeigegangen. Ausgepumpt leistete er keinerlei Widerstand und ließ sich von mir lammfromm nach unten auf die Straße führen.

Warum war er aber wie ein Verrückter vor uns weggelaufen? Wegen eines gerade verübten Einbruchs oder wegen Diebesguts? Dieses Rätsel löste er selbst auf. Zwei neue Haftbefehle wegen etlicher Einbruchstaten waren am Vortag erlassen worden und da er geradezu panische Angst vor geschlossenen Räumen (Gefängniszellen) hatte, war seine Flucht für mich völlig klar. Nun würde er aber letztlich doch dort landen, wo er keinesfalls hinwollte: In einer Gefängniszelle! Seine Paranoia vor dieser Zelle konnte ich allerdings nachvollziehen, da ich selbst einmal in einer landete. Dies war allerdings einige Jahre her.

Pure Willkür

Meine Ausbildungszeit näherte sich geradewegs dem Ende des zweiten Jahres da gab es private Kümmernisse. Herbert, mein Stiefopa, der gemeinsam mit der Hälfte meiner engeren Verwandtschaft »eingesperrt« im Ostsektor Berlins lebte, war ernstlich erkrankt. Nachdem ihm in den Vorjahren mehrmals einige Zehen und ein Bein aufgrund von Durchblutungsstörungen abgenommen worden waren, stand er kurz vor der Amputation seines zweiten Beines. Eine mehr als lebensbedrohliche Operation!

Mein Bruder Burkhard und ich beschlossen, gemeinsam mit unseren Großeltern väterlicherseits, Passierscheine bei den zuständigen Stellen der DDR zu beantragen, denn nur damit war es damals möglich, in den abgeriegelten Ostteil Berlins zu kommen. Überraschenderweise wurden uns diese genehmigt und wir konnten für zwei Tage nach Ostberlin einreisen. Dies war keinesfalls die Regel, sondern wurde häufig nach Belieben des jeweiligen Beamten entschieden.

Während die Großeltern zu ihren lange nicht gesehenen Verwandten nach Diedersdorf weiterfuhren, quartierte ich mich mit Burkhard bei meiner Lieblingstante Hella und ihrem Mann Günther ein. Die Freude über unser Wiedersehen war riesig, wurde aber durch die anstehende Operation verständlicherweise erheblich beeinträchtigt. Ein langer Besuch im Krankenhaus beruhigte mich indes ein wenig, denn Herbert war, obwohl er vor der zweiten Amputation stand, recht zuversichtlich.

So kam es, dass Burkhard und ich den Entschluss fassten, das unbekannte Nachtleben Ostberlins kennenzulernen. Mit meinem schicken, silberfarbenen BMW 2000 fuhren wir los und fanden schon bald eine Gaststätte, in der eine »Fete« im Gange war, die uns gefiel. Die Kontaktaufnahmen gestalteten sich ausgesprochen unproblematisch und so schlugen unsere gerade gemachten Bekanntschaften vor, den Abend in einer Privatwohnung mit einer Party ausklingen zu lassen. Gemeinsam machten wir uns auf den Weg, wobei ich, der als Einziger ein Auto besaß, dreimal hin- und herfuhr, um die 15-köpfige Gruppe zur Wohnung zu bringen. Nach der letzten Fahrt blieb ich vorübergehend mit einem Mädchen im Auto sitzen, während Burkhard und die anderen alles für diese spontane Feier vorbereiteten.

Meine hübsche »Eroberung« und ich plauschten angeregt über die Unterschiede der Musik und der Mode in West und Ost, als plötzlich laut gegen das Fahrerfenster geklopft und die Autotür aufgerissen wurde. Verdattert blickte ich in das verkniffene Gesicht eines Volkspolizisten (Vopo). Ultimativ forderte er mich im ausgeprägten Sächsisch auf, die Ausweispapiere zu zeigen, wobei zeitgleich ein zweiter Vopo meine Begleiterin rüde vom Beifahrersitz zog.

Auf meine Frage, was das alles solle, teilte man mir mit, dass ich im Grenzgebiet der DDR stehe und der Verdacht bestünde, dass ich einer DDR-Bürgerin zur Flucht über die Staatsgrenze verhelfen wolle. Ich traute meinen Ohren nicht. Nicht nur, dass ich nirgends eine passende Warntafel gesehen hatte, die mich auf ein Grenzgebiet hinwies, es gab auch nicht mal ansatzweise Anzeichen für eine Republikflucht: wir saßen lediglich im Auto und unterhielten uns. Wütend äußerte ich meine Ansicht, da eröffnete mir der »Ostkollege« dass ich festgenommen sei und mitkommen müsse.

Da ich immer noch an einen Irrtum glaubte und keinen unnötigen Ärger riskieren wollte, fügte ich mich und stieg in einen Polizeiwagen der Marke Wartburg ein. Dort ließ sich die altersschwache hintere Tür nicht öffnen und ich musste mühsam über den vorderen Sitz kriechen, genau wie meine junge Bekanntschaft. Während meine neue Bekannte nach genauer Prüfung ihrer Papiere nach Hause gefahren wurde, landete ich in der Volkspolizeizentrale in Pankow. Dort wurde ich trotz meines lauten Protestes erst einmal in eine karge Zelle gesperrt. Meine Bitte nach einem Anwalt wurde höhnisch abgelehnt.

Nach einer endlosen Stunde Warterei führte man mich in einen gefliesten Raum, in dem eine Ärztin saß, die mir Blut aus einer Vene vom Handrücken abnahm, was ziemlich schmerzhaft war. Warum sie das tat, erklärte sie nicht. Fragen meinerseits wurden nicht beantwortet und ich wurde erneut eingesperrt.

Erneut verging eine Stunde. Dann endlich erschienen zwei in Zivil gekleidete Männer. Aber ich wurde nun keineswegs entlassen, wie ich erhofft hatte, sondern sie fingen an mich zu verhören. Sie warfen mir vor, gegen eine Reihe von Paragrafen des Strafgesetzbuches der DDR verstoßen zu haben, ohne wirklich konkret zu werden. Da ich kurz und bündig erklärte, dass ich mich »verarscht« fühle und keinesfalls gedenke, zu diesen abstrusen Vorwürfen einer versuchten Republikflucht Stellung zu nehmen, wurde ich erneut in die schon bekannte Zelle gebracht.

Doch langsam begann ich zu verzweifeln und wurde gleichzeitig immer wütender. Es dauerte eine volle Stunde, bevor ich die Zelle wieder verlassen durfte – und zwei neuen Zivilpolizisten gegenübersaß. Diese wollten zunächst etwas über meine Polizeidienststelle wissen. Meine Antwort fiel kurz und prägnant aus: »Mein Dienstgrad lautet Polizeioberwachtmeister und meine Dienstelle ist die Bereitschaftspolizeikaserne in der Kruppstraße, weitere Angaben mache ich nicht.«

Nach einigem Hin und Her und vielen frechen Antworten meinerseits wurden mir erneut Paragrafen aus dem DDR-Gesetzbuch an den Kopf geworfen, die mit den Anfangsvorwürfen nicht mehr übereinstimmten. Ich wunderte mich über nichts mehr. Dann kam der nächste »Hammer«. Die beiden verdeutlichten mir unmissverständlich, dass ich 200 Mark zahlen müsse. Angeblich für meinen Verstoß an den Grenzanlagen.

Ich hatte die Schnauze nun endgültig voll und antwortete entnervt: »Ich habe kein Geld mehr bei mir, fahre aber zu meiner Tante und schütte Ihnen dann hier 200 Ostmark auf den Tisch, die ich mir von ihr borge!«

Die Antwort kam prompt und giftig:»Was sind denn Ostmark, sie meinen sicherlich Mark der DDR … wir wollen von ihnen aber Westgeld!!!«

Da ich endlich aus dem Laden rauswollte, stimmte ich zu. Meiner Meinung nach hatten meine Großeltern allerdings nur noch 190 D-Mark dabei. Also sagte ich dies den zwei»entzückenden«Vertretern der Deutschen Demokratischen Republik. Die Folge: Eine weitere Stunde in der Zelle. Plötzlich jedoch erfolgte die Entlassung verbunden mit der Aufforderung, die 190 D-Mark bis zum Nachmittag auf dem Revier abzuliefern.

Natürlich hätte ich dies ignorieren und einfach ausreisen können. Die Konsequenz wäre aber ein zukünftiges Einreiseverbot und die Ablehnung von Fahrten auf der Transitautobahn nach Westdeutschland gewesen.

Müde, verärgert und zermürbt, fuhr ich nach Diedersdorf zu den Großeltern. Die konnten mir allerdings nur 180 D-Mark geben, mehr hatten sie nicht dabei. Mit diesen 180 D-Mark und zehn Mark der DDR-Währung, geborgt von meiner Tante, begab ich mich zurück nach Pankow. Bei der Übergabe erneute Diskussion mit den dortigen Polizisten und ein fast zweistündiges Warten in einem fensterlosen Raum. Ich kochte vor Wut und Hilflosigkeit. Dann die Überraschung: 180 Mark»Westkohle«reichten, die 10 Mark der DDR wollten sie nicht, die bekam ich zurück.

»Na, das ist ja ein feiner Staat, die wollen ihre eigenes Geld nicht«, jetzt musste ich lauthals lachen, genau wie sämtliche Verwandten, als ich ihnen dies erzählte. Zurück in Westberlin meldete ich diesen Vorfall meinem Dienstherrn, der nicht sehr erstaunt war, weil diese versuchten Anwerbungen oder Befragungen von Polizisten überaus häufig vorkamen.

Irrer Plan, haarscharf vereitelt

Es war im Oktober und das Wetter war noch recht mild und ausgesprochen sonnig. Achim, Schulle und ich fuhren gemächlich im Kreuzberger Kiez Zivilstreife, wobei Schulle ebenso wie Flaps nur einige Monate zuvor von der Ausbildungsabteilung in unsere Einsatzbereitschaft versetzt worden waren. Während wir uns belustigt über einzelne »Storys« aus unserer Ausbildungszeit austauschten und mehrmals kräftig darüber lachen mussten, bemerkte ich einen weißen VW-Golf, der ordentlich eingeparkt in der Oranienstraße stand.

»Achim, sei mal so nett und fahr einen Bogen, sodass wir wieder von hinten an diesen VW-Golf herankommen, da sitzen drei Männer drin, irgendetwas ist komisch«, verkündigte ich. Achim fuhr einmal um den Häuserblock herum und schon befanden wir uns an der Ecke Mariannenstraße/Heinrichplatz und konnten von dort aus den Pkw gut beobachten.

»Was ist denn mit denen los?«, fragte Schulle aufgeregt.

»Kann ich dir nicht sagen, ich habe nur so ein seltsames Gefühl!«, erwiderte ich, während Achim unterdessen unseren Wagen einparkte. Wir beobachteten den Pkw über eine Stunde, ohne dass sich etwas tat. Die drei Männer saßen einfach in ihrem Golf und rührten sich nicht.

»Wisst ihr was, die überprüfen wir mal verkehrsrechtlich. Wer weiß, ob das überhaupt ihr Fahrzeug ist«, schlug Achim vor. Ich stimmte ihm zu, denn irgendwie ergab die Warterei keinen Sinn mehr.

Wir fuhren also ein kleines Stück über den Heinrichplatz und stellten uns in zweiter Reihe hinter dem VW-Golf auf. Achim und

Schulle stiegen aus und gingen zur Fahrerseite. Dort wiesen sie sich als Polizeibeamte aus und baten den Fahrer, seine Papiere zu zeigen. Ich machte mich unterdessen auf zur Beifahrerseite. Bevor ich diese erreichte, war der Beifahrer ausgestiegen, griff in die Innentasche seines Mantels und täuschte so vor, mir seine Papiere zeigen zu wollen. Dann, für mich vollkommen unerwartet, drehte er sich blitzartig um und rannte wie von der Tarantel gestochen in Richtung Heinrichplatz davon. Nach einer kurzen Schrecksekunde nahm ich die Verfolgung auf. Schulle, der dies ebenfalls beobachtet hatte, kam mir schnurstracks hinterhergerannt. Als ich um die Ecke des Wohnhauses Oranienstraße/Heinrichplatz bog, stand der Unbekannte mitten auf der Fahrbahn und zielte mit einer Pistole in meine Richtung. Geschockt sprang ich geradezu halsbrecherisch in einen links befindlichen Hausflur. Da sah ich aus den Augenwinkeln, wie Schulle hinter einem parkenden Auto Deckung suchte. Langsam ließ ich mich im Schutze des Hauseinganges zu Boden sinken und schaute vorsichtig um die Eingangsecke. Der Unbekannte schwenkte seine Pistole nach rechts und links, konnte uns aber als Ziel nicht mehr ausmachen, drehte sich um und rannte weiter in Richtung Skalitzer Straße. »Der hatte offenbar vor, auf uns zu schießen«, schoss es mir durch den Kopf. Eilig zog ich meine Waffe aus dem Gürtelholster und gemeinsam mit Schulle, der ebenfalls seine Pistole gezogen hatte, nahmen wir erneut die Verfolgung auf.

Unterdessen erreichte der Mann die Skalitzer Straße und bog dort nach rechts in Richtung Kottbusser Tor ein. Sehr, sehr vorsichtig verfolgten wir ihn und immer wenn er sich umdrehte und kurz stehen blieb, nahmen wir Deckung hinter parkenden Fahrzeugen. Während des abwechselnden Rennens und Deckungnehmens begann ich mir ernsthafte Sorgen um Achim zu machen. Der stand wahrscheinlich immer noch am Fahrzeug und konnte nicht ahnen, mit welch üblem Burschen wir es zu tun hatten. Über mein Handsprechfunkgerät forderte ich nicht nur Verstärkung für uns an, sondern bat eindringlich um Unterstützungskräfte für Achim.

Meine lautstarken Rufe, die Waffe fallen zu lassen und stehen zu bleiben, ignorierte der Flüchtende beharrlich. Kurz bevor er das Kottbusser Tor erreichte, lief er durch eine Toreinfahrt auf einen Parkplatz, der sich auf einem Hinterhof der dortigen Einkaufspassage befand. Nachdem wir gemeinsam diese Toreinfahrt zum Hinterhof erreicht hatten, bat ich Schulle darum, mich zu sichern. Ich selbst legte mich flach auf den Boden und robbte behutsam in den Hinterhof zum Parkplatz, immer mit der Waffe im Anschlag. Aufmerksam schaute ich zwischen den dort stehenden Fahrzeugen hindurch. Und da entdeckte ich ihn tatsächlich. Er hockte hinter der Kühlerhaube eines Kadetts und zielte mit seiner Waffe in unsere Richtung, ohne dass er uns offenbar sehen konnte. Zentimeterweise schob ich mich weiter in seine Richtung vor und gleichzeitig gab ich Schulle mit meiner linken Hand Zeichen, wo sich der von uns Verfolgte aufhielt.

Etliche Sekunden passierte gar nichts. Doch dann verlor der Mann jäh die Nerven, denn er verließ überraschend seine Deckung und rannte weiter auf einen Hinterausgang zu, der in Richtung Adalbertstraße führte. Auch ich hatte mich erhoben und rannte weiter hinter ihm her. Dabei sah ich, wie er seine Waffe auf ein unbebautes, verwildertes Grundstück warf, das sich vor diesem Hinterausgang befand. Nachdem ich dies Schulle zugerufen hatte, beschleunigte ich meine Schritte erheblich. Jetzt war Schnelligkeit gefragt. Erst etwa 100 Meter weiter gelang es uns, den Entfliehenden einzuholen. Heftig atmend packte ich ihn an der Schulter und brachte ihn so zum Stehen. Dies wiederum nutzte er dazu, sich umzudrehen und mit beiden Fäusten gezielt in Richtung meines Kopfes zu schlagen. Mühsam wehrte ich seine Schläge mit beiden Unterarmen ab und ging gleichzeitig zum Gegenangriff über. Dabei musste er sich völlig auf mich fixieren, sodass Schulle, der unmittelbar neben mir war, einen seiner Arme ergreifen konnte. Jetzt sprang ich ihn an, umklammerte seinen Oberkörper und mit einem oft trainierten Judogriff brachte ich ihn aus dem Gleichgewicht, sodass er zu Boden ging. Während ich auf ihm kniete, drehte Schulle seine Arme auf den Rücken, um ihm Handfesseln anlegen zu können.

Kaum lag der Mann schwer atmend und gefesselt vor uns, fiel mir Achim wieder ein. Der stand ja immer noch in der Oranienstraße am Golf und hatte es mit zwei Insassen zu tun. Ich hoffte inständig, dass bereits Kollegen bei ihm eingetroffen waren. Sofort nahm ich wieder per Funk mit der Zentrale Kontakt auf. Die teilte mir beruhigenderweise mit, dass bereits zwei Funkwagen bei Achim eingetroffen waren und alles unter Kontrolle hatten. Wie sich später herausstellte, hatten auch Anwohner die Polizei verständigt, als sie sahen, dass ein Zivillist, in diesem Falle Achim, die zwei Insassen des Golfes mit einer Waffe bedrohte.

Wenig später traf auch bei uns ein Streifenwagen ein und die Kollegen übernahmen den Festgenommenen, während wir die Waffe suchten. Dies dauerte eine geschlagene halbe Stunde, denn das Grundstück war völlig verwahrlost und die Pistole lag im tiefen Gras. Aber wir fanden sie trotzdem. Es handelte sich um eine Pistole der Marke Austria Vieana, Kaliber 6,35 Millimeter. Sie war durchgeladen und im Magazin befanden sich vier weitere Patronen.

Erst jetzt fuhren wir zurück zum Ausgangspunkt unserer wilden Hatz. Achim hatte bereits mit Unterstützung der Kollegen begonnen, den Golf zu durchsuchen. Aufgeregt berichtete er uns, dass er sofort, als wir dem Flüchtenden hinterhergerannt seien, seine Waffe gezogen und beide Insassen so in Schach gehalten habe. Wie sich bald darauf herausstellte, eine sehr kluge Wahl. Denn nachdem die übrigen Polizeibeamten eingetroffen waren und beide Insassen vorläufig festgenommen hatten, stellten sie Folgendes fest:
- Unter dem Oberschenkel des Fahrers lag ein Revolver und versteckt in einer Zeitung auf der Mittelkonsole fand sich eine weitere Pistole.
- Vor dem Beifahrersitz lag eine dunkle Tasche, in der sich eine schwarze Stoffmaske, eine schwarzgrüne Gummimaske, ein zer-

schnittenes T-Shirt mit Sehschlitzen und einer Mundöffnung sowie drei Teile einer gelben Plastikleine mit Schlaufen, mehrere braune Haarteile und etliche dicke Seile befanden.

Wozu das Ganze? Während wir noch grübelten, was das alles sollte, bemerkte ich plötzlich einen Werttransportwagen, der auf der gegenüberliegenden Seite hielt. Der Beifahrer stieg aus und begab sich in den dort befindlichen Juwelierladen. Das war es also, mir fiel es wie Schuppen von den Augen. Diese drei Gangster wollten den Juwelierladen überfallen!

Einige Stunden später bestätigte sich meine Vermutung. Wir hatten haarscharf einen Raubüberfall mit Geiselnahme auf einen Juwelier verhindert. Der Dritte, im Golf auf der Rückbank sitzende Straftäter hatte inzwischen auch schon alles gestanden und plapperte fleißig weiter. Die bereits einschlägig vorbestraften Täter wollten kurz vor Eintreffen des Werttransporters den Juwelier und seine Angestellte als Geiseln nehmen, um dann nicht nur den Juwelier, sondern auch den Werttransporter auszurauben.

Als der Juwelier von diesem Plan der Gangster erfuhr, dankte er uns außergewöhnlich gefühlsbetont. Ich war indes sehr froh, das es nicht zu einer wilden Schießerei gekommen war. Tatsächlich hatte nur unser besonnenes Verhalten dazu geführt, dass der vor uns Flüchtende nicht wild mit seiner Pistole in der Gegend herumballerte, was unübersehbare Folgen für uns oder auch für unbeteiligte Passanten gehabt hätte. Vorbestraft wegen diverser Raubüberfälle, auch unter dem Einsatz von Schusswaffen, war er bereits mehrfach.

Rififi

Meine Hände waren trotz der gefütterten Handschuhe eiskalt. Staunend betrachtete ich immer wieder die milchigen Wölkchen, in die sich meine Atemluft beim Ausatmen verwandelte. Kaum glaubhaft, aber wahr, Achim und ich befanden uns in einem alten Zivilfahrzeug – einem VW-Käfer! – auf Nachtstreife. Dieser hatte das Manko, dass seine Heizung defekt war, und das bei einer Außentemperatur von vier Grad unter null! Aber weil kein anderes Fahrzeug im aktuellen Bestand unserer Dienststelle existierte, mussten wir halt damit zufrieden sein. Wobei ich hinzufügen muss, dass dies doch glücklicherweise einen Einzelfall darstellte.

Hart zu uns selbst und voller Ehrgeiz, eine Festnahme zu machen, fuhren wir also in jener Dezembernacht durch die Karl-Marx-Straße in Neukölln. Und da sahen wir ihn: Der dunkelgekleidete Mann schaute nach rechts, nach links, nach rechts, nach links! Wie der Sekundenzeiger eines Uhrwerks zuckte sein Kopf immer wieder hin und her. Sein Körper war fast vollständig verschluckt vom Schatten des Hauseinganges, während sein Kopf hervorlugte und infolgedessen deutlich im Licht der Straßenlaterne zu sehen war. »Der steht Schmiere«, dachte ich, so nervös wie der sein Köpfchen hin und her bewegte und dabei aufmerksam die menschenleere Karl-Marx-Straße an der Ecke Karl-Marx-Platz beobachtete. Es war bereits 03.00 Uhr früh.

Wortlos fuhr Achim einen großen Bogen über die Kirchhofstraße und dem Richardplatz, um dann von hinten ungesehen auf den Karl-Marx-Platz zu fahren. Leise ließ er den VW-Käfer zum Fahrbahnrand hin ausrollen, den Motor hatte er bereits abgestellt. Fast ohne ein Geräusch zu verursachen, stiegen wir aus und schlossen die Türen. Eng an die Hauswand gedrückt, schlichen wir in die Richtung der Hausecke, in der der Verdächtige stand. Kurz bevor wir die Ecke erreichten, hörte ich ein dumpfes, klopfendes Geräusch. »Irgendwer hämmert hier mitten in der Nacht!«, flüsterte ich Achim zu. Der hatte diese ungewöhnliche »Nachtmusik« auch wahrgenommen und erwiderte: »Ich glaube, das Hämmern kommt aus dem Keller des Eckhauses, und wenn der Aufpasser im Hauseingang zur Karl-Marx-Straße steht, probieren wir, über den Seiteneingang ins Haus zu kommen!«

Wir hatten Glück, denn die Seiteneingangstür lies sich öffnen, und schon huschten wir hinein. Von dort kamen wir auf den Hinterhof. Hier war dieses Hämmern noch lauter zu hören und es kam eindeutig aus dem Vorderhaus, das zur Karl-Marx-Straße hinführte. Langsam tasteten wir uns in der Dunkelheit bis zur Hintertür vor. Völlig lautlos öffnete Achim diese Tür, wobei ich den Aufpasser durch ein Glasfenster der Eingangstür sehen konnte. Der stand immer noch vorne, rauchte nervös eine Zigarette und spähte nach rechts und links. Ich musste schmunzeln, denn er bemerkte uns nicht. Jetzt hörte ich aber laute Arbeitsgeräusche, die nicht aus dem Keller, wie von uns vermutet, sondern aus der ersten Etage kamen. Ich zog meine Dienstwaffe, nahm sie in die rechte Hand, während ich in der linken meine Taschenlampe hielt. Dann lief ich auf Zehenspitzen, gefolgt von Achim, als Erster die Treppenstufen hinauf. Ich musste nur den Geräuschen folgen. Da fiel mir ein fahler Lichtschein aus einer Wohnung auf der rechten Seite ins Auge. Vorsichtig näherte ich mich der Wohnungstür. Diese stand einen Spalt weit offen und ich schob sie mit dem Fuß so weit auf, dass wir beide hindurchschlüpfen konnten. Mit drei schnellen Schritten war ich in dem Zimmer, wo den Geräuschen nach gearbeitet wurde. Dort erblickte ich zunächst einen Mann, der in gebückter Haltung mitten im Zimmer stand und mit beiden Händen einen Regenschirm hielt. Dieser steckte zur Hälfte in einem Loch im Fußboden. Daneben war ein weiterer Mann damit beschäftigt, mit einem Stemmeisen und einem Vorschlaghammer das Loch im Fußboden zu vergrößern. Kräftig schlug er immer wieder auf den Rand des Loches. Da beide mit den Rücken zu uns standen, hatten sie uns noch nicht bemerkt.

Laut rief ich: »Polizei, Arbeitsgeräte fallen lassen und die Hände in die Höhe!« Gleichzeitig ging ich auf den mit dem Hammer zu und unterstrich meine Worte mit dem Zeigen meiner Dienstpistole. Achim kümmerte sich unterdessen um den anderen. Vollkommen verblüfft ließ meiner das Stemmeisen und den Vorschlaghammer fallen und hob langsam die Arme. Dann wurden beide von uns aufgefordert, zur Zimmerwand zurückzutreten, die Hände auf den Rücken zu nehmen und sich hinzuknien. Erst jetzt legten wir ihnen Handfesseln an. Beim anschließenden Betrachten dieser famosen »Nachtbaustelle« kam ich aus dem Stauen nicht heraus.

Diese zwei »emsigen Handwerker« wollten das Juweliergeschäft im Erdgeschoss ausräumen. Sie hatten bereits ein circa ein Meter mal ein Meter großes Loch durch den Fußboden gestemmt. Den anfallenden Schutt hatten sie mit dem Regenschirm aufgefangen, den sie von oben durch dieses Loch gesteckt hatten. Bevor dieses Loch groß genug war, um sich selbst nach unten abseilen zu können, waren allerdings wir aufgetaucht. Tja, dumm gelaufen! Die Idee zu diesem spektakulären Einbruch hatten sie bestimmt aus dem gleichnamigen Film »Rififi«, dachte ich mir.

Der »kopfwackelnde Schmieresteher« vor der Hauseingangstür hatte übrigens von der ganzen Aktion nichts mitbekommen. Ehe die von uns alarmierten Unterstützungskräfte eintrafen, war ich nach unten gegangen, hatte das Haus wieder über den Seiteneingang verlassen und war dann lässig um die Ecke geschlendert. Dabei hielt ich eine Zigarette in der Hand und bat ihn um Feuer. Als er sein Feuerzeug aus der Tasche zog, klickten auch bei ihm die Handschellen. So nahm dieser vorzüglich geplante Einbruch ein doch ausgesprochen ungeplantes Ende.

Für Achim und für mich hatte sich diese Dienstschicht also letztendlich gelohnt. Wir hatten in den Nachmittagsstunden und am Abend drei Laden- und zwei Fahrraddiebe festgenommen. Insgesamt acht Festnahmen, eine gute Bilanz, wie wir fanden. Auch wenn wir in der gesamten Zeit fast zu Eiszapfen erstarrt sind!

Brutale Weihnacht

Eine eigentümliche, stimmungsvolle Atmosphäre auf den Straßen bestimmte die eigene Wahrnehmung, während ich an diesem vorweihnachtlichen Spätnachmittag meinen Dienst versah. Kam sie von den bunten Lichterketten, die strahlend an den Bäumen hingen und ein anheimelndes Licht abstrahlten, oder von den mit Reif überzogenen Büschen und Sträuchern, die meinen Weg säumten? Ich wusste es nicht, aber mir gefiel es. Doch lies ich mich von dieser wohltuenden weihnachtlichen Stimmung keinesfalls täuschen. In der Metropole Berlin war das Verbrechen allgegenwärtig, es machte keine vorweihnachtliche Pause!

Mein Kollege Sven, ein kampfsporttrainierter 27-Jähriger, und ich befanden uns wieder mal auf Streifenfahrt. Unsere polizeiliche Aufgabe war klar umrissen: Festnahme von Straftätern auf frischer Tat, gerade auch im vorweihnachtlichen Einkaufstrubel. Beide hatten wir bereits viele, viele Einsätze erfolgreich hinter uns gebracht. Der heutige Einsatz aber, der nur drei Tage vor Heiligabend stattfand, zählte nicht zu meinen gelungensten und sollte mich noch viele Monate belasten. Sven fuhr mit unserem silbernen Zivil-Golf die Skalitzer Straße entlang Richtung Schlesisches Tor. Von meinem Beifahrersitz aus bemerkte ich zwei Jugendliche, die beide an der Kreuzung Wrangelstraße standen und abwechselnd um die dortige Häuserecke in die Skalitzer Straße spähten.

Was sollte das denn werden? Bestimmt nichts Gutes, dachte ich, und genauso sah es auch Sven, der sofort wendete und unseren Golf einparkte. Kurze Zeit später befanden wir uns zu Fuß gute 50 Meter entfernt von den beiden und beobachteten diese. Einige Minuten vergingen, ohne dass es sich uns nur annähernd erschloss, was diese sich ausgesprochen konspirativ verhaltenden Burschen wirklich vorhatten. Plötzlich kam Bewegung hinein. Eiligen Schrittes liefen sie auf der Skalitzer Straße zurück zum Lausitzer Platz. Dabei wandten sie sich praktisch unentwegt der durch einen Mittelstreifen getrennten Gehwegseite zu, um dort etwas zu beobachten. Ich versuchte angestrengt zu ergründen, was sie so intensiv auf der anderen Seite fesselte; es gelang mir ebenso wenig wie Sven.

Auf dem Lausitzer Platz angekommen, rannten die zwei schlagartig los und verschwanden kurz darauf in einem Alt-Berliner Wohnhaus. Verblüfft schaute ich Sven an, aber auch er konnte sich keinen Reim darauf machen. »Wollen die einen Wohnungseinbruch begehen?«, fragte er mich, aber auch ich war ratlos. Während wir so dastanden und versuchten, krampfhaft zu erforschen, was es mit diesem Verhalten auf sich haben könnte, ging plötzlich die große, schwere Eichentür des Wohnhauses auf und die beiden Bengel kamen wie vom Teufel gehetzt herausgerannt.

Ohne dass sie uns sehen konnten, nahmen wir die Verfolgung auf, denn dass hier etwas nicht stimmte, war sonnenklar. Die wilde Hatz ging zum Görlitzer Bahnhof, eine Bahnstation der U-Bahn-Linie 1, wo beide bis zum oberen Bahnsteig hinaufhasteten. Als wir ebenfalls oben ankamen, sah ich, dass der Größere auf einer Fahrgastbank saß, während der andere am Ende des Bahnsteiges, circa 15 Meter entfernt, nervös hin und her lief. Uns blind verstehend, näherte sich Sven dem ruhelosen Läufer, während ich mich dem auf der Bank zuwandte.

Leicht nach vorne gebeugt – ein Fehler, wie ich noch bemerken sollte –, verlangte ich höflich, aber bestimmt, den Ausweis dieses Kerls zu sehen. Urplötzlich, wortlos und ohne dass ich die geringste Chance einer Abwehrbewegung hatte, sprang dieser auf und rammte mir seine Stirn mitten auf meine Nase. Blut schoss hervor, die Augen tränten, meine Reaktionsfähigkeit war für Sekunden außer Kraft gesetzt. Dies nutzte der Typ gnadenlos aus und rannte die Treppe hinab zur Straße. An eine Verfolgung war nicht zu denken. Jetzt musste wenigstens der andere festgenommen werden, schoss es mir durch den Kopf. Sven, dem nicht solch ein Anfängerfehler wie mir unterlaufen war, hatte dem Zweiten bereits unsere metallenen Armbänder verpasst und hielt ihn fest und sicher.

»Wat wollt ihr von mir, ick habe nüscht gemacht!«, waren die ersten Worte des Festgenommenen, als wir ihn nach dem Grund seines verdächtigen Verhaltens befragten. Allerdings war es uns selbst noch unklar, welche Straftat denn nun vorlag. Aufklärung konnte nur das Wohnhaus auf dem Lausitzer Platz bringen. Also liefen wir gemeinsam dorthin.

Nach dem Betreten des schummrigen Hausflures stockte mir der Atem. Kurz vor dem ersten Treppenabsatz lag eine alte Frau zusammengekrümmt auf dem Boden und wimmerte leise. Im Schein meiner Taschenlampe sah ich, dass ihr Gesicht stark blutete. Neben ihr lagen ein Krückstock und eine zerbrochene Brille. Mitleid, Fassungslosigkeit und Wut über ihren hilflosen Zustand und über mein eigenes Versagen stiegen schlagartig in mir auf. Während Sven auf den Festgenommenen aufpasste und die Feuerwehr alarmierte, half ich der alten Dame auf die Beine. Dies war überaus mühsam, da sie alleine nur äußerst schlecht stehen konnte. Auch lief ihr das Blut aus unzähligen Schnittwunden im Gesicht immer wieder in die Augen. Erkennbar unter schwerem Schock stehend, berichtete sie mir stockend, dass sie gerade 300 D-Mark von der Post abgeholt hatte und kurz darauf hier im Flur ihres Wohnhauses überfallen worden war. Dabei waren die zwei Täter äußerst brutal vorgegangen. »Sie hatten mich, obwohl ich nur unter größter Mühe am Stock laufen kann, festgehalten. Dann schlug mir einer von beiden mit voller Kraft seine Faust mitten ins Gesicht. Meine Brille zerbrach und ich erlitt dabei etliche Schnittwunden. Die Wucht des Schlages ließ mich zu Boden stürzen, und ich war nicht in der Lage, allein aufzustehen. Meine Hilferufe waren im Hausflur verhallt«, erzählte sie mit schmerzverzerrtem Gesicht.

Beim Warten auf die Kollegen der Feuerwehr schilderte sie weitere Einzelheiten aus ihrem schwierigen Leben. Diese stimmten mich unendlich traurig und ich konnte es kaum glauben. Die Frau war bereits 92 Jahre alt, hatte keine Angehörigen mehr und war vollkommen auf sich allein gestellt. Auf eine sehr kleine Rente angewiesen, hatte sie 300 D-Mark von der Post abgeholt, um ihre Miete zu begleichen.

Nun war ihr das wenige Geld, dass sie sich jeden Monat erneut aufs Sparsamste einteilen musste, brutal geraubt worden. Aber noch größeren Kummer bereitete ihr die zerbrochene, in tausend Stücke zersprungene Brille. Sie hatte nur diese eine und eine neue konnte sie sich nicht leisten. Während sie mir dies mit zittriger Stimme berichtete, weinte sie leise vor sich hin.

Zum Sozialamt oder zum Opferschutzverein »Weißer Ring«, um sich Hilfe zu holen, wie von mir vorgeschlagen, wollte sie nicht, wie sie schamvoll, aber nachdrücklich betonte. Auch konnte ich sie nicht dazu überreden, mit den Sanitätern der Feuerwehr ins Krankenhaus zu fahren, sodass sie gleich am Ort des Geschehens verbunden wurde und wir sie anschließend in die vierte Etage zu ihrer Wohnung begleiteten. Dort erwarteten uns Zustände, von denen ich bis dahin geglaubt hatte, dass sie in Berlin der Vergangenheit angehören. Die winzige Wohnung war nur spärlich und mit uralten Möbeln eingerichtet. In der Küche stand eine Blechwanne mit nasser Wäsche. Auf meine Frage, wo sie diese denn wasche, antwortete sie: »In der Waschküche auf dem Boden im 5. Stock!« Es war unfassbar. Nachdenklich verließ ich diese Frau, die mich überdies stark an meine Großmutter erinnerte.

Auf dem weihnachtlich geschmückten Lausitzer Platz stehend und das soeben Erlebte nachbereitend, wurde Sven und mir schlagartig klar, warum wir anfangs keinen Zusammenhang zwischen der 92-Jährigen und den beiden Räubern herstellen konnten. Mit ihrer Gehbehinderung war sie nur sehr, sehr langsam von der Post nach Hause gelaufen, sodass die Täter alle Zeit der Welt hatten, ihr in den Hausflur zu folgen.

Zusätzlich stellten wir fest, dass unser Pech an diesem Tage grenzenlos war. Nicht der, den Sven festnehmen konnte, hatte das Geld der älteren Dame eingesteckt, sondern der, der geflüchtet war. Dass der Festgenommene seinen flüchtigen Komplizen nicht verraten wollte, kam noch hinzu. Als mir bewusst wurde, welch Unglück diese Frau kurz vor dem Weihnachtsfest erleiden musste, und ich gleichzeitig den festlich geschmückten Weihnachtsbaum mitten auf dem Platz glitzern sah, überkam mich eine Traurigkeit, wie ich es nur ganz selten erlebt habe.

Zwei Tage vergingen und mir ging die alte Dame nicht mehr aus dem Kopf. Selbstverständlich hatte ich bereits am folgenden Tag nach dem Überfall Mitarbeitern des Bezirksamtes mitgeteilt, unter welchen Umständen die alte Frau lebt, und dringend Unterstützungsmaßnahmen für sie angemahnt.

Das beruhigte mich aber keineswegs. Am 24. Dezember, um die Mittagszeit, als überall die Vorbereitungen für den Heiligen Abend auf Hochtouren liefen, suchte ich die alte Frau erneut in ihrer Wohnung auf. Mit einer großen Tüte voller Leckereien und 150 D-Mark in der Hand klopfte ich an ihre Tür und überreichte ihr die Gaben.

Das Leuchten in ihren Augen, ihre Dankesworte an mich und eine kleine Kerze aus Wachs, die sie mir feierlich überreichte, rührten mich zutiefst und waren mit Abstand mein schönstes Geschenk an diesem Weihnachtstag!

Rauschgift

Die Bekämpfung des Drogenmissbrauchs in einer (Drogen-)Groß-
stadt wie Berlin ist eine Aufgabe, die der Staat, unter anderem vertreten durch seine Polizei, nicht gewinnen kann. Schon als Berufsan-
fänger kam ich 1973 erstmalig in Kontakt mit Dealern (Händlern)
und Konsumenten (Käufern) von sogenannten weichen Drogen.
Weiche Drogen sind im allgemeinen Sprachgebrauch Haschisch und
Marihuana. Sie werden verharmlosend so genannt, weil immer wieder darauf verwiesen wird, dass der vernünftige Gebrauch dieser
Droge weder abhängig macht noch Krankheiten verursacht. Dies
mag für einige wenige Konsumenten von Cannabis (Oberbegriff für
Haschisch und Marihuana) zutreffen; meine Erfahrungen sprechen
jedoch eine andere Sprache.

Ich lernte dieses Problem kennen, als ich als sogenannter Zivi
(Schutzpolizist in ziviler Kleidung) im größten Park der Bezirke
Kreuzberg und Neukölln eingesetzt war. Dieser Naherholungspark
für gestresste Städter, der nach dem Urvater der Turner, Friedrich
Ludwig Jahn, benannt ist, war bereits vor über 40 Jahren ein wichtiger Umschlagplatz für weiche Drogen. Aus ganz Westberlin kamen
die Kunden, um sich hier ihr Haschisch (Pot, Dope, Shit) oder Marihuana (Gras) zu kaufen. In der Regel zerbröselten sie anschließend
die Ware und mischten diese unter den Tabak ihrer Zigaretten, um
sich damit einen Joint zu drehen.

Zu jener Zeit fiel mir bereits auf, dass dieser Vielzahl von Kiffern
und ihren Dealern mit normalen polizeilichen Maßnahmen nicht
beizukommen war. Dafür waren es einfach zu viele und die Strafen
für diese Gesetzesverstöße zu gering, um einen wirksamen Bekämp-
fungsansatz zu erreichen. Also versuchten es meine Kollegen und ich

mit der Festnahme der Dealer, um so die Verfügbarkeiten einzuschränken.

Zeitintensiv und mühsam versteckten wir uns täglich mit Ferngläsern ausgerüstet in den zahllosen Büschen des Parks, um zu beobachten, wer mit diesen Drogen dealt. Zusätzlich versuchten wir von Käufern herauszufinden, wer ihnen Dope oder Gras verkauft hatte. So gelang es uns immer wieder einmal, den einen oder anderen Händler festzunehmen. Meist hatten wir aber unsere Schreibarbeiten zu den jeweiligen Festnahmen noch nicht einmal beendet, da befanden sich Käufer und Händler schon wieder auf freiem Fuß und tummelten sich erneut in der Szene.

Über die Jahre hinweg erarbeiteten wir mühselig unzählige Einsatzkonzepte, verschlissen ganze Hundertschaften von Kollegen, ohne dass der Handel ernsthaft gestört wurde oder gar aufhörte. Ein Kampf gegen Windmühlen.

Lediglich die Nationalitäten der Dealer und das Angebot wechselten. Anfangs waren es Deutsche, die mit Shit und Gras dealten. Wenige Jahre später verdrängten Türkischstämmige die Deutschen und wiederum einige Jahre danach wurden diese von Schwarzafrikanern verdrängt. Diese betreiben bis heute das lukrative Geschäft. Hinzu kamen im Laufe der Zeit einige Männer, meist mit arabischen oder türkischen Wurzeln, die das Angebot im Park um harte Drogen (Kokain und Heroin) erweiterten.

Dass es dabei zu regelrechten Revierkämpfen kam, war absehbar. Streitpunkte waren fast immer: Wer bietet wo was an. Dabei gingen beide Parteien nicht gerade zimperlich miteinander um: Es wurde wild drauflosgeprügelt und es wurde alles eingesetzt, was man in den Händen halten konnte. So nahmen wir den Kontrahenten Messer, Macheten, Baseballschläger, meterlange Äste, Beile, Schraubenzieher, Schusswaffen und vieles mehr ab. Wir Polizisten waren immer mittendrin und wurden beim Schlichten nicht selten selbst überfallartig gleich von beiden Parteien – Schwarzafrikanern oder Türken oder Arabern – attackiert.

Der Fall der Berliner Mauer verschärfte dieses Problem nochmals. Mittlerweile kommen ganze Heerscharen von Käufern aus dem nunmehr vereinigten Berlin und zusätzlich aus dem Umland, um ihren Drogenbedarf zu befriedigen. Festzustellen bleibt, dass die umfangreichsten polizeilichen Maßnahmen und die geschicktesten Einsatzkonzepte in über vier Jahrzehnten keinerlei Entspannung brachten, im Gegenteil: Es wird gedealt, dass die Schwarte kracht!

Warum unsere Bekämpfungsstrategien der Drogenkriminalität immer wieder scheitern mussten, ist schnell erklärt. Zunächst einmal ist die Größe (fast 50 Hektar) des Jahnparks mit seinen unzähligen Ein- und Ausgängen schwer zu kontrollieren. Darüber hinaus sind die hauptsächlich Asyl suchenden Schwarzafrikaner so gut in Banden organisiert, dass sie ausgesprochen flexibel auf sämtliche polizeiliche Handlungen reagieren können. Wobei wir hier von 40, 50 und mehr Dealern sprechen, die täglich punktgenau zusammenarbeiten. Das läuft dann folgendermaßen ab:

An den Ein- und Ausgängen und auf den breiten Wegen ringsherum radeln »Aufpasser« (Späher) stetig hin und her und melden per Handy »verdächtig« aussehende Zivilpolizisten an die eigentlichen Händler weiter. Diese gehen so vor, dass zunächst sogenannte Ansprecher die potenziellen Käufer fragen, ob und welche Drogen sie kaufen möchten. Anschließend werden sie zum »Geldhalter« gebracht. Dort bezahlen sie das von ihnen georderte Rauschgift und werden wiederum weitergeleitet zum »Drogenhalter«. Dieser gibt die bezahlte Menge heraus, wobei er den »Stoff« aus einem zuvor angelegten Erdbunker holt. Diese Erdbunker sind gut versteckt in den Gebüschen angelegt und werden ständig gewechselt. So hat der »Drogenhalter« das Rauschgift nur wenige Sekunden in der Hand. Auch der »Geldhalter« versteckt die zuvor erhaltenen Euros sofort unter Büschen, in der Rinde von Bäumen und in vielen anderen Verstecken. So gelingt es uns nur sehr schwer, den eigentlichen Handel beweissicher zu dokumentieren.

Für eine kurze Zeit wurde uns eine Videoüberwachung gestattet. Und in der Tat, wir konnten die geschilderten arbeitsteiligen Vorgehensweisen dieses perfekt ablaufenden Betäubungsmittelhandels hervorragend filmen und die Akteure kurz darauf festnehmen. Der spätere Termin beim Gericht brachte uns dann aber kein besonderes Erfolgserlebnis. 42 Kilogramm beschlagnahmtes Marihuana und einen Verkaufserlös von circa 400 000 Euro wiesen wir dem Kopf einer dieser Banden nach. Das Gerichtsurteil fiel hingegen recht überschaubar aus: Ein Jahr und fünf Monate.

Die Videoüberwachung, eine der wenigen effektiven Bekämpfungsmittel, wurde uns jedoch kurz darauf aus Datenschutzgründen wieder untersagt, und das – realistisch geschätzt – bei fünfstelligen Verkaufserlösen pro Tag. Einfach toll! Eine weitere Kalamität für den einzelnen Polizisten möchte ich ebenso wenig verschweigen. Fast immer kommt es bei der Festnahme dieser Rauschgifthändler zu übelsten Beleidigungen und massiven Widerstandshandlungen. Gelingt es also, einen der Dealer mit einer in der Regel geringfügigen Menge an »Gras« oder »Dope« festzustellen, wehren sich diese mit Händen und Füßen gegen eine Festnahme. Dabei werden die Kollegen oder Kolleginnen nicht selten übel verletzt. Hinzu kommt, dass ausgerechnet Polizistinnen immer wieder mit vulgärsten Ausdrücken beschimpft werden. Dies führte dazu, dass ich als Polizeiführer bei diesen Einsätzen schließlich auf weibliche Einsatzkräfte verzichtete.

Auch sollte keiner glauben, dass sämtliche Widerstandshandlungen später vor Gericht rechtmäßig abgeurteilt werden. Mitnichten. Fast immer wird dann auf die Verhältnismäßigkeit der Mittel verwiesen. Es heißt dann vom Richter, der Dealer habe doch »bloß« wenige Gramm Rauschgift bei sich gehabt, erforderte dies denn dann tatsächlich einen solch harten Einsatz? Am Ende muss sogar gelegentlich der eingesetzte Beamte froh sein, dass nicht er verurteilt wird.

Zusammengefasst: Beim Dealen mit Drogen stört eigentlich nur die Staatsmacht. Wir haben es hier mit einer typischen Art von Angebot und Nachfrage zu tun und dementsprechend mit der Befriedigung der Nachfrage durch Handelsgüter. Und da diese Nachfrage und die Gewinnmarge immens hoch sind, zeigen auch die größten Anstrengungen seitens der Polizei keinerlei effektive Wirkung. Das soll nicht heißen, dass sich die Polizei hier zurückziehen sollte. Bei vielen anderen Straftaten haben wir ähnliche Probleme, ich denke dabei zum Beispiel an das Massendelikt des Ladendiebstahls. Um ein völliges Ausufern dieser Straftaten zu verhindern, muss die Polizei mindestens versuchen, die Strafverfolgung zu ermöglichen.

Dass auch die verhängten Strafen vor Gericht und das Verbot der Videoüberwachung nicht gerade hilfreich sind, muss selbst dem neutralen Beobachter auffallen. Was mich aber immer wieder ärgert, sind die wiederkehrenden Stimmen sowie die Scheinheiligkeit einiger Politiker, die sich einerseits (nur bei heftigen Bürgerbeschwerden) darüber aufregen, das die Polizei zum Beispiel den besagten Jahnpark sowie andere öffentliche Plätze Berlins nicht von Drogendealern befreien, anderseits sich aber aus Datenschutzgründen strikt dagegen aussprechen, eine effektive Videoüberwachung zu installieren.

Der ein oder andere wird sich vermutlich auch fragen, warum diese Dealer, bei denen es sich häufig um Asylbewerber handelt, nicht abgeschoben werden. Ich möchte dies an einem Fall, der nur stellvertretend für etliche andere steht, illustrieren: Ein Algerier wird von uns festgenommen, als er versucht, diverse Ausweisdokumente und Scheckkarten an einen Kioskbesitzer zu verkaufen. Nach kurzer Überprüfung steht fest, dass sämtliche Papiere aus Taschendiebstählen stammen. Einen Nachweis für seine Beteiligung an diesen Diebstählen können wir nicht führen. Dass er scheinheilig angibt, die Papiere kurz zuvor gefunden zu haben, und nun auf dem Weg zur Polizei sei, um sie dort abzugeben, sei nur am Rande erwähnt. Eine im Übrigen sehr häufige Ausrede.

Wie sich schnell herausstellt, wird der Mann bereits seit zwei Jahren in Deutschland gesucht. Sein Asylverfahren war negativ beschieden worden und er sollte, rechtskräftig verurteilt, abgeschoben werden. Er aber tauchte unter, bis wir seiner nun habhaft werden konnten.

Mein Telefonat mit der Ausländerbehörde Berlin im Landesamt für Bürger- und Ordnungsangelegenheiten(LABO), der zuständigen Stelle für Ausländerangelegenheiten, verläuft mehr als überraschend. Die genervte Dame am anderen Ende der Leitung erklärt zunächst, dass der Algerier zur Abschiebung eingeliefert, also überstellt werden soll. Dann führt sie plötzlich weiter aus, dass er ja aufgrund unserer Festnahme wegen der bei ihm gefundenen fremden Papiere eine Straftat begangen habe, und er somit zur Sicherung des Strafverfahrens in Deutschland bleiben muss. Da aber nicht damit zu rechnen sei, dass der Haftgrund wegen fehlenden Wohnsitzes ausreicht, um ihn in Haft zu behalten, und die Strafandrohung zu gering sei (Verhältnismäßigkeitsgrundsatz), müsse er wieder entlassen werden. »Also lassen sie ihn wieder laufen«, erklärt sie mir lustlos.

Meinem Argument, dass der Betreffende dann wiederum untertauche, bis er eventuell erneut bei einer Straftat erwischt werde, begegnet die Dame mit den Worten: »Finden sie einen Staatsanwalt, der diesen aktuellen Fall einstellt, dann können sie ihn mir überstellen.«

Die nächsten Stunden verbrachte ich folglich damit, diesen Staatsanwalt zu finden. Und tatsächlich, nach vier Stunden »Telefonitis«, war es dann so weit, er konnte abgeschoben werden. Aber eben nur deshalb, weil der Staatsanwalt die Straftat »Fundunterschlagung«, wegen der wir ihn ja eigentlich verhaftet hatten, ohne Einschränkungen sofort einstellte. Unglaublich, oder?

Eine weitere ärgerliche und kaum fassbare Angelegenheit sind wiederum die Handlungen einiger in meinen Augen naiver Politiker. Da wird beispielsweise in Kreuzberg eine ehemalige Schule von Asylbewerbern illegal besetzt und dies von der Bezirksbürgermeisterin auch geduldet. Über ihre Forderungen, keine Abschiebungen mehr durchzuführen und die Residenzpflicht abzuschaffen (Beschränkung der Bewegungsfreiheit von Asylsuchenden auf bestimmte Landkreise), kann man natürlich diskutieren, sie sollen hier aber nicht weiter erörtert werden. Worüber man allerdings nicht streiten kann, ist, dass in dieser Schule innerhalb kürzester Zeit Asylbewerber einzogen, die mit der genannten politischen Forderung nach Aufhebung der Abschiebung wenig gemein haben.

Mein »Besuch« jener Schule aufgrund einer richterlich angeordneten Wohnungsdurchsuchung zeigte nämlich Folgendes: In dieser vierstöckigen Schule lebten mittlerweile über 200 Asylsuchende, hauptsächlich aus Afrika und Osteuropa. Allerdings waren sämtliche Schlafplätze und Räume an diesem Nachmittag leer. Erstaunt fragte ich die mich begleitenden, häufig in der Schule tätigen Kollegen, warum denn hier keine Menschenseele zu sehen wäre. Mit gequältem Lachen erklärten sie mir, dass wohl fast alle damit beschäftigt seien, im Görlitzer Park, einige Ecken weiter, mit Drogen zu handeln. Erst wenn es dunkel werde und die Konsumenten jenen Park meiden würden, würde sich die Schule wieder füllen. Natürlich war diese Erklärung etwas übertrieben, aber sie spricht doch ein gravierendes Problem an.

Dass die Neuköllner Polizei dort auch häufig Wohnungsdurchsuchungen aufgrund des Drogenhandels in der Hasenheide durchführen muss, sei hier vollständigkeitshalber ebenso erwähnt, wie die kaum beschreibbaren hygienischen Mangelzustände in der Schule und die fast täglich begangenen Straftaten aus dem Schulgebäude heraus.

Ein kurze Bemerkung zur Residenzpflicht: Viele der Dealer aus den Parks sind eigentlich für ein anderes Bundesland eingeteilt. Dort soll auch ihr Asylantrag bearbeitet werden, sie warten auf den dortigen Ausgang ihres Asylverfahrens und empfangen auch ihre Sozialleistungen von dort. Dies stört einige der Betroffenen nicht im Geringsten. Sich in Berlin aufzuhalten, ist offensichtlich lohnender, und einen gewichtigen Störfaktor für ihr Asylverfahren stellt der Aufenthalt in Berlin auch nicht dar. Denn der Verstoß gegen die Residenzpflicht ist lediglich eine Ordnungswidrigkeit und macht der Polizei mehr Arbeit durch den damit verbundenen »Papierkram«, als dass damit überhaupt eine abschreckende Wirkung erzielt werden würde. Also auch damit lässt sich der Drogenverkauf dieser Art nicht einschränken. Da ist er wieder, der Kampf gegen die Windmühlen.

Bei der Gelegenheit sei an die erschreckende Zahl der Menschen erinnert, die durch den Missbrauch von Cannabis psychische Probleme und Verhaltensstörungen aufweisen: Im Jahr 2000 gab es in

Deutschland 3392 behandlungsbedürftige Fälle, die sich bis zum Jahr 2012 auf 10 142 Fälle mehr als verdreifachten. Allein in der »Kifferhauptstadt« Berlin stieg die Zahl von 139 Fällen im Jahr 2000 auf 810 Fälle im Jahr 2012. Aktuelle Zahlen für 2013 und 2014 liegen noch nicht vor. Alles Menschen, die stationär behandelt werden mussten, und unter anderem an Schizophrenie und anderen, auch schweren Psychosen, erkrankten (Quelle: Statistisches Bundesamt).

Aus meiner Sicht wäre es sehr wichtig, dass alle gesellschaftlichen Gruppen einen Konsens bei der Verurteilung sämtlicher Drogen finden. Dies würde auf Dauer den größten Erfolg bei der Bekämpfung des Drogenhandels bewirken. Aber das wird wohl nur ein Traum bleiben.

Da wäre aber noch etwas: Autofahrten unter Alkoholeinfluss werden anders geahndet als Fahrten unter Drogeneinfluss. Bei entsprechender Promillezahl kommt auf die betreffende Person eine Strafanzeige zu, bei einer Fahrt unter Drogeneinfluss lediglich eine Ordnungswidrigkeitsanzeige. Bedenklich, wie ich finde, denn ich möchte niemandem empfehlen, jemandem zu begegnen, der bekifft oder unter dem Einfluss beispielsweise von Crystal Meth am Straßenverkehr teilnimmt.

Die tägliche Dienstplanung war erledigt und ich beschloss, gemeinsam mit meinem Stellvertreter die nächsten Stunden mit einer Zivilstreife zu verbringen. Bernd W., der mir bereits seit einigen Jahren zur Seite stand, war sofort Feuer und Flamme und bereits wenige Minuten später fuhren wir durch Neukölln.

Unsere drei Hauptstraßen, die Sonnenallee, die Karl-Marx-Straße und die Hermannstraße, die Neukölln parallel vom Süden zum Westen durchqueren, waren voller Menschen. Da fielen mir jählings drei Jugendliche auf, die offensichtlich Langeweile hatten. Sie schlenderten auf dem Bürgersteig entlang, schauten hier und dort in ein Geschäft, ohne dass sie sich wirklich für etwas Konkretes interessierten. Mehrfach sah ich aber auch, dass die drei ihr Augenmerk auf Handtaschen richteten, die von älteren Frauen getragen wurden. Ich sagte zu meinem Kollegen: »Bernd, halt mal an, ich werde diese drei jungen Männer zu Fuß verfolgen, um zu sehen, was sie wirklich wollen!« Während Bernd weiterfuhr, um sich einen günstig gelegenen Parkplatz zu suchen, lief ich den dreien hinterher. Aufmerksam beobachtete ich die Jugendlichen, konnte aber beim besten Willen nichts erkennen, was auf eine Straftat hindeutete. Nach einer guten halben Stunde trennten sie sich. Zwei bogen in die Werbellinstraße ab und liefen weiter bis zu einem Wohnhaus, in dem sie verschwanden. Ich wollte gerade Bernd über mein Funkgerät Bescheid geben, dass er mich abholen könne, da erblickte ich einen Ford Transit, der aus einer Tiefgarage herausfuhr. Obwohl die Sonne noch kräftig schien, fuhr er mit eingeschaltetem Abblendlicht und recht rasant an mir vorbei. Im Fond des Fords saßen zwei Männer und die hinteren Sitze waren mit großen Pappkartons belegt.

»Bernd, komm mal schnell zur Werbellinstraße, Richtung Karl-Marx-Straße gefahren, ich habe hier ein Fahrzeug, dass wir kontrollieren müssen!«, wies ich ihn an. Da ich wusste, dass in dieser Gegend eine Vielzahl von Wohnungseinbrüchen verübt werden, und ich mir nicht sicher war, ob diese Fahrzeuginsassen eventuell etwas damit zu tun hatten, wollte ich sie unbedingt kontrollieren.

Mit Karacho kam Bernd die Werbellinstraße heruntergebraust, hielt vor mir an, ich sprang hinein und schon verfolgten wir den Ford Transit. Dieser war zwischenzeitig nach links in die Karl- Marx-Straße abgebogen und fuhr in Richtung Innenstadt.

In Höhe des Hermannplatzes stoppten wir ihn. Während ich die Personal- und Fahrzeugpapiere überprüfte, fragte Bernd den Fahrer, wem die Kartons auf den Rücksitzen gehörten. Der Fahrer schaute nervös zum Beifahrer, dann wieder zu uns.
»Mir gehören die nicht!«, war seine hastig vorgebrachte Antwort.
»Mir och nich, kenne ick och ja nich!«, antwortete der Beifahrer im Berliner Jargon fast gleichzeitig.
»Mit anderen Worten, diese Kartons in ihrem Fahrzeug gehören keinem von Ihnen und keiner kennt die!«, stellte Bernd baff fest.
Heftiges Kopfschütteln beider Insassen. Bernd öffnete daraufhin die hintere Tür und wir schauten in einen der Kartons. Schon beim

Öffnen strömte uns ein intensiver Marihuana-Geruch entgegen. Ich traute meinen Augen nicht. Der große Karton war bis zum Rand voll mit Plastiktüten voller »Gras«. Schlagartig wurden die Gedächtnislücken der Insassen nachvollziehbar.
»Nacheinander aussteigen und die Hände aufs Autodach!«, wies ich diese »unwissenden« Drogentransporteure an. Kurz darauf waren die Handfesseln angelegt und die angeforderten Unterstützungskräfte unserer Dienststelle eingetroffen. Jetzt wurde das gesamte Fahrzeug genauer unter die Lupe genommen. Nicht nur ich bekam dabei ganz plötzlich »Schnappatmung«. Die drei anderen Kartons auf dem Rücksitz waren ebenfalls voller Marihuana und im Kofferraum lagen weitere vier, von denen zwei vollständig mit Marihuana und zwei mit Haschischplatten gefüllt waren.

Den beiden Festgenommenen wurden jetzt ihre Rechte als Beschuldigte erklärt. Anschließend befragte ich sie nach ihrer Fahrtroute und woher sie den »Stoff« hätten. Hastig erklärten sie, dass sie soeben geradewegs aus Lichtenrade gekommen seien und weiter nach Charlottenburg fahren wollten; zur Herkunft der Kartons mit den Betäubungsmitteln fiel ihnen hingegen nichts ein. Das überraschte mich doch ein wenig. Denn dass sie kurz zuvor aus einer Tiefgarage in der Werbellinstraße gekommen waren, daran konnten sie sich trotz meiner Nachfragen beim besten Willen nicht erinnern. Aber ich dafür umso besser! Flugs nahm ich ihnen sämtliche Schlüssel ab und während ich gemeinsam mit zwei Teams zur Tiefgarage fuhr, wurden die Cannabis-Großhändler zur Gefangenensammelstelle gebracht.

In der Tiefgarage angekommen, probierten wir mit den abgenommenen Schlüsseln penibel sämtliche Schlösser der 30 vorhandenen Garagen. Mit einem lauten »Juchhu« öffnete Kollege Casi geschmeidig das Tor der 17. Garage. Im Schein meiner Taschenlampe sah ich zunächst nur einen völlig verstaubten Opel Vectra. Dieser füllte die Garage zur Hälfte aus, während die andere Hälfte vollkommen leer war. Langsam näherte ich mich dem Fahrzeug. Dabei konnte ich Fingerabdruckspuren im Bereich des Kofferraumdeckels erkennen.

Diese hoben sich deutlich von dem ansonsten total verstaubten Rest der Karosserie ab. Ruhig zog ich ein paar Autoschlüssel, die ich einem der Festgenommenen abgenommen hatte, aus meiner Hosentasche. Ich war nicht überrascht, dass einer dieser Schlüssel zum Kofferraum passte. Genussvoll drehte ich ihn herum. Fast lautlos sprang der Kofferraumdeckel auf. Der gesamte Kofferraum war mit den gleichen Kartons gefüllt, wie wir sie bereits im Ford Transit gefunden hatten. Aber es sollte noch besser kommen. Sie waren ebenfalls bis oben hin mit Haschischplatten gefüllt, jeweils 200 Gramm schwer.

Glücklicherweise befanden sich keine weiteren Personen in der Tiefgarage, denn gemeinsam führten wir minutenlang einen kleinen Freudentanz auf. Sogar dass anschließende Verladen der schweren Kartons wurde mit einer gewissen Beschwingtheit bewältigt. Nach einer umfangreichen Spurensuche und -sicherung fuhren wir zur Dienststelle und waren sehr gespannt, welch ein Gesamtgewicht unserer Drogenfund auf die Waage brachte.

Die aufgefundenen Haschischplatten.

Dieser doch nicht alltägliche Erfolg hatte sich offensichtlich blitzartig herumgesprochen, denn es schlenderten wie zufällig immer mehr Kollegen aus benachbarten Einheiten in unser Dienstzimmer. Etwas kribbelig luden wir das Gras und die Haschischplatten aus den Kartons und wogen diese auf einer Personenwaage ab. Bernd schrieb fleißig die einzelnen Gewichtsangaben mit und konnte bald darauf mit stolzgeschwellter Brust verkünden, dass insgesamt 146,6 Kilogramm von uns beschlagnahmt worden waren. Rund ein Drittel davon Marihuana, zwei Drittel Haschisch. Soweit mir bekannt ist, die bis dahin größte sichergestellte Menge von Betäubungsmitteln in Neukölln!

Im » Wunderland« des Cannabis- Anbaus …

Leicht angesäuselt, aber beschwingt wechselt Herr A. vom Flur seiner Wohnung ins Treppenhaus eines fünfstöckigen Mietshauses mitten im Britzer Kiez. Schnüffelnd kräuselt sich seine Nase; hier stinkts, und das schon seit Tagen, denkt er, kehrt in seine Wohnung zurück und greift zum Telefon.

Sein »Notruf« erreicht mich auf dem Polizeiabschnitt, als ich an meinem Schreibtisch sitze und zum wiederholten Male den Dienstplan für meine Mitarbeiter verändere.

»Hier bei mir im Hausflur stinkt et jewaltich und dit schon seit fünf Tagen«, brabbelt er durch den Telefonhörer und verlangt ultimativ, dass wir diesem unsäglichen Gestank auf den Grund gehen. Erst nachdem ich ihm versichere, dass zwei Kollegen vorbeikommen und sich darum kümmern werden, wird er etwas zugänglicher, nennt mir seinen Namen, seine Adresse und bedankt sich dann noch.

»Welche Kollegen haben denn ein besonders feines Näschen?«, überlege ich mir schmunzelnd und begebe mich zur Wache, um zwei Mitarbeiter an jenen Ort des geheimnisvollen Gestanks zu schicken. Es trifft Micha und Waldi, die kurz zuvor einen Verkehrsunfall aufgenommen haben und diesen gerade am Computer bearbeiten.

Bereits eine Viertelstunde später treffen sie am Wohnhaus ein. Die Nasenflügel weit geöffnet, lang und tief einatmend, führt sie ihr Riechorgan bis in die dritte Etage. Erfahren im Umgang mit Gerüchen der außergewöhnlichsten Arten, schließen sie messerscharf: Das ist Cannabis-Geruch, und der kommt aus der mittleren Wohnung! Nachdem auf ihr Klopfen und Klingeln niemand öffnet, aber sie die Geräusche eines Ventilators hören, ist ihr Misstrauen endgültig geweckt.

Der Anruf meiner Kollegen stört zum wiederholten Mal meine nicht gerade spannende Planungsarbeit. »Also wenn da keiner die Tür öffnet, starker Geruch nach Cannabis aus der Wohnung strömt und ein Ventilator läuft, dann wird sich eine Marihuana-Plantage in dieser Wohnung befinden!«, bestätige ich ihre bereits gemachte Vermutung. Ich sichere mein Kommen zu und alarmiere gleichzeitig einen Schlüsseldienst.

Wenige Minuten später betrete ich gemeinsam mit zwei weiteren Zivilpolizisten das betreffende Haus. »Donnerwetter!«, äußere ich mich lautstark und benote gleich darauf die ausgezeichnete Riechleistung meiner Kollegen mit einem glatten »sehr gut« und einem Schulterklopfen. Da erscheint auch schon der Mann vom Schlüsseldienst an der Wohnungstür. Bevor er mit seiner Arbeit beginnen konnte, hatten wir mühselig versucht, einen Mieter für diese Wohnung ausfindig zu machen. Ein hoffnungsloses Unterfangen. Einen Namen an der Wohnungstür gibt es nicht, eine Anmeldung beim Landeseinwohneramt war nicht vorhanden und der Hausmeister wusste auch nichts über einen Mieter. So war auch der Wohnungsdurchsuchungsbeschluss des Richters nur noch Formsache und dann konnte es losgehen.

Eine handwerkliche »Meister-«, eher »Azubileistung«, nahm seinen Anfang. Unterbrochen von lautstarken Niesattacken, diversen abgebrochenen Bohrern und der Aussage: »Ick kann bald nich mehr, meene Neese is zu, wat is det bloß für'n ätzender Gestank!«, endet die Türöffnungsaktion nach sage und schreibe 45 Minuten. Endlich hat der verhinderte Meister des Schlüsseldienstes die Wohnungstür öffnen können. Und fassungslos, unseren Augen nicht trauend, blicken wir, die wir als Polizisten ja schon einiges Befremdliches gesehen hatten, in ein unbekanntes »Land«. Grell, der Sonne gleich, strahlen uns etliche Pflanzenlampen, sogenannte Natriumdampflampen, entgegen. Geblendet erkennen wir nach und nach, dass diese Wohnung ausschließlich der Marihuana-Anpflanzung dient. Beide Zimmer und auch die Küche sind mit insgesamt über 200 Pflanzen, säuberlich in Blumenkästen gepflanzt, bestückt. Ein perfektes Berieselungs- und Lüftungssystem vervollständigen den Eindruck, sich inmitten einer Plantage auf Jamaika zu befinden.

Unsere Durchsuchungsaktion führt zu keinerlei Hinweisen auf irgendwelche Namen oder Ähnliches. Die »Pflanzer« haben ganz professionell gearbeitet und nichts, was auf ihre Identität hinweisen könnte, hinterlassen. Wie also diese »Hanfgroßbauern« überführen? Zunächst einmal die Nachbarn befragen. Tatsächlich bekommen wir eine erste vage Personenbeschreibung. Dabei wird später ein lässig eingeworfener Nebensatz zum Erfolgsgarant: »Einen Namen kennen wir nicht, aber dieser Mieter spricht mit einem süddeutschen Akzent.«

Der nachfolgende Auftrag an meine Kollegen, sofort das Wohnhaus von der Straße aus »unter Wind zu nehmen« (zu beobachten) und verdächtige Personen festzustellen, wird wortlos mit einem leichten Stirnkräuseln und etwas verständnislos entgegengenommen. Aber meine Gedanken gehen schon weiter.

Die nun recht lang dauernde, ausführliche Wohnungsdurchsuchung stellt unerwartet harte Anforderungen an unsere rauschmittelabstinenten Nasenschleimhäute. Hinzu kommt, dass die dazu gerufenen Kripo-Kollegen zunächst recht locker den Kollegen Waldi mit den Worten: »Du stinkst ja wie ein 1,80 Meter großer Joint!« begrüßen. Aber schon bald kommen auch diese an ihre Leistungsgrenzen. Das Ernten dieser reichlich ausdünstenden Pflanzen führt bei uns nicht nur zu Schweißausbrüchen, sondern auch zu einem bohrenden Kopfschmerz und Rauschzuständen der unerwarteten Art. Und das ganz ohne Reggae Musik!

Vier Stunden später in der Wohnung darunter: Am Küchentisch sitzend, lehnt sich der Doktor der Philosophie, Herr von D., quer über den Küchentisch und versucht, zwei dort liegende Bücher mit seinen Armen vor mir zu verdecken.

Was aber war zuvor geschehen? Die Überwachung des Wohnhauses durch die aufmerksamen Zivis erwies sich, wie von mir vermutet, als goldrichtig. Noch während unserer Ernte der Hanfpflanzen trafen sich der bereits erwähnte Doktor und ein weiterer Mann, Herr M., auf der Straße. Beide mittleren Alters, mit einem gutbürgerlichen Erscheinungsbild. Sie schauten sich auffallend unauffällig um und blickten dann nach oben zur besagten Wohnung. Aufgrund unserer Maßnahmen funktionierte die angebrachte Verdunkelung der Fenster nicht mehr hundertprozentig und etwas Licht schien nach unten. Dies reichte aus, dass unsere beiden verhinderten Marihuana-Pflanzer sich sofort ziemlich eilig in entgegengesetzten Richtungen entfernten. Bei der folgenden Verfolgung und Überprüfung durch meine Mitarbeiter wurde ihnen ihr süddeutscher Akzent jedoch zum Verhängnis. Zusätzlich stand schnell fest, dass Herr M., übrigens mit einem abgeschlossenen Jurastudium gesegnet, Mieter der Wohnung unter der Pflanzstätte war. Auch wurde unser Doktor der Philosophie vom Nachbarn als derjenige wiedererkannt, der häufig die Marihuana-Pflanzwohnung betrat.

Und nun saßen sie also in der Küche und Herr M. wiederholte zum dritten Mal: »Ich weiß gar nicht, was in der Wohnung über mir passiert, Herrn von D. kenne ich auch nur flüchtig.«

Dabei rutschte er unruhig auf einem antik aussehenden Küchenstuhl herum, während sein nach vorn gebeugter Oberkörper absichtlich zwei auf dem Tisch liegende Bücher verdeckte. Innerlich voller Vorfreude, denn ich hatte inzwischen längst die Titel der Bücher lesen können, bat ich ihn freundlich, sich doch einmal zurückzulehnen. Dann nahm ich zunächst das Buch mit dem vielsagenden Titel: *Marihuanaanbau im Heim*, dann ein weiteres Exemplar über die *Schädlingsbekämpfung bei der Hanfanpflanzung* vom Tisch. Auf meine diesbezüglichen Fragen, warum denn diese Standardwerke der »Grasanbaukunst« ausgerechnet auf seinem Frühstückplatz liegen, gab er nur ein kleinlautes Brummen von sich, wobei sein Gesicht eine leichte Röte überzog.

Abschließend sei bemerkt, dass ein Anruf beim zuständigen Landeskriminalamt, das unseren Fall postwendend übernahm, zu der Auskunft führte, dass unsere verhinderten Dealer zwei weitere Wohnungen in Neukölln gemietet und ebenfalls mit prächtigen Hanfanpflanzungen versehen hatten.

Ach ja, unser Doktor kommt jetzt einmal wöchentlich etwas schamhaft seiner Meldepflicht auf dem Polizeiabschnitt nach, denn bis zu seinem Prozess bekam er Haftverschonung. Da bleibt mir nur noch, frei nach Heinz Erhardt, zu bemerken: »Nicht immer bleibt ein Doktors-Mann, so tugendhaft, wie er begann!«

Beschaffungskriminalität

Mit dem Fahrrad zum Dienst zu radeln, macht Spaß und stählt die Waden. Es kann aber auch zu Begegnungen der besonderen Art kommen, wie an einem frühen Dienstagnachmittag, als ich mit meinem Rad nach Hause fuhr. Aber zunächst ein Blick zurück.

Unser Dienst hatte eine Woche zuvor wie immer mittags begonnen und bereits eine Stunde später fuhren wir mit unserem zivilen Opel Astra durch den Reuterkiez. Der Reuterkiez liegt im Neuköllner Norden an der Grenze zu Kreuzberg. Der zentrale Platz, eingebettet zwischen vierstöckigen Wohnhäusern, nennt sich Reuterpark. Und genau hier sah ich ihn. Markus M. durchquerte mit einem schicken Mountainbike den kleinen Park. An der Ecke Weserstrasse hielt er an, stellte das Fahrrad neben die Eingangstür einer dort befindlichen Alt-Berliner Kneipe und verschwand im Innern. Wenige Minuten später kam er wieder heraus, nahm das Fahrrad und schob es schnell in die Kneipe.

Markus M. war für uns kein Unbekannter. Achim, mein Streifenpartner, und ich wussten von unzähligen Festnahmen zuvor, dass er seine Heroinsucht durch Fahrraddiebstähle finanzierte.

Also stiegen wir aus und begaben uns ebenfalls in die Kneipe. Hier waren gerade eifrige Verkaufsverhandlungen im Gange. Ein Gast war bereit, 70 Euro für dieses Fahrrad, das mit Sicherheit ein Vielfaches davon wert war, zu zahlen. Just in diesem Augenblick bemerkte mich Markus und seine Gesichtsfarbe verfärbte sich ins leicht Blasse. Was nun folgte, war routiniert und bereits mehrfach durchgespielt. Markus gab erst an, dass dies sein Fahrrad sei. Auch für den mitgeführten Bolzenschneider hatte er die gleiche Ausrede parat, die er immer benutzte, nämlich: Er arbeite auf dem Bau als Eisenflechter und da brauche man eben solch einen Bolzenschneider. Aber je näher wir dem Polizeiabschnitt kamen, umso emsiger räumte er den eigentlichen Sachverhalt, nämlich den Diebstahl, ein. Denn jetzt ging es ihm nur noch darum, so schnell wie möglich wieder auf freien Fuß gesetzt zu werden, um an sein dringend benötigtes Heroin zu kommen. Er wusste natürlich auch, dass er wegen eines Fahrraddiebstahls nicht einem Richter vorgeführt wird. Auch die enorme Anzahl seiner Diebstähle änderte daran wenig, denn er besaß einen festen Wohnsitz und somit fiel der wichtigste Haftgrund weg.

Markus M. führte uns erst einmal zum Tatort seines Diebstahls. Dort zeigte er uns das mit dem Bolzenschneider durchtrennte Fahrradschloss, das er sogleich in eine Mülltonne geworfen hatte. Nachdem wir das gestohlene Fahrrad dem überglücklichen Besitzer übergeben hatten, fuhren wir zum Baumarkt am Hermannplatz. Hier übergaben wir dem Personal den gestohlenen Bolzenschneider. Dabei stellte ich zum wiederholten Male fest, dass in diesem Baumarkt Bolzenschneider nicht gekauft, sondern fast ausschließlich gestohlen werden. Allein Achim und ich waren in den Monaten zuvor mindestens neun Mal damit beschäftigt, geklaute Bolzenschneider zurückzubringen. Das war dem Verkaufspersonal allerdings relativ »schnuppe«, wie ich an der Art und Weise, wie sie uns als Polizisten behandelten, merkte. Eine bizarre Art, Geschäfte zu machen.

Danach entließen wir Markus M. Vorher bat ich ihn eindringlich, seine Fahrraddiebstähle im Neuköllner Raum einzustellen. Wir wollten uns auch einmal wieder um andere Straftäter kümmern. Er versprach es hoch und heilig.

Bis zu jenem anfangs erwähnten Dienstag. Denn kurz vor dem U-Bahnhof Alt-Rudow, ganz in der Nähe meiner eigenen Wohnung, kam mir Markus M. auf der gegenüberliegenden Straßenseite entgegengeradelt. Ich konnte es nicht fassen. Kurzentschlossen wendete ich mein eigenes Fahrrad und fuhr ihm hinterher. Ein schneller Zwischenspurt und ich befand mich neben ihm. Seine Augen wurden immer größer, als er mich erkannte.

»Herr Gaertner, wat machen sie denn hier?«, waren seine ersten, fassungslosen Worte.

»Träume ich oder bin ich schon wach, jetzt klauen sie die Fahrräder schon fast vor meiner Wohnungstür!«, lautete meine entgeisterte Erwiderung.

Nachdem der erste Schreck verdaut war, setzten wir uns in eine auf dem Weg befindliche Gaststätte und warteten auf die von mir angeforderte Funkstreife. Während wir dort saßen, erzählte mir Markus M. aufgewühlt, dass heute seine Oma Geburtstag hätte und er doch um 17.00 Uhr zum Kaffeetrinken bei ihr sein soll.

»Könnten Sie nicht die Bearbeitung dieses Diebstahls etwas schneller gestalten?«, bat er mich mitleidsvoll. In den vielen Jahren meiner Tätigkeit habe ich sehr wohl erkannt, dass es sich bei der Heroinsucht um eine schlimme Abhängigkeitskrankheit handelt. Da Markus M. kein Gewalttäter war und immer, manchmal früher, manchmal etwas später, seine Diebstähle einräumte und dann half, dass die Geschädigten ihre Fahrräder zurückerhielten, ging ich auf seine Bitte ein.

Mit dem Gedanken, dass er wenigstens noch eine Bezugsperson in seiner Familie besaß, beschleunigte ich die Bearbeitung, sodass ich ihn pünktlich bei seiner Oma abliefern konnte. Freilich überprüfte ich den Wahrheitsgehalt seiner Angaben und tatsächlich: seine Oma wurde 78 Jahre alt und hatte einen großen Kuchen gebacken. Obwohl mir bewusst war, dass es sich bei Markus M. um einen notorischen Dieb handelte, war ich von seinen Familiensinn gerührt. Dass er in den folgenden Jahren immer wieder von uns festgenommen wurde, sei nur nebenbei erwähnt.

Harte Drogen

Während der Heroinkonsum in den letzten Jahren kontinuierlich fällt, steigt er bei Kokain und anderen Drogen stetig an. Dies hat mit

Sicherheit vielfältige Gründe, über die ich nur spekulieren kann. Ich meine, dass zunächst einmal das vielseitigere Angebot diverser neuer, chemischer Drogen wie zum Beispiel Speed oder Crystal Meth eine Rolle spielen. Deren Verfügbarkeit ist besser, der »Stoff« muss nicht gespritzt werden und die Verelendung, wie sie bei fast allen Heroinabhängigen relativ schnell sichtbar wird, erfolgt nicht in der gleichen Form.

Seit Beginn meiner polizeilichen Tätigkeit waren es Betäubungsmittelabhängige, die von mir am häufigsten festgenommen wurden. Dies lag zunächst einmal daran, dass sie sich ihre jeweiligen Drogen offen und täglich kaufen mussten, dass sie sich das Geld dafür in der Regel illegal besorgen mussten (Beschaffungskriminalität), und dass sie aufgrund ihrer Sucht schon wegen ihres Äußeren relativ leicht als Drogenabhängige zu erkennen waren. Wer wie ich so häufig mit Langzeitabhängigen in Kontakt kam, der stellte schnell fest, dass es sich hier um Schwerstkranke handelte. Ganz besonders traf dies auf Heroinabhängige zu. So musste ich nicht nur vielfach hilflos zusehen, wie etliche von denen, die ich aus den unterschiedlichsten Gründen festgenommen hatte, immer mehr verwahrlosten und an schlimmen Krankheiten litten. Nein, eine Vielzahl von ihnen erlitt auch einen elenden Tod. Einige der damit verbundenen Schicksale waren für mich nur schwer zu verarbeiten bzw. zu ertragen.

Es war also wichtig, dass unser Verfolgungsdruck in erster Linie den Verkäufern (Dealern) galt, die zumindest auf der mittleren Ebene des Verkaufs in der Regel selbst nicht abhängig waren. Diesen rücksichtslosen, gierigen »Todbringern« wollte ich besonders an den Kragen und sie ins Gefängnis bringen.

Um an diese Großdealer, die meist tief in der organisierten Kriminalität verstrickt sind, heranzukommen, mussten wir uns über die Fixer und Kleinstdealer langsam, aber stetig nach »oben« arbeiten. Häufig waren sie es, die uns den Weg zu den »Führungskräften« im Drogengeschäft ebneten.

Zunächst einmal sollte man jedoch wissen, dass hochgradig Heroinabhängige kaum Freunde oder andere Vertraute haben. Das liegt in
der Natur der Sache. Eine Abhängige oder ein Abhängiger machen
alles, und ich meine hier wirklich alles, wenn er oder sie »einen Affen
schieben«, das heißt, dringend Dope (Stoff) braucht. Das geht weit
über normale bürgerliche Vorstellungen hinaus. Meist sind sämtliche familiären Verbindungen bereits zerbrochen, weil die Angehörigen es nicht mehr mit den eigenen süchtigen Töchtern, Söhnen,
Schwestern oder Brüdern aushalten. Einerseits haben sie unzählige
Male versucht, sie einem Entzug zuzuführen, andererseits wurden sie
von ihnen bestohlen und beraubt, wenn ihnen nicht auf anderem
Weg Geld für Heroin zur Verfügung gestellt werden konnte. Nerv-
lich hält diese ständige Spannung keiner lange aus; der Weg ins häus-
liche »Nest« ist also zerstört.

Wie sieht es aber mit Freundinnen oder Freunden aus? Es verläuft ähnlich wie mit der Familie. Jeder, der keine Drogen nimmt,
zieht sich früher oder später von einem Drogensüchtigen zurück. Es
bleiben ihm dann nur die anderen Süchtigen und die Dealer, mit
denen man ohnehin ständig Kontakt hat. Aufgrund der Sucht ist
sich hier aber jeder selbst der Nächste. Es wird gestohlen, betrogen,
ausgenutzt, benutzt, vergewaltigt und erniedrigt. Und dann kommt
etwas hinzu, was viele zunächst nicht verstehen werden. Tatsächlich
waren wir als Polizeibeamte diejenigen, die, obwohl auf der »anderen
Seite« stehend, in bestimmten Hilfssituationen als einzige Ansprech-
partner infrage kamen. Ich selbst nahm dies jedenfalls für mich in
Anspruch. Es setzte allerdings voraus, dass die Drogenabhängigen
nicht gewalttätig waren. Das war meine ultimative Forderung an sie.
Ihre unausgesprochene Forderung an mich war wiederum, dass ich
korrekt mit ihnen umging, also nichts anderes versprach als gesetz-
lich vertretbar war. Ein sehr wichtiger Vertrauensbeweis. Diese Prä-
missen hielt ich immer ein und setzte dies auch bei meinen Kollegen
voraus, mit denen ich auf den Straßen Berlins unterwegs war. So
kam es oft vor, dass wir uns – Polizist und Abhängiger – duzten, ein
erster vertraulicher Umgang miteinander. Nur so sind folgende Erlebnisse zu verstehen:

Der Winter hatte bereits deutlich sein kaltes, dunkles und erbarmungsloses Gesicht gezeigt, als mein Telefon klingelte. Undeutlich und leise hörte ich zittrige, hastig gesprochene Wortfetzen: »Kalle… komm… Kotti 3… auf Straße… Rattengift… vergiftet… Stoff schnell!«, dann wurde auch schon aufgelegt.

Rasch zog ich meine Jacke über, rief nach meinem Partner Schulle und zwei Minuten später saßen wir im Fahrzeug. Auf dem Weg zum Kottbusser Tor, auch »Kotti« genannt, einem zentralen Platz mitten in Kreuzberg, erzählte ich Schulle von dem Anruf. Ergänzend fügte ich hinzu, dass vermutlich Claudia D. angerufen hatte, jedenfalls klang es so.

Claudia D. war uns als langjährige Heroinabhängige bekannt. Ihre Sucht finanzierte sie in den ersten Jahren mit Prostitution, später als Kleinstdealerin und in den letzten Monaten als Ladendiebin – mit einigem Erfolg. Wir hatten sie zwar immer mal wieder beim Klauen erwischt, das schränkte ihre Diebstahlstätigkeit aber keineswegs ein. Dabei erstaunte mich oft, dass sie trotz ihrer massiven Abhängigkeit äußerst geschickt und kaltschnäuzig Diebstähle auf detaillierte Bestellung ihrer Hehler verübte.

Einmal konnte ich beobachten, wie sie fünf Sportanzüge einer bekannten Marke und in einer bestimmten Größe aus einem Kaufhaus stahl. Dabei fragte sie vorher sogar die Verkäuferin nach verschiedenen Größen und Farben der Anzüge. Ein anderes Mal schleppte sie ungehindert acht Literflaschen Schnaps aus einem Getränkeshop, ohne dass dies bemerkt wurde. Bei der Abgabe der Schnapsflaschen an den Hehler wurde sie allerdings betrogen, wie ich durchs Schaufenster seiner Kneipe beobachten konnte. Während sie die Flaschen nacheinander auf dem Tresen aufreihte, nahm dieser Gauner hinten eine Flasche wieder herunter und versteckte sie hinterm Tresen. So zahlte er ihr nur für sieben Flaschen je zehn Euro, wie wir anschließend bei der Festnahme beider Personen feststellen konnten.

Während ich meinen Gedanken nachhing, trafen wir auf dem Vorplatz des Hauses Kottbusser Tor 3 ein. Unmittelbar am Hauseingang sah ich Claudia. Sie bot ein Bild des Elends, das ich nicht so schnell vergessen sollte. Barfuß, nur mit einer langen roten Bluse bekleidet, hing sie mehr, als dass sie stand an der Hauswand. Mit bläulich verfärbten Füßen wartete sie auf dem eiskalten Gehweg. Ihr Gesicht war weiß wie ein Bettlaken, ihre nackten Arme übersäht mit Pusteln und unzähligen Einstichstellen, die sich wie zwei lange Perlenschnüre an ihren Venen entlangzogen. Ein leidvoller, bereits häufig erlebter Anblick, der mich erneut nachhaltig schockte.

Schulle und ich verstanden uns wie fast immer wortlos. Er rannte sofort zum Fahrzeug, um einen Notarzt über Funk zu alarmieren und erst einmal eine Decke zu holen, während ich Claudia mit den Worten ansprach:»Claudia, was ist passiert, komm erst einmal aus der Kälte in den Hausflur«, und sie dabei vorsichtig unter den Armen packte, um ihr beim Gehen zu helfen.

Langsam begaben wir uns in das Haus, wobei Claudia flüsterte: »Kalle, der Scheißdealer hat mich vergiftet, der hat mir Rattengift oder Strychnin als ›Hero‹ verkauft. Mir geht es sauschlecht, schnappt euch bloß diesen Penner!« In diesem Moment kehrte Schulle mit der Decke aus unserem Fahrzeug zurück, und wir wickelten sie damit ein. Stehen konnte sie bereits nicht mehr und so setzten wir sie zunächst auf eine Treppenstufe. Immer wieder wiederholte sie die Sätze:»Ihr müsst euch den schnappen, der vergiftet bestimmt noch weitere Fixer.« In den folgenden fünf Minuten, bis die Feuerwehr mit dem Notarzt eintraf, beschrieb sie uns diesen Dealer als circa 1,70 Meter großen, schlanken türkischstämmigen Typ, der immer mit einer schwarzen Basecap und einer schwarz-rot-weißen Lederjacke herumläuft. Schwer atmend fügte sie hinzu:»Der steht jeden Tag zwischen 16.00 und 17.00 Uhr auf dem Oranienplatz an der mittleren Bank und verkauft dort sein Scheißdope.«

Nachdem endlich die Feuerwehr eingetroffen war – es kam mir vor, als hätte sie ewig gebraucht –, wurde Claudia D. versorgt und ins nächste Krankenhaus gebracht. Es sollte das letzte Mal gewesen sein, dass ich sie lebend gesehen hatte. Später erfuhr ich, dass sie einige

Tage später unter großen Qualen an einer Vergiftung im Kranken-haus verstorben ist.

Knapp 24 Stunden nach ihrem Hilferuf gelang es uns, aufgrund der guten Beschreibung von Claudia, diesen Dealer am Oranienplatz festzunehmen. Er hatte noch drei Tütchen mit dem Heroingemisch dabei, das Claudia zum Verhängnis geworden war. Die weiteren Er-mittlungen übernahm eine Mordkommission.

Monate später hörte ich anlässlich der Gerichtsverhandlung gegen diesen Rauschgifthändler, dass das Heroin, das er verkauft hatte, in der Tat mit Strychnin gestreckt war. Irgendwie machte er dem Ge-richt klar, dass auch er dieses Heroin nur so erworben und ungeprüft weiterverkauft hatte. So wurde er lediglich wegen Totschlags im min-derschweren Fall verurteilt. Das Urteil hörte ich mir übrigens nicht mehr an, ich hatte genug von der Beweisführung und dem Un-schuldsgehabe dieses Dealers.

Messerangriff

»Kalle ich habe vor zwei Wochen eine Frau kennengelernt, die ist eigentlich spitze, aber stell dir mal vor, gestern habe ich ihre Füße gesehen und das geht gar nicht. Ihre Zehen, die stehen nicht etwa gerade, nein, die stehen kreuz und quer«, erzählte mir der Lange, während wir zusammen durch Kreuzberg Streife fuhren.

Nun kannte ich den »Langen« schon einige Jahre und war immer wieder angetan von seiner Hilfsbereitschaft und Kameradschaft, aber lachen musste ich stets dann, wenn er seine kleinen Schwächen offenbarte. »Mensch, Langer, das ist doch egal, was sie für Füße hat. Hauptsache, sie ist sonst gut drauf!« war meine Standardantwort auf seinen kleinen Spleen.

»Das verstehst du nicht, Kalle, das ist mir wichtig. Aber egal, jetzt habe ich Hunger! Wollen wir nicht erst einmal ne Kleinigkeit essen

Die Eisenbahnhalle.

gehen, bevor wir vor lauter Festnahmen nichts mehr in den Bauch kriegen?« Dabei bemerkte ich, dass er bereits die Eisenbahnhalle in Kreuzberg ansteuerte.

Bei der Eisenbahnhalle, mitten im Kreuzberger Kiez gelegen, handelt es sich um eine Alt-Berliner Markthalle, die zwischen der Pückler- und der Eisenbahnstraße majestätisch in den Himmel ragt. Sie wurde 1890 erbaut und beherbergte von da an viele kleine Geschäfte.

Aktuell sind allerdings nur noch die großen Ladenketten vertreten, den Einzelhandelsgeschäften wurde gekündigt. Glücklicherweise erlebten wir noch die Zeit davor.

»Du hast recht, essen muss sein und vor allem beim Fischmann Dieter und seiner Frau Bärbel!«

Dort zu essen bedeutete, nicht einfach nur eine simple, schnelle Mahlzeit herunter schlingen, vielmehr gab es dort Speisen erlesener Qualität und vorzüglichen Geschmacks. Als der Imbiss schliessen muste, hielten wir unsere Begeisterung in einem kleinen Abschiedstext fest:

Allgemein bekannt ist, dass der durchschnittliche Beamte und besonders der Polizeibeamte, um seinen Denkapparat oder seine Gehwerkzeuge in Bewegung zu setzen, mindestens drei Currywürste, zwei Schaschlikspieße, zwei Portionen Pommes rot/weiß, div. Döner usw. pro Arbeitstag verspeisen muss. Sonst läuft gar nix! Dass jene Art von Fast Food zu dickwülstigen Rettungsringen um die Hüften und zu umfangreichem Bauchspeck führt, war uns bekannt. … Die Rettung nahte, denn wie froh und glücklich waren meine Kollegen und ich, als wir vor etlichen Jahren diesen Fischstand entdeckten. Aus ernährungswissenschaftlicher Sicht geradezu ein Juwel.

So ernährten wir uns, nun ja, gesund und darüber hinaus noch sehr schmackhaft. Dies hatten wir einzig und allein dem »Fischmann« Dieter zu verdanken, der für Schutzleute ein besonderes Faible hatte und uns mit immer neuen Variationen seiner Kochkunst überraschte.

Wie auch immer, der Lange und ich gingen also in besagtes Fischlokal. An diesem Tag hatte Dieter sich wieder mal selbst übertroffen. Er überraschte uns mit Heilbutt auf Ananas, Porree, Mango in Currysoße; ein Gedicht! Kaum standen die gefüllten Teller vor uns, erschien Polizeikollege Litti, der gerade vor Gericht eine Zeugenaussage gemacht hatte. Er setzte sich zu uns und wir verspeisten genussvoll unser Essen. Während wir so saßen, sah ich durch das Fenster der Markthalle drei junge Männer auf der gegenüberliegenden Gehwegseite die Eisenbahnstraße entlangrennen. Lautes, angsterfülltes Schreien drang bis zu uns. »Hilfe, helft mir, helft mir!«, schrie einer der drei und fuchtelte wild mit den Armen. Der Grund seiner Schreie wurde mir in dem Augenblick klar, als ich wahrnahm, dass er vor einem Mann mit einem gewaltigen Messer wegrannte.

Der Lange, Litti und ich ließen augenblicklich das Essen Essen sein und eilten nach draußen. Mit Verblüffung erkannte ich den Messerschwinger. Es war Bekir D., ein Baum von einem Mann, zweieinhalb Zentner schwer und knapp 1,90 Meter groß. Mit diesem »Koloss« hatten wir schon öfter Probleme gehabt. Er war der Schrecken sämtlicher Drogeriemärkte in Kreuzberg und Neukölln. Um seine Kokainsucht zu finanzieren, stahl er in den Märkten bevorzugt Rasierklingen. Allerdings nicht nur ein, zwei Packungen, nein, ganze Kartons. Dabei ging er extrem rücksichtslos vor. Da diese Rasierklingen Dieben bevorzugt als Sore dienten, hatten die Angestellten die Portionspackungen bereits nicht mehr in die Regale geräumt, sondern beließen sie in den Kartons. Diese wiederum stellten sie an den Kassen zu ihren Füßen ab.

Das jedoch hatte Bekir D. schnell herausgefunden. Er riss, ohne Rücksicht auf Verluste, die Kartons hinter dem Kassenbereich hervor, egal ob dort eine Kassiererin saß oder nicht. Diese hatten dem Riesenkerl nichts entgegenzusetzen und waren zudem so verängstigt, dass sie meist nicht einmal Anzeige erstatteten. Bekir D. war zwar schon dreimal von uns verhaftet worden, machte aber offenbar im alten Stil weiter. Bei diesen Festnahmen und bei einigen weiteren unschönen Szenen mit Bekir D. mussten wir immer mit äußerster Vorsicht vorgehen, denn er war unberechenbar und überaus gewalttätig.

Jetzt erreichten wir Bekir, der mich sofort erkannte und wutschnaubend auf mich zulief. Auf meinen Ruf, das Messer auf den Boden zu werfen und stehen zu bleiben, reagierte er nur mit dem Aufschrei: »Ich mach euch kalt!« Blitzschnell machte ich eine Ausweichbewegung nach links, um aus dem Bereich seiner Messerhand zu kommen und ihn gleichzeitig vom Langen abzulenken, der von rechts auf ihn zusprang. Gekonnt schlug er Bekir D. mit einem gezielten Faustschlag gegen die rechte Schläfe. Dadurch ließ dieser das Messer fallen. Ansonsten schüttelte er sich jedoch nur kurz und ging erneut zum Angriff über. Wie ein wilder Stier schlug er nun in unsere Richtungen, wobei ich ihm eine Ladung Pfefferspray ins Gesicht sprühte. Die Wirkung gleich null! Unterdessen gelang dem Langen ein Fußkick in Bekirs Magen, was dazu führte, dass er nach vorne umknickte. Jetzt nahm ihn Litti in den Schwitzkasten, der Lange ergriff seinen linken und ich seinen rechten Arm. Nach einem gefühlten zehnminütigen Kampf des gemeinsamen Festhaltens konnten wir den Tobenden gemeinsam zu Boden ringen. Erst dann gelang es uns, ihn mit Handschellen zu fesseln.

Ergänzen möchte ich, dass es ausgesprochen gefährlich und nicht unbedingt ratsam ist, einen Messerangriff mit bloßen Händen stoppen zu wollen. Im Gegenteil, dies sollte man tunlichst vermeiden. Auch bei Bekir hätte ich normalerweise meine Pistole gezogen und versucht, ihn durch Androhung des Schusswaffengebrauchs zur Vernunft zu bringen. Aber in Sekundenbruchteilen hatte ich mich anders entschieden. Mir war offenbar klar gewesen, dass ihn eine solche Drohung aufgrund seiner außergewöhnlichen Aggressivität nicht beeindruckt hätte. Also wäre eine Anwendung der Schusswaffe unvermeidlich gewesen, mit all ihren unvorhersehbaren Folgen. Hinzu kam, dass ich ja noch mein Pfefferspray einsetzen konnte und meine zwei kampfsporterprobten Kollegen, auf die ich mich hundertprozentig verlassen konnte, bei mir waren.

Wenig später klärten uns die drei jungen Männer, die schreiend vor Bekir geflohen waren, darüber auf, wie es zu dessen Angriff gekommen war. Sie waren gemeinsam an einer Parkbank vorbeigelaufen, auf der Bekir saß. Dieser pöbelte laut herum und es kam zu einer mit Worten geführten Auseinandersetzung zwischen den dreien und ihm. Doch dann sprang Bekir unvermittelt auf, zog ein langes Messer aus einer zusammengefalteten Zeitung hervor und stürmte auf sie zu. Dabei brüllte er, alle abstechen zu wollen.

Diese Art der »Freizeitbeschäftigung« war uns von Bekir nicht unbekannt, wenn er wieder einmal, wie auch an diesem Tag, unter dem Einfluss der verschiedensten Drogen, einem Mix aus Heroin und Kokain, stand. Aufgrund seines festen Wohnsitzes und nachdem er eine Nacht in einer Zelle verbracht hatte, mussten wir ihn wieder laufen lassen.

Einige Wochen später kam es dann in der Wissmannstraße zu einem furchtbaren Drama. Zwei Nachbarsfamilien stritten sich, wobei Bekir D. der Sohn einer der beteiligten Familien war. Wie nicht anders zu erwarten, agierte er besonders »durchgeknallt«. Mit einer illegal erworbenen Pistole schoss er ohne zu zögern wild um sich. Wobei auch der Nachbar sofort zurückschoss. Der Streit endete durch das irre Verhalten des Bekir D. mit drei Toten und zwei Schwerverletzten. Er selbst wurde dabei vom Vater der Nachbarsfamilie erschossen.

So erschreckend diese Nachricht war, die Angestellten der Drogeriemärkte der Umgebung atmeten auf, als sie hörten, dass ihnen Bekir D. nicht mehr zu nahe kommen konnte.

Versuchter Mord

Der Juni 1991 war fast so etwas wie ein Schicksalsmonat, der über meinen weiteren Werdegang bei der Polizei entscheiden sollte. Die Ereignisse dieser Wochen trafen mich mit solch brutaler Wucht, lösten in mir derartig starke Emotionen aus, dass ich kurzfristig daran dachte, meinen Job hinzuschmeißen. Aber der Reihe nach: Es war bereits seit einer Woche angenehm warm und sonnig, der Sommer schien im Anmarsch zu sein. Dementsprechend gut war es um meine Stimmungslage bestellt, als wir Streife durch die Wrangelstraße fuhren. Achim steuerte unser Auto wie immer konzentriert durch die Straßen dieses Kreuzberger Kiezes mit den recht betagten vier- und fünfstöckigen Mietshäusern. Ich hatte derweil das Beifahrerfenster runtergekurbelt und betrachtete die Passanten auf den Gehsteigen. Die Sonne strahlte mir dabei direkt ins Gesicht, sodass ich meine Augen halb zusammenkneifen musste. Mir fehlte meine Sonnenbrille, die noch in der Dienststelle lag. Unmittelbar bevor ich Achim fragen wollte, ob ich ihn nicht vielleicht zu einem leckeren Eis einladen solle, hörte ich eine gellende, weibliche Stimme, die in der Straßenschlucht widerhallte. Was sie lauthals schrie, konnte ich nicht verstehen. Um besser hören zu können, lehnte ich mich mit meinem Kopf ein wenig aus dem Beifahrerfenster. Dann, zwei Häuser weiter, vor unserem Fahrzeug, entdeckte ich sie. Sie schaute aus einem Fenster im fünften Stockwerk und lehnte dabei ihren Oberkörper gefährlich weit hinaus. Offensichtlich war sie total außer sich. Nicht nur, dass sie mit fast überschlagener Stimme etwas schrie, nein, sie fuchtelte zusätzlich höchst erregt mit ihren Armen in der Luft herum. Mein Blick erfasste eine weitere Frau, die vor dem Wohnhaus auf dem Gehsteig stand und zu ihr nach oben guckte. Es war offensichtlich diejenige, der der lautstarke Wortwechsel galt.

Achim, der dies ebenfalls hörte, war bereits an den Fahrbahnrand gefahren und hielt an. »Was ist denn da los, das hören wir uns mal an«, war sein trockener Kommentar, während ich bereits ausstieg. Diskret lief ich in die Richtung der gellenden Schreierei und konnte erste Satzfetzen verstehen wie: » ... sieh dich vor, der ist irre ...; ... ick habe aber det Geld nich; der sucht mich ...!« Kurz darauf drehte sich die unten stehende junge Frau abrupt zur Fahrbahnseite um und rief nach oben: » ... Mach wat de willst ...« Dann rannte sie rüber zur anderen Straßenseite, von wo sie eilig nach rechts in die Falckensteinstraße abbog. Ich war inzwischen näher herangelaufen und konnte so die Frau am Fenster besser sehen. »Achim, ich glaube, die hat ein größeres Problem, lass uns mal nachschauen, ob wir ihr helfen können«, äußerte ich ihm gegenüber. In der Tat sah es von unten so aus, als würde sie sich augenblicklich aus dem Fenster stürzen.

Rasch betraten wir den Hausflur und stiefelten die fünf Stockwerke nach oben. Achim klingelte an der richtigen Wohnungstür und nach einigen Minuten wurde sie geöffnet. Vor uns stand die Frau, die wir am Fenster gesehen hatten. Sie war höchstens Anfang zwanzig, etwa 1,60 Meter groß, hatte dunkle schulterlange Haare, war sehr schlank, fast schon dürr, und sah insgesamt nicht so aus, als ginge es ihr besonders gut.

»Mein Name ist Karlheinz Gaertner und dass ist Achim H. Wir sind von der Polizei. Können wir ihnen irgendwie helfen?«, stellte ich uns vor. Ich bemerkte dabei, dass an ihrem linken, bloßen Arm eine sogenannte Perlenschnur zu sehen war. Die »Perlenschnur« entsteht bei Heroinabhängigen durch das ständige Spritzen dieser Droge. Dabei setzen sie die Nadel der Spritze immer wieder an den verschiedenen Stellen ihrer Arme über- oder untereinander, immer entlang einer Vene. So entstehen nach und nach blutverschorfte, blutunterlaufene oder vernarbte Punkte, die dann wie eine Perlenschnur aussehen. Wir hatten es also mit einer Heroinabhängigen zu tun.

Etwas benommen schaute sie zuerst in meine Richtung und dann zu Achim, wobei sie jetzt deutlich sehr leise und kaum wahrnehmbar sagte: »Ick bin Ute, mir kann keener helfen, aber kommt ruhig rin.« Gemeinsam betraten wir eine Wohnung, die kaum noch als solche erkennbar war, und die ich anlässlich vieler Wohnungsdurchsuchungen bei Fixern in solchem Zustand häufiger gesehen hatte. Dreck und Unrat, wohin man schaute. Ein unangenehmer Geruch nach Abfall, schalem Zigarettenrauch und Fäulnis lag in der Luft und es gab weder einen Stuhl noch eine andere Möglichkeit, sich zu setzen. Also blieben Achim und ich stehen.

»Wer sucht dich… und was ist mit dem Geld, dass du nicht auftreiben kannst? Hast du vor irgendetwas Angst?«, eröffnete ich vorsichtig das Gespräch, wobei ich die Gesprächsfetzen einsetzte, die ich auf der Straße gehört hatte. Keine Antwort: Nur Stille. Tränen rollten über ihr Gesicht und sie zündete sich umständlich eine selbstgerollte Zigarette an, dabei setzte sie sich auf ein Bett. Dieses war über und über mit ungewaschenen, zerknitterten Kleidungsstücken belegt.

Langsam hob sie ihren Kopf und blickte mich an. »Ihr könnt mir nich helfen, wenn ick wat sage, bringt der mich um!«, stotterte sie ängstlich hervor. Jetzt hieß es Vertrauen aufzubauen und ihr unsere polizeilichen Möglichkeiten zu vermitteln, denn irgendwie war mir klar, dass das Ganze nur mit ihrer Heroinsucht zu tun haben konnte. Ruhig gab ich ihr zu verstehen, dass wir ihr nur helfen können, wenn sie uns etwas über diesen Menschen mitteilt, der ihr augenscheinlich solche Angst einjagt. Nach einer halben Stunde »Überzeugungsarbeit« unsererseits erläuterte sie ihre verzwickte Situation:

»Ich habe über meinen Kleinstdealer dessen Dealer kennengelernt. Dieser überredete mich, größere Mengen Heroin von ihm abzunehmen, um damit zu dealen. Das klappte aber nicht, da ich ›so drauf‹ (heroinabhängig) bin. Die 30 Gramm, die er mir in Kommission übergeben hatte, nutzte ich nach und nach zum Eigenverbrauch. Nun will er sein Geld, genau 2500 D-Mark haben, aber ich habe nicht eine einzige Mark. Über meine Freundin, die ihr gerade unten auf der Straße gesehen habt, ließ er mir ausrichten, dass er mich hart in die »Mache« nimmt, wenn ich das Geld nicht bis nächste Woche ranschaffe. Das ist ein total brutaler Typ. Im ganzen Kiez haben die Junkies Angst vor dem. Der nennt sich übrigens selbst Imperator!«, führte sie plötzlich in einem erstaunlichen Hochdeutsch aus.

»Ich glaube, wir sollten uns um diesen ›Imperator‹ mal kümmern«, bemerkte Achim, und ich unterstrich dies, indem ich sie aufforderte, uns mehr über diesen erkennbar Größenwahnsinnigen zu erzählen.

»Ich weiß wirklich nicht viel über ihn, der ist jedem gegenüber vorsichtig und misstrauisch. Ich vermute, dass er türkischer Herkunft ist. Er ist ungefähr 1,75 Meter groß, trägt meistens eine lange, schwarze Lederjacke mit einem auffälligen Adler hinten drauf und erscheint regelmäßig an den Samstagen gegen 12.00 Uhr im Park zwischen der Falckensteinstraße und der Cuvrystraße. Dort trifft er seine Kleinstdealer und übergibt denen seinen Stoff«, erklärte sie unter ständigem Weinen und mit unzähligen Unterbrechungen.

Mit einigen Hinweisen auf Drogenberatungsstellen und unserem hoch und heiligem Versprechen, auch wirklich nichts zu verraten, verließen wir diese unglaublich heruntergekommene Beherbergungsstätte namens Wohnung.

Am Fahrzeug angekommen, mussten wir mit Erschrecken feststellen, dass weder Achim, der in Kürze in den Urlaub gehen wollte, noch ich, der am Samstag die Kommunion meines jüngsten Sohnes feiern wollte, sich um den »Imperator« kümmern konnten. Wir hatten Ute aber fest versprochen, etwas zu unternehmen, wir standen also im Wort. »Weißt du was, ich spreche mal mit den Zivis vom zuständigen Polizeiabschnitt und frage, ob die am Samstag Zeit hätten!«, bemerkte ich. Von unserer Dienststelle aus telefonierte ich mit Rainer, dem Chef dieser Zivis. Er war sofort bereit, mit seinen Leuten diesen Einsatz zu übernehmen. Zuvor hatte ich ihn umfassend mit den uns bekannten Fakten bekannt gemacht und versprochen, dass er mich jederzeit telefonisch erreichen könne, falls etwas Unvorhergesehenes passiert.

Beruhigt feierte ich also am Samstag das Kommunionsfest und rief gegen 15.00 Uhr Rainer an, um mich zu erkundigen, wie der Einsatz gelaufen sei. Dieser reagierte ausgesprochen »fuchsig«. Er erklärte mir mit unterkühlter Stimmlage, dass sie den Park über Stunden »unter Wind« (beobachtet) gehalten hätten, ohne dass nur das Geringste passiert wäre. Niemand sei gesehen worden, der nur annähernd wie der beschriebene »Imperator« aussah. Enttäuscht setzte er hinzu, dass er seine fünf Leute extra dafür zum Dienst einberufen hatte. Auch ich war natürlich ernüchtert und erbost über die vermutlich falschen Auskünfte von Ute. Mir blieb nichts anderes übrig, als Rainer um Entschuldigung zu bitten und ihm anzubieten, demnächst ein Bier auszugeben.

Am Montag früh, ich war kaum im Dienst, beriet ich mit Schulle die aktuelle Lage und teilte ihm das Geschehen vom Wochenende mit. Dann machten wir uns auf den Weg zu Ute, denn ich war neugierig, was sie dazu sagen würde, dass der »Imperator« nicht aufgekreuzt war.

Unmittelbar nachdem wir an ihrer Wohnungstür geklopft hatten, machte sie die Tür auf. Sofort entstand bei mir der Eindruck, dass es ihr noch schlechter ging als bei unserem letzten Besuch und dass sie mich gar nicht erkannte. Auch hatte sie offenbar jemand anders erwartet, denn sie blickte mich erschrocken an und wollte die Tür schon wieder ins Schloss ziehen. Erst meine etwas schroff und lautstark vorgetragene Bemerkung über ihre offensichtliche Fehlinformation in der letzten Woche führte dazu, dass bei ihr der Groschen fiel. »Ach, du bist es, der Bulle, der den ›Imperator‹ festnehmen wollte«, entgegnete sie erstaunt und auch etwas erleichtert. Jetzt ließ sie uns in ihre Wohnung.

Hier konfrontierte ich sie mit den negativen Ergebnissen vom Samstag und machte ihr nochmals deutlich, wie wichtig es sei, dass ihr noch etwas einfällt, was uns bei der Suche nach dem Dealer hilft. Mühevoll, ich konnte richtig spüren, welch eine Anstrengung dies ihr verursachte, kramte sie in ihren Erinnerungen. Sie war sichtbar

»auf dem Affen« (litt unter dem Entzug ihrer Droge) und zitterte am ganzen Körper.

Auf einmal stieß sie hervor, dass sie den »Imperator« durch Zufall vor ungefähr drei Wochen gesehen hatte, als er bei Aldi einkaufen gegangen war. Danach habe er mit drei großen, gefüllten Plastiktüten den Supermarkt verlassen und sei in die Manteuffelstraße Richtung Paul-Lincke-Ufer gelaufen. »So bepackt wie der war, muss der dort irgendwo wohnen«, erklärte sie im Brustton der Überzeugung und bat nochmals darum, ihren Namen aus dem Spiel zu lassen. Da sie sonst keine Hilfe von uns annehmen wollte, verabschiedeten wir uns und liefen zum Fahrzeug zurück.

Kurz entschlossen fuhren wir gleich mal zur bezeichneten Straße. Dort stellten wir uns so auf, dass wir zwar den Eingang des Supermarktes überwachen konnten, selbst aber nicht gesehen wurden. »Lass uns mal zwei, drei Stunden hier stehen, vielleicht haben wir ein wenig Glück und sehen diesen Schurken«, sagte ich mit hoffnungsfroher Stimme zu Schulle.

Zwei Stunden und 20 Minuten waren vergangen, da schupste ich ihn schlagartig an. »Das könnte er sein, der mit der langen, schwarzen Lederjacke und einer jungen Frau an seiner Seite, mit der er gerade den Supermarkt betritt. Sieh mal, der hat ja hinten einen weißen Adler auf der Jacke, wie von Ute beschrieben!«, verkündigte ich aufgeregt, obgleich das meinem Kollegen längst selbst aufgefallen war.

Hastig stiegen wir aus, um den beiden zu Fuß zu folgen, sobald sie den Markt verlassen würden. Wir wollten unbedingt feststellen, wo sie wohnen. Zwölf Minuten später war es so weit. Beide kamen aus dem Laden heraus und liefen, wie von Ute beschrieben, in die Manteuffelstraße hinein. Beim Laufen sah ich, wie unser Mann ständig seinen Kopf nach allen Seiten drehte und dabei aufmerksam seine Umgebung »abcheckte«. Die junge Frau neben ihm lief ganz normal und trug vier prall mit Lebensmitteln gefüllte Plastiktüten. Sie waren erst circa 60 Meter weit gekommen, als sie die Fahrbahn überquerten und dort einen Hauseingang betraten.

Eiligen Schrittes, aber immer mit der nötigen Achtsamkeit, lief auch ich bis zu diesem Hauseingang und schaute vorsichtig um die Ecke. Als Schulle bei mir war, gingen wir hinein. Beim Um-die-Ecke-Schauen hatte ich gerade noch gesehen, wie die unbekannte, tütentragende Frau über den Hinterhof ins dortige Quergebäude verschwunden war. Also liefen wir ins Vorderhaus bis zum ersten Treppenabsatz, um durch das Flurfenster auf den Hinterhof zu blicken. Von dort würden wir eventuell sehen, in welche Wohnung das Pärchen verschwinden würde. Und wirklich, wir hatten Glück. In der linksseitig befindlichen Parterrewohnung des Hinterhauses wurde das Licht eingeschaltet und unsere beiden Verdächtigen waren schemenhaft zu erkennen.»Ich glaube, das reicht. Alles Weitere ermitteln wir von unserer Dienststelle aus«, gab ich Schulle zu verstehen. Wir hatten offenbar unseren »Imperator« entdeckt. Mit einem gewissen Hochgefühl verließen wir das Wohnhaus.

Die noch am gleichen Tag angestellten Nachforschungen über das Mietverhältnis in dieser Parterrewohnung erbrachten weitere Indizien für unsere Vermutung. In dieser Wohnung sollte eigentlich eine 82-jährige Frau wohnen. Sie war dort allein gemeldet. So kamen wir überein, dass wir am folgenden Tag mit weiteren zwei Kollegen, also insgesamt zu viert, diesen »Imperator« aus dem Verkehr ziehen wollten. Am besten dann, wenn er seine konspirative Wohnung mit einer Drogenlieferung verlässt.

Früh morgens um 08.00 Uhr hatten wir uns vor der Scheinadresse des »Imperators« eingefunden. Die geplante Festnahme sollte so vonstattengehen, dass Bernd und ich mich versteckt vor dem Haus in der Manteuffelstraße aufstellen. Schulle und Schotti wiederum sollten sich mit der nötigen Vorsicht ins Vorderhaus begeben und von dort aus das Quergebäude beobachten. Von dieser Position aus sollten sie uns über Funk auf dem aktuellen Stand halten. Geplant war weiterhin, dass, wenn der »Imperator« das Quergebäude verlässt, wir so lange warten würden, bis er auf die Straße tritt. Erst dann würden Bernd und ich von der Straße aus, Schulle sowie Schotti von hinten aus dem Vorderhaus herauskommend, diesen Dealer festnehmen. So weit die Theorie. Wie so häufig, sollte es anders kommen als geplant.

Erst einmal meldete Schulle über seine »Handschachtel« (mobiles Funkgerät), dass ein groß gewachsener, dicklicher, blonder Mann das Hinterhaus verlassen habe und in Richtung Vorderausgang lief. Er war der Meinung, dass er aus der observierten Parterrewohnung gekommen sei und dass es sich vielleicht um einen Fixer handelt, der sich dort Heroin besorgt hatte. Wir kamen überein, diesen zunächst unbeachtet zu lassen, und uns nur auf den »Imperator« zu konzentrieren.

Blick auf die Hinterhauswohnung.

Nachdem der Blonde das Vorderhaus verlassen hatte, sah ich, wie er sich zielstrebig in Richtung Paul-Lincke-Ufer entfernte. Kurz darauf meldete Schulle, dass die Frau, die wir beim Einkaufen gesehen hatten, auch aus dem Hinterhaus kam und zum Vorderhaus ging. Gleiches Spiel! Auch sie war für uns momentan nicht interessant, wir kümmerten uns nur um unsere Zielperson. Ich konnte derweil sehen, dass auch die Frau in Richtung Paul-Lincke-Ufer lief.

Es dauerte weitere zehn Minuten, bis Schulle durchs Funkgerät flüsterte, dass der »Imperator« soeben das Quergebäude verlassen habe, den Hof überquere und gleich durchs Vorderhaus auf die Straße treten würde. Bernd und ich hatten uns inzwischen so aufgestellt, dass wir uns vom Paul-Lincke-Ufer aus nähern wollten, da wir annahmen, dass er den gleichen Weg einschlägt wie die Frau. Wir täuschten uns aber, denn völlig unerwartet und blitzartig rannte unsere Zielperson plötzlich nach rechts aus dem Vorderhaus heraus und auf einen auf dem Bürgersteig geparkten Citroën zu. Während Bernd und ich eilig in die gleiche Richtung rannten, sah ich, wie Schulle und Schotti das Vorderhaus verließen und dem »Imperator« hinterherjagten. Sie schafften es aber nicht, ihn einzuholen. Denn er hatte bereits das Auto erreicht, riss die Fahrertür auf, schwang sich auf den Sitz und startete fieberhaft den Citroën. Mit Vollgas fuhr er rückwärts. Gott sei Dank war der Gehweg regennass, sodass die Räder nicht griffen und durchdrehten, denn nur so schaffte es Schotti rechtzeitig, hinter dem Citroën hervorzukommen, sonst wäre er überfahren worden. Artistisch erreichte Schotti aber noch die Fahrertür, riss sie auf und versuchte den Zündschlüssel abzuziehen. Dies misslang, wobei er Sekunden später aufpassen musste, dass er nicht zwischen der offenen Tür und den parkenden Fahrzeugen zerquetscht wurde, da der »Imperator« den Citroën rücksichtslos so lenkte, dass der an der Tür hängende Schotti abgeschüttelt wurde. Jetzt griffen auch die Reifen auf den regennassen Pflastersteinen. Mit einem beherzten Sprung und einer halben Rolle über die Motorhaube eines parkenden Opel Corsa rettete sich Schotti im letzten Augenblick.

Schulle, der von der Beifahrerseite aus probierte, den Mann zu stoppen, und dabei mithilfe seiner Pistole versuchte, das Beifahrerfenster einzuschlagen, erging es ähnlich. Auch er konnte sich nur durch einen mächtigen Sprung in einen Hauseingang retten, da der »Imperator« den Citroën unerbittlich hin und her lenkte und Schulle so fast zwischen Fahrzeug und Häuserwand zerdrückt worden wäre. Ich selbst war auf die Fahrbahn gerannt und wollte diesen Wahnsinnigen stoppen, indem ich mit ausgestreckten Armen mitten auf der Fahrbahn stand. Spätestens als er rückwärts vom Gehweg auf die Fahrbahn fuhr und sofort Vollgas gab, war mir klar, dass dies keine gute Idee war. Also sprang ich rechtzeitig beiseite und ließ ihn passieren. Er bog mit hoher Geschwindigkeit und quietschenden Reifen in die Reichenberger Straße ein und war bald darauf außer Sichtweite. Ich konnte gerade noch das Kennzeichen ablesen.

Das war also gründlich danebengegangen! Höchst erregt, wütend und niedergeschlagen wegen dieses Misserfolges standen wir auf der Straße wie die begossenen Pudel. Andererseits war ich froh, dass Schulle und Schotti außer einigen Abschürfungen an Beinen und Händen nichts passiert war. »Männer, den greifen wir uns noch! Ich habe das Kennzeichen des Citroëns. Ein ziemlich auffälliges westdeutsches LI-Z … und seine Anschrift hier können wir auch überwachen. Der fährt uns nicht ungestraft fast über den Haufen!«, verkündigte ich voller Überzeugung.

Die nächsten zwei Tage verliefen relativ ereignislos. Die Halterin des Citroëns war eine Deutsche, die in Lindau am Bodensee wohnte und ihren Citroën vor Wochen verkauft hatte, ohne dass der wahre neue Halter ermittelt werden konnte. Auch die Überwachung der Wohnung in der Manteuffelstraße brachte nur die ernüchternde Erkenntnis, dass dort keiner mehr auftauchte. Die Frage, warum der »Imperator« so plötzlich aus dem Haus gerannt kam, ob er vielleicht gewarnt worden war oder selbst etwas mitbekommen hatte, beschäftigte uns zwar intensiv, konnte aber nicht von uns geklärt werden. Es hieß also nach vorne schauen.

Da wir nun mit den Ermittlungen auf der Stelle traten, machte ich mir zum wiederholten Male Gedanken, wie wir diesem »Imperator« das Handwerk legen könnten. Da fielen mir die Worte der Fixerin aus der Wrangelstraße ein, die erklärt hatte, dass dieser »Imperator« etliche Kleinstdealer in Kreuzberg/Neukölln beliefern würde. Mir war klar, dass er dies weiterhin tun müsste, sonst würde er seine Geschäftsgrundlage verlieren. Am Morgen des dritten Tages rief ich meine drei Mitstreiter zusammen, erläuterte ihnen meine Theorie und schlug gleichzeitig vor, konsequent und ausnahmslos sämtliche Straßen unserer Direktion nacheinander abzufahren. »Dieser auffällige, hellblaue Citroën mit dem Kennzeichen LI-Z …, den gibt es nur einmal und der muss doch aufzutreiben sein«, beendete ich voller Überzeugung meine Ausführungen. Sofort machten wir uns an die Arbeit. Während Schulle und Schotti den Kreuzberger Bereich übernahmen, machte ich mich mit Bernd an den Neuköllner Bezirk. Einem Gittermuster folgend, befuhren Bernd und ich stundenlang die Straßen Neuköllns. Am Abend dieses langen Tages mussten wir vier konstatieren: wir haben ihn nicht entdeckt, der Erfolg ist ausgeblieben. Aber ich war weiterhin zuversichtlich und so starteten wir den nächsten Tag mit neuem Elan. Wir hatten diesmal erst um 14.00 Uhr mit der Suche begonnen und tatsächlich, gegen 18.30 Uhr, entdeckte ich den gesuchten Citroën. Er stand säuberlich eingeparkt schräg in einer Parkbucht in der Okerstraße, kurz vor dem Flughafen Tempelhof.

Schnellstens rief ich Schulle und Schotti zu mir, die mit Olaf in Kreuzberg die Straßen absuchten. Olaf war ein neuer Mann. Er fuhr heute das erste Mal bei uns auf Zivilstreife mit. Sportlich durchtrainiert, also topfit, zusätzlich als Tauchlehrer in einem Schwimmverein tätig und menschlich ein feiner Kerl, also bestens für unser Team geeignet. Seitdem er von der Ausbildungsabteilung zur Einsatzbereitschaft gewechselt war, hatte er in kurzer Zeit seine erlernten Fähigkeiten überzeugend unter Beweis gestellt und dementsprechend sollte er uns verstärken.

Wenige Minuten später trafen die drei an der Ecke Oker-/Oderstraße ein. »Das gibt es nicht, ihr habt diesen Citroën wirklich gefunden, aber wo steckt dieser Größenwahnsinnige?«, fragte Schulle und kratzte sich ratlos am Hinterkopf.

»Schulle, denk mal vier Monate zurück. Da haben wir in der Lichtenrader Straße 30 eine Wohnung durchsucht, die eine Fixerin gemietet hatte und die nicht nur höllisch auf Heroin drauf war, sondern auch beim Handeln mit immerhin 45 Gramm Heroin von uns erwischt wurde. Ihren Dealer hatte sie uns damals verheimlicht, aber ihre Adresse ist gleich um die Ecke, nicht weit vom abgestellten Citroën entfernt. Ich könnte wetten, dass sich der ›Imperator‹ dort eingemietet und versteckt hat«, stellte ich fest und führte weiter aus: »Lasst es uns probieren. Wir überwachen das Wohnhaus Lichtenrader Straße 30. Wenn er dort tatsächlich wohnt und es verlassen sollte, um zu seinem Fahrzeug zu laufen, ist der Überraschungsmoment auf unserer Seite. Außerdem ist der Weg zum Citroën lang genug, um ihn sicher bis dahin abzufangen.«

Danach legten wir uns folgenden Plan zurecht: Schulle sollte mit dem unauffälligen Zivilwagen an der Ecke Leinestraße/Lichtenrader Straße Aufstellung nehmen und von dort den Hauseingang Lichten-

Blick auf den Hauseingang und Keller.

rader Straße 30 beobachten. Wir vier versteckten uns im Hausflur gegenüber und waren so in der Lage, ihn auf jeden Fall vor dem Erreichen des Citroëns einzuholen und festzunehmen. Die Straße selbst eignete sich dafür hervorragend, denn sie war praktisch menschenleer und auch der Fahrzeugverkehr war ausgesprochen dürftig.

Voller Anspannung betraten wir den Hauseingang, während Schulle seinen Beobachtungsplatz einnahm. Über Funk hielten wir Verbindung. Unser Platz war gut gewählt, denn durch einen Spalt, der dadurch entstand, dass Schotti die Eingangstür etwas offen hielt, konnte ich die Flurfenster des Hausflures Nr. 30 sehen und so erkennen, wenn jemand die Treppen herunterkam. Nun hieß es Geduld bewahren und warten.

Es war eine Dreiviertelstunde vergangen, da sah ich eine weibliche Person, die aus der vierten Etage nach unten hastete. Kurz darauf verließ sie das Haus und ich erkannte sie sofort als diejenige wieder, die ich bereits zweimal mit unserer Zielperson zusammen gesehen hatte. Schulle meldete, dass sie unmittelbar nach Verlassen des Hauses in Richtung Leinestraße lief und in diese einbog. Also entgegengesetzt zur Okerstraße, in der der Citroën stand. Kaum hatte sie das Haus verlassen, sah ich auch den Blonden wieder, den ich in der Manteuffelstraße wahrgenommen hatte. Auch er kam die Treppen herunter, verließ das Haus, blieb aber dann links neben der Eingangstür stehen und beobachtete die Umgebung. Seltsam, was hatte der denn für eine Funktion? Der schien gar keiner der üblichen Fixer zu sein, wie von uns zunächst vermutet. Viel Zeit zum Überlegen blieb nicht, denn jetzt erschien tatsächlich unsere Zielperson, der selbsternannte »Imperator«. Eilig überwand er die Treppen und kam kurz darauf aus dem Haus. In den Händen hielt er zwei gefüllte Plastiktüten. Er wandte sich sofort nach rechts, blieb vor der dortigen Kellertür stehen, schloss auf und verschwand. Eigentlich ein guter Zeitpunkt, um den Zugriff zu machen, aber der Blonde stand immer noch dort und schaute aufmerksam umher.

»Wenn unser Mann den Keller verlässt und abschließt, dann reißt du, Schotti, die Tür auf und wir rennen hinüber und nehmen ihn fest!«, erklärte ich meinem Team.

Dann war es so weit. Der Imperator verließ nur noch mit einer Plastiktüte in der Hand den Keller und verschloss die Tür. Schotti riss schlagartig unsere Haustür auf und ich stürmte als Erster auf die Straße. Blitzschnell überquerte ich die Fahrbahn und hatte den mit dem Rücken mir Zugewandten beinahe erreicht. In diesem Moment drehte er sich um, sah mich und sprintete los. Mein Ruf: »Stehenbleiben, Polizei!« machte keinerlei Eindruck auf ihn. Schnell konnte ich ihn einholen, packte ihn von hinten an beiden Schultern, wurde zwei, drei Schritte mitgerissen und schaffte es dann aber doch, ihn zum Stehenbleiben zu zwingen. Jetzt war auch Bernd an meiner linken Seite und versuchte seinen Arm zu ergreifen. Auf der rechten Seite probierte Schotti mich zu unterstützen. Der »Imperator« wehrte sich vehement und mit ungeahnten Kräften. Durch ruckartige Bewegungen und Tritte suchte er sich zu befreien. In diesem Augenblick kam Kollege Olaf von vorn auf uns zu. Er wollte ihm den Weg abschneiden, falls es ihm gelingen sollte, sich aus unseren Griffen zu befreien.

Urplötzlich hörte ich einen lauten Knall. Was war das? Ich konnte das Geräusch nicht einordnen, dieser Knall hatte wie ein Schuss geklungen. Aber das war doch nicht möglich, wer hatte denn geschossen? Ich verstärkte meine Bemühungen, den sich mit allen Kräften Wehrenden endlich zu Boden zu bringen. Einen Atemzug später gelang mir das auch. Gemeinsam stürzten wir aufs Pflaster, wobei er zur Hälfte unter mir lag. Dieser Sturz spielte sich für mich wie in Zeitlupe ab und beim Hinfallen sah ich aus dem Augenwinkel, wie Olaf zurücktaumelte. Warum das? Das ergab zunächst keinen Sinn für mich.

Während ich gemeinsam mit Schotti und Bernd versuchte, den Dealer zu bändigen, drängten sich wiederholt die Worte: »Ich bin getroffen worden!« in mein Bewusstsein. Im Zurücktaumeln hatte Olaf dies gerufen und schlagartig wurde mir klar, dass der unter mir Liegende geschossen haben musste. Jetzt bemerkte ich auch, dass er versuchte, seine linke Hand, die in der Plastiktüte steckte, von mir zu befreien. Mir war sofort klar, dass er dort eine Pistole haben musste. Mit meiner gesamten Muskelkraft drückte ich nun seinen linken Unterarm auf den Boden. Ich wollte unbedingt verhindern, dass er damit weiterschießen konnte. Unterdessen sicherte Bernd die Beine und Schotti versuchte seine rechte Hand zu fesseln. Voller Anspannung presste ich sein Handgelenk weiter auf den Straßenbelag. Dabei schaffte er es, mir in meine linke Hand zu beißen.»Der kann beißen, wie er will, den lasse ich nicht los, ich glaub, ich ziehe meine Pistole und schieße«, schoss es mir durch den Kopf.

Mittlerweile hatte es Schotti endlich geschafft, den rechten Arm dieses völlig»durchgeknallten«Typen so zu verdrehen, dass er seinen Widerstand aufgab. Sein Biss lockerte sich, ich bekam meine Hand frei und konnte ihm seine Plastiktüte entwinden. Sofort stand ich auf und gemeinsam legten wir ihm die Handfesseln an. Mein Blick in die Plastiktüte überraschte mich nicht mehr, denn wie vermutet, lag in dieser die Waffe, mit der geschossen wurde. Auch diese behielt ich sicherheitshalber in meinen Händen. Zwischenzeitlich hatte Schotti diesem»Irren«eine weitere Pistole aus seinem Gürtel gezogen und mir gegeben.

Während Bernd weiterhin auf dem gefesselt am Boden liegenden »Imperator« kniete und ihn eisern festhielt, suchte ich Olaf. Mein Puls raste, als ich ihn sah. Er saß zusammengesunken auf dem Rinnstein des gegenüberliegenden Bürgersteigs. Mir stockte der Atem. Bleich wie ein Bettlaken schaute er in meine Richtung und aus seinem halbgeöffneten Mund quoll hellrotes, schaumiges Blut. Erkannte er mich noch?

Die Erkenntnis, dass er offenbar eine Schussverletzung der Lunge erlitten hatte (hellrotes, blasiges Blut ließ aus meiner filmgeprägten Sicht nur diese Vermutung zu), traf mich mit voller emotionaler Wucht. Ich begriff sofort, dass Olaf in Lebensgefahr war. Meine Hilflosigkeit, ihm nicht sofort entscheidend helfen zu können, meine Wut auf den Täter und der Vorwurf an mich selbst, das ich zugelassen hatte, den unerfahrenen Olaf an der Festnahme teilnehmen zu lassen, versetzten mich in eine Art Schockstarre. In den nächsten Stunden handelte ich wie in Trance, ja roboterartig, um meine Aufgaben als Einsatzleiter weiter wahrnehmen zu können.

Zunächst bat ich Schotti beschwörend darum, sich nur noch um Olaf zu kümmern und ihm nicht mehr von der Seite zu weichen. Obwohl ich längst über Funk einen Notarztwagen und weitere Unterstützungskräfte angefordert hatte, schrie ich mehrere Frauen, die aus den umliegenden Fenstern unser Treiben beobachtet hatten, lautstark an, ebenfalls einen Notarzt zu alarmieren. Schulle, der abseits von uns den Blonden überwältigt hatte, stand auf einmal neben mir und übergab mir eine weitere Pistole. Die hatte er dem Blonden abgenommen. Anschließend überwachte er gemeinsam mit Bernd die beiden Festgenommenen, die gefesselt auf dem Boden des Gehsteigs lagen.

Ich lief mit mittlerweile drei scharfen Schusswaffen in der Hand dem ersten Funkwagen entgegen, der wenige Minuten später eintraf. Im gleichen Augenblick hörte ich erleichtert das Signalhorn eines Rettungswagens, der um die Ecke bog. Kaum waren die Kollegen ausgestiegen, übergab ich die drei Waffen. Dann lief ich zu Olaf, der inzwischen von den Rettungssanitätern versorgt wurde, immer mit Schotti an seiner Seite. Eine Minute später traf auch der Notarztwagen ein und die Notärztin übernahm gemeinsam mit den überaus kompetenten Sanitätern die Erstversorgung der Schusswunde. Sofort danach wurde Olaf ins Urban-Krankenhaus transportiert, wo er umgehend operiert wurde. Schotti blieb die ganze Zeit über bei ihm, wofür ich ihm noch heute unendlich dankbar bin.

Olaf erzählte mir Jahre später, dass er, als er mit seiner Schussverletzung auf dem Rinnstein saß und immer mehr damit kämpfte, nicht die Besinnung zu verlieren, zu seiner Verwunderung von Schotti mit folgendem Satz angesprochen worden war: »Mensch Olaf, denk mal nach. Lassiter wäre aufgestanden und hätte weitergeschossen!« Und

Olaf führte weiter aus: »Tatsächlich gingen mir sofort die Wild-West-Geschichten des Cowboyhelden Lassiter durch den Kopf, dessen Abenteuer ich in meiner Jugend verschlungen habe. Ich empfand diesen Satz«, so Olaf, »so seltsam es klingen mag, wirklich als sehr tröstend und wachhaltend. Zu dieser Zeit spürte ich keine Schmerzen, sondern merkte nur, dass sich Feuchtigkeit auf meinem Hemd ausbreitete. Blut, wie ich annahm, sodass mir dass Sprechen nicht mehr richtig gelingen wollte. Und ich registrierte, dass ich in immer grössere Atemnot geriet.« Ausgesprochen erleichtert war ich, als Olaf dann sagte, dass ihm dieser Angriff auf sein Leben ähnlich wie ein Arbeitsunfall vorgekommen sei, der eben in diesem Polizeijob passieren kann, und er dies physisch, aber auch psychisch, sehr gut überwunden habe.

Nachdem immer mehr Polizisten und Journalisten eingetroffen waren, gestaltete sich die Situation vor Ort zunehmend chaotisch. Ständig daran denkend, dass Olaf gerade um sein Leben kämpfte, musste ich mich um die Gesamtlage kümmern. Jeder wollte wissen, warum und wie diese Schießerei passiert war, wer die Festgenommenen seien, welche Schusswaffen benutzt wurden usw.

Nach und nach fing auch ich an zu begreifen, wie es dem »Imperator« überhaupt gelungen war, zu schießen, ohne dass ich zuvor auch nur ansatzweise eine Waffe gesehen hatte. Wie ich herausfand, hatte er eine Schusswaffe der Marke »Radom« durchgeladen und mit gespanntem Hahn in seiner rechten Hand gehalten. Die Waffe und seine Hand hatte er zusätzlich mit einer Mullbinde umwickelt und halb in der gelben Plastiktüte versteckt, die er bei sich trug. Dementsprechend war er in der Lage, zu schießen, ohne dass die Waffe von außen sichtbar war. So war es ihm gelungen, Olaf in dem Augenblick, als der von vorn auf ihn zulief, nur durch das Anheben seiner Unterarme aus einer Entfernung von etwa 10 bis 20 Zentimeter in den Brustkorb zu schießen. Dabei durchschlug die Kugel Olafs Lunge und trat in Höhe der 10. Rippe wieder aus. Seine Absicht war, wie der »Imperator« später vor Gericht einräumte, sich den Weg »frei zu schießen«. Dies misslang ihm nur deshalb, weil sich die Mullbinde, mit der er seine Schusshand umwickelt hatte, nach der ersten Schussabgabe im Schlitten der Pistole verklemmt hatte. Dies hatte zur Folge, dass die Hülse des abgeschossenen Projektils nicht ausgeworfen wurde, sondern im Patronenlager verblieb. So wurde der Hahn nicht mehr automatisch gespannt und eine weitere Schussabgabe war nicht möglich.

In der Plastiktüte und in seiner Jacke fanden wir später drei Platten Haschisch, insgesamt 300 Gramm schwer, einen Plastikbeutel mit 33,7 Gramm Heroin und zwei Pesola-Federzugwaagen. Nun stellte sich auch heraus, welche Aufgabe der Blonde hatte. Bei diesem handelte es sich um einen leicht drogensüchtigen Deutschen, den der »Imperator« zu seinem »Leibwächter« erkoren hatte. Auch hatte er dem Blonden, damit dieser seine Bodyguard-Funktion ausfüllen konnte, eine Pistole der Marke Ceska mit 15 Patronen übergeben. Als der Blonde erkannte, dass wir seinen Chef, den »Imperator«, festnehmen wollten, war er blitzartig in Richtung Leinestraße geflüchtet. Er kam jedoch nicht weit, denn Schulle, der ihm sofort hinterherrannte, rief in energischem Ton: »Stehen bleiben, Polizei, oder ich schieße!« Dieser Aufforderung kam der Blonde sofort nach und ließ sich widerstandslos festnehmen. Schulle zog ihm dabei die besagte Pistole aus seinem Gürtel.

Während ich noch recherchierte, wie sich alles abgespielt hatte, erschienen die Kollegen der Mordkommission und übernahmen die Tatortarbeit. Für uns endeten damit sämtliche Tätigkeiten. Schulle, Bernd und ich fuhren zum Polizeiabschnitt, um erste schriftliche Arbeiten über die Ereignisse anzufertigen. In welcher Schocksituation ich mich immer noch befand, wurde mir erst klar, als ich während der schriftlichen Aufarbeitung des gerade Erlebten nicht bemerkte, dass sich gleich nach unserem Eintreffen meine damalige Direktionsleiterin und ihr Stellvertreter im Schreibraum befanden und sich ein Bild von der Lage machen wollten. Just in dem Moment, als sie einen Kollegen des Bereitschaftsdienstes vom Rauschgiftreferat anschnauzte, dass er seine Arbeit gefälligst selbst machen solle und uns nicht auch noch dafür einspannen möge, die Wohnung des »Imperators« zu durchsuchen, wurde mir bewusst, dass meine oberste Chefin im Raum war.

In den nächsten Stunden, bis tief in die Nacht, erfolgte eine Vernehmung nach der anderen und zusätzlich eigene schriftliche Arbeiten. Währenddessen hielt mich Schotti, der sich im Krankenhaus befand, auf dem Laufenden. Für Olaf sah es schlecht aus. Er war operiert worden und hatte allein auf dem Operationstisch mindestens zwei Liter Blut verloren. Olaf schwebte in akuter Lebensgefahr.

Gegen 03.00 Uhr morgens waren wir mit unseren eigenen Aussagen bei der Mordkommission fertig. Schulle und ich setzten uns noch kurz zusammen und unser einziges Thema war: Haben wir etwas übersehen, haben wir etwas falsch gemacht, dass es diesem verrückten Dealer gelingen konnte, auf Olaf zu schießen? Die Sorge um Olafs Überleben trieb uns um!

Eine Stunde später traf ich zu Hause ein. Meine Frau wachte auf und ich erzählte ihr ausführlich und voller Unruhe, was passiert war. An Schlaf war nicht zu denken, sodass ich mich gegen 08.00 Uhr morgens auf den Weg ins Krankenhaus machte. Hier erhielt ich die Auskunft, dass Olaf auf der Intensivstation läge und dort zunächst verbleiben müsse. Ich fuhr weiter zum Dienst. Meine Gedanken kreisten immer nur um das Eine: Hoffentlich überlebt Olaf! Zum ersten Mal dachte ich ernsthaft daran, meinen Polizeiberuf aufzugeben, sollte das Schlimmste tatsächlich eintreten. Es war dies mein härtester Tag in meiner gesamten Dienstzeit.

Auf meiner Dienststelle passierten dann zwei Dinge, die mich so wütend machten, dass ich kurz davorstand »auszuflippen«. Zunächst erschienen zwei Kollegen des Spezialeinsatzkommandos (SEK) und wollten detailliert wissen, wie es dazu kam, dass der »Imperator« so verdeckt schießen konnte. Ich glaubte nicht richtig zu hören, immerhin war der Vorfall gerade mal zwölf Stunden her, Olaf kämpfte um sein Leben und ich war extrem aufgewühlt und fühlte mich gleichzeitig ausgelaugt wie eine Bassgeige. Auch dachte ich sofort daran, dass sie mir wegen meiner Einsatzführung Vorwürfe machen wollten. Dem war aber nicht so. Sie hatten unsere Erläuterungen bei der Mordkommission gelesen und mit großem Entsetzen festgestellt, mit welcher Heimtücke dieser Dealer seine Waffe in der Plastiktüte verborgen hatte. Ihnen ging es nur darum, weitere Details von mir zu erfahren, um diese dann zukünftig in ihrem Einsatztraining berücksichtigen zu können. Das konnte ich verstehen, hätte mir aber gewünscht, dass sie ein paar Tage abgewartet hätten, bevor sie mich befragten.

Der nächste »Hammer« erfolgte kurz vor der Mittagszeit. Ein sogenannter Sesselpuper, also ein »Innendienstler«, der stets seinen Hintern in der wohltemperierten Dienststube wärmt, während wir auf der Straße unsere Gesundheit riskieren, trat auf mich zu und sprach mit vorwurfsvollem Blick: »Das musste ja mal passieren; Du immer mit deinen Festnahmen.« Weiter kam er nicht. Mein Blick und das kurze Hochzucken meiner Faust ließen ihn schlagartig verstummen. Ich konnte mich nur mühsam beherrschen und lief rasch zum Hausausgang, um frische Luft zu schnappen und mich langsam von diesem bösartigen Satz zu erholen.

Die nächsten drei Tage verliefen wie in einem Albtraum. Lediglich die Kollegen der Mordkommission, die sich ausgesprochen einfühlsam, professionell und sachgerecht mehrfach mit uns trafen, verschafften mir einen gewissen Rückhalt.

Endlich, am Morgen des vierten Tages, wurde Olaf von der Intensivstation auf eine normale Krankenstation verlegt. Es bestand keine Lebensgefahr mehr und ich konnte ihn besuchen. Unsere gemeinsame Freude an seinem Krankenbett war natürlich riesengroß. Nach weiteren 21 Tagen stationärer Behandlung wurde Olaf nach Hause entlassen. Seine sehr gute sportliche Konstitution hatte zweifelsohne wesentlich zur schnellen Entlassung beigetragen. Er verbrachte nun etliche Wochen zu Hause und danach in der Reha, bevor er wieder seinen Dienst bei uns aufnehmen konnte.

Inzwischen hatten wir einen neuen Direktionsleiter, der uns unmittelbar, nachdem Olaf wieder dienstfähig war, zu sich ins Büro holte. Wir erhielten eine Anerkennungsurkunde für die Festnahme jenes brandgefährlichen Dealers namens »Imperator« und Olaf durfte sich eine Dienststelle seiner Wahl aussuchen. Eigentlich wollte er ja auf unserer Dienststelle bleiben, ja er wollte sogar in meinen Ziviltrupp aufgenommen werden, aber damit war seine Frau mittlerweile nicht mehr einverstanden. Das Risiko weiterer schlimmer Verletzungen hätte sie nicht ertragen können. Und da er bereits über entsprechende Erfahrungen verfügte, wurde ihm sein Wunsch, zur Wasserschutzpolizei versetzt zu werden, postwendend erfüllt.

Die Ermittlungen der Mordkommission dauerten einige Monate und brachten Erstaunliches zu Tage. Der »Imperator« hatte nach seiner Festnahme falsche Personalien angegeben. Erst durch die erkennungsdienstliche Behandlung seiner Person konnten seine richtigen Personaldaten festgestellt werden. So stand schnell fest, dass er in drei verschiedenen Bundesländern einen Asylantrag gestellt hatte. Er bezog seit mehreren Jahren Sozialleistungen in allen drei Ländern, was heutzutage nicht mehr möglich wäre, da die Datenbanken der Länder mittlerweile untereinander vernetzt sind. Zusätzlich fanden die Ermittler heraus, dass der »Imperator« einige Wochen vor seiner Festnahme einen Mann durch einen Schuss ins Bein verletzt hatte.

Bei der Gerichtsverhandlung vor dem Landgericht Berlin, genau ein Jahr später, stellte sich heraus, dass er bereits mehrfach wegen des Handels mit Betäubungsmitteln und weiterer kleinerer Delikte verurteilt worden war und auch schon über zwei Jahre im Gefängnis verbracht hatte. Insgesamt waren bei ihm 2529 Gramm Haschisch und 416 Gramm Heroin sowie 26 497 D-Mark während und nach unserer Festnahme beschlagnahmt worden.

Er gab während der Verhandlung zu, sich selbst den Spitznamen »Imperator« gegeben zu haben, um diejenigen, denen er sein Haschisch und Heroin verkaufte, einzuschüchtern. Auch hatte er selbst, nicht zuletzt ausgelöst durch seinen eigenen Drogenkonsum, Angst vor Repressalien anderer Dealer, ohne dass er diese glaubhaft benennen konnte. Seine polnische Freundin hingegen konnte nie ermittelt werden, sie blieb seit seiner Ergreifung wie vom Erdboden verschluckt. Seinen deutschen Freund (der Blonde) hatte er ebenfalls beim Verkauf von Haschisch kennengelernt und ihn als »Leibwächter« verpflichtet. Er sollte ihn beim Verkauf seiner Drogen schützen und erhielt dafür geringe Mengen von Haschisch zum Eigenverbrauch.

Der Urteilsspruch des Gerichts lautete:
Der Angeklagte wird wegen versuchten Mordes, tateinheitlich begangen mit Widerstand gegen Vollstreckungsbeamte, mit unerlaubtem Erwerb, Besitz, Führen und Überlassen von halbautomatischen Selbstladewaffen, mit gefährlichem Eingriff in den Straßenverkehr in Verdeckungsabsicht, mit fahrlässiger Körperverletzung, mit versuchter Nötigung und Handeltreiben mit Betäubungsmitteln zu einer Freiheitsstrafe von vierzehn Jahren verurteilt.

Hinterhältig

Wie hinterhältig der »Imperator« handelte, stellte sich im Laufe der weiteren Ermittlungen heraus: Eine Drogenabhängige hatte, ähnlich wie die, die uns auf den »Imperator« aufmerksam gemacht hatte, eine größere Menge Heroin zum Weiterverkauf von ihm erhalten. Als es ihr nicht gelang, die von ihm geforderten Einnahmen zu erbringen, versteckte sie sich in ihrer Wohnung. Voller Angst bat sie einen Bekannten um Hilfe. Dieser hielt sich mit ihr in der Wohnung auf, als der »Imperator« an ihrer Wohnungstür klingelte. Fatalerweise schlich der Bekannte zur Wohnungstür, um durch den Türspion zu erspähen, wer dieser »Imperator« sei. Im selben Augenblick zog der »Imperator« eine Pistole und schoss durch die verschlossene Tür. Dabei traf er den hinter der Tür Stehenden ins linke Bein. Anschließend flüchtete er.

Der Verletzte begab sich mit einem glatten Durchschuss der linken Wade ins Krankenhaus und erstattete dort Anzeige. Er konnte der Polizei allerdings nur angeben, dass es sich bei dem Schützen um einen Mann handelte, den er unter dem Spitznamen »Imperator« kannte.

Vollständigkeitshalber und mit einiger Gänsehaut sei noch erwähnt, dass der »Imperator« unmittelbar nach Verbüßung seiner Gefängnisstrafe einen Mann während eines Streits erbarmungslos erschoss und sich bereits wieder im Gefängnis befindet.

Aufstieg

23 Jahre Polizeidienst waren fast wie im Flug vergangen, und ich war mittlerweile 40 Jahre alt. Manne Etourno, er war inzwischen mein Chef und der von mehr als 100 Bereitschaftspolizisten, holte mich in sein Büro und erklärte mir kurz und bündig:»Kalle, ich habe dich aufgrund deiner Leistungen zum ›Fröschel‹-Lehrgang vorgeschlagen, in zwei Wochen ist deine ›Gesichtskontrolle‹«.

Der Begriff »Fröschel« stammt aus einer in den 70er- und 80er-Jahren sehr beliebten Fernsehserie des bayerischen Fernsehens mit dem Namen »Die seltsamen Methoden des Franz Josef Wanninger«. Franz Josef Wanninger war der Hauptkommissar und Fröschel der Spitzname seines Assistenten. Dieser »Fröschel«-Lehrgang diente dem Aufstieg vom Mittleren in den Gehobenen Polizeidienst. Dienstgradmäßig bedeutete dies, vom Polizeihauptmeister zum Polizeikommissar aufzusteigen.

Voller Selbstbewusstsein und einigem Stolz machte ich mich 14 Tage später auf den Weg zur letzten Hürde, der sogenannten Gesichtskontrolle. Dann konnte dieser Lehrgang beginnen. Die Prüfungskommission bestand aus den damaligen vier höchstrangigen Polizeiführern unserer Polizeidirektion 5 und dem Personalratsvorsitzenden. Ich war ziemlich nervös, als ich diesem Gremium gegenüberstand. Wobei ich gleichzeitig aufgrund meiner bisherigen dienstlichen Leistungen der Überzeugung war, auf keinerlei Schwierigkeiten zu treffen. Wie so oft sollte ich mich auch diesmal täuschen.

Nach einigen harmlosen Einführungsfragen nach meinem dienstlichen Werdegang provozierte mich der stellvertretende Direktionsleiter plötzlich mit der Frage:»Sagen Sie mal, Herr Gaertner, was würden Sie denn machen, wenn Sie Ihren Lehrgang bestanden haben und wir Sie anschließend als Kontaktbereichsbeamten im schönen ländlichen Rudow einsetzten?«

Verblüfft und irritiert schaute ich in die Runde. Sämtliche Teilnehmer kannten meine Erfolgsgeschichte als Zivilfahnder, ich hatte allein zu diesem Zeitpunkt bereits sieben umfängliche Belobigungsschreiben erhalten. Nicht zuletzt von einigen derjenigen, die mir jetzt gerade gegenübersaßen. Mir war natürlich bewusst, was sie hören wollten, nämlich eine artige, »wohlerzogene« Antwort, wie zum Beispiel: »Kein Problem, ich mache meinen Dienst natürlich da, wo Sie mich einsetzen.«

Aber ich wäre nicht der, der ich bin, wenn ich nicht im Bewusstsein meiner bisherigen beruflichen Leistungen entgegnet hätte: »Dann weiß ich, dass meine Vorgesetzten nicht in der Lage sind, mich leistungsgerecht einzusetzen!«

Absolute Stille.

Nun schob der Direktionsleiter noch einen Satz in gleicher Qualität nach: »Würden Sie sich dann erschießen oder wie?«

»Nein, das mit Sicherheit nicht, aber ich muss diesen Lehrgang ja nicht mitmachen. Ich war immer der Meinung, dass man mich dort einsetzt, wo ich am effektivsten arbeite, und ich glaube schon, dass ich den Beweis dafür bereits erbracht habe.«

Damit war die »Gesichtskontrolle« beendet. Wenn auch nicht ganz so, wie sich die fünf »Prüfer«, aber auch ich selbst mir dies vorgestellt hatten. Einer erzählte mir später aufgebracht, dass er mich hätte durchfallen lassen, wenn er das alleinige Sagen gehabt hätte. Ich erwiderte ihm nur kurz: »In einer modernen Polizeibehörde sollte man auf erkennbar provozierende Fragen auch mal die entsprechende Antwort geben dürfen und nicht immer stromlinienförmig nur das äußern, was der Fragende hören möchte. Insbesondere vor dem Hintergrund, dass ich bei meinen vielen Einsätzen auf der Straße mehr als einmal meine Gesundheit, ja so gar mein Leben aufs Spiel gesetzt hatte.«

Zum »Fröschel« konnte ich schließlich trotzdem gehen und ich erhielt noch während des Lehrgangs überraschenderweise den Auftrag vom Direktionsleiter, eine eigene Dienststelle zu übernehmen, und zwar den Fahndungs- und Aufklärungstrupp (FuA-Trupp), was mich unsagbar freute. Diese 15 Mann starke Einheit befasste sich hauptsächlich mit der Bekämpfung der Straßenkriminalität in der Polizeidirektion 5.

Die Zielsetzung dieser Mannschaft lautete kurz zusammengefasst:

*   die Verbrechensbekämpfung als gemeinsame Aufgabe der Kriminal- und Schutzpolizei durchzusetzen,
*   die Einbeziehung der Schutzpolizei in die Verbrechensbekämpfung zu fördern,
*   die Integration von Schutzpolizei und Kriminalpolizei aus der Achtung gleichwertiger Arbeit (und Erfolge) heraus zu verbessern.

In allen drei Berliner Einsatzabteilungen wurden diese FuATrupps auf Weisung des Polizeidirektors Karau ausgesprochen vorausschauend aufgebaut und in kürzester Zeit stand fest, dass die darin eingesetzten Kolleginnen und Kollegen über ein besonderes Gespür für Kriminelle verfügten und deshalb hohe Aufklärungsquoten in der Verbrechensbekämpfung erzielen konnten.

Wohnungs- und Villeneinbrüche

Guido und ich liefen an einem späten Nachmittag im Oktober auf dem Ilgenweg im Dreieck zwischen der Mohriner Allee und dem Buckower Damm entlang. Hier handelt es sich um eine Siedlung, die aus dreistöckigen Wohnhäusern besteht und direkt an den Britzer Garten grenzt, der 1995 anlässlich der Bundesgartenschau entstanden war.

Nachdem es dort immer wieder zu Wohnungseinbrüchen kam – die Täter kletterten auf die Balkone der untersten Etagen und brachen dann die Balkontüren auf –, liefen wir dort verstärkt Streife. Gerade in der Dämmerung wurden diese Einbrecher aktiv. Guido, den ich bereits seit seiner Schulzeit kannte und der schon als Schüler gebannt an meinen Lippen hing, um spannende Polizeigeschichten zu hören, war kurz nach seiner Ausbildung in meine Einheit versetzt worden. Wobei ich dies ein klein wenig beeinflusst hatte, denn ich hatte durchaus bemerkt, welch Fantasie und Einfallsreichtum in diesem jungen, sehr kräftigen Kerl steckten.

So liefen wir also, Guido auf dem linken und ich auf dem rechten Gehweg, auf die Häuserzeilen zu. Unmittelbar zuvor kam über unsere Funkgeräte der Hinweis, dass es drei Minuten vorher einen Einbruch ins Haus Massiner Weg 12 gegeben habe und dass zwei Täter flüchtig seien. Der Massiner Weg lag nur wenige Meter versetzt zum Ilgenweg, weshalb ich guter Dinge war, die Täter beim Verlassen der Siedlung zu erwischen. Während ich noch diesem Gedanken nachhing, kam, etwa 50 Meter vor mir, ein Mann auf mich zu. Er lief zwar recht unauffällig, aber mein Gefühl sagte mir, dass dies einer der Täter sein könnte. Auch Guido hatte ihn entdeckt und dachte sich offenbar das Gleiche, denn er wechselte die Gehwegseite und lief nun zwei Meter hinter mir. In diesen Moment wechselte der Verdächtige auf die andere Straßenseite und beschleunigte seine Schritte. Geschwind rannte ich ebenfalls auf seine Seite und verstellte dem jetzt eilig Dahinschreitenden den Weg. Dabei zog ich gleichzeitig die Kripo-Marke aus meiner Hosentasche und sagte: »Polizei, bleiben Sie bitte stehen und zeigen Sie mir ihren Ausweis!« Guido stand jetzt seitlich versetzt zu uns. Dies war auch gut so, denn ich spürte, wie der Mann krampfhaft versuchte, einen Ausweg aus dieser Situation zu finden. Rückartig bewegte er seinen Kopf hin und her und als er merkte, dass er wohl kaum noch flüchten konnte, erwiderte er radebrechend: »Ausweis, ich nich haben, ich wohnen da.« In dem Augenblick sah ich das Metallteil eines Schraubenziehers aus seiner Manteltasche ragen. Sofort und routiniert ergriff ich seine Handgelenke und legte ihm meine Handfesseln an, während Guido sichernd dabeistand.

Hierzu muss man wissen, dass das charakteristische Tatwerkzeug für diese Einbrüche ein etwa 30 Zentimeter langer Schraubenzieher mit Holzgriff ist. Dieser wird fast ausschließlich benutzt, um Fenster oder Terrassen- bzw. Balkontüren aufzubrechen. Und just einen solchen zog ich ihm aus seiner Manteltasche. Immer noch sehr selbstsicher, erklärte er nun, dass er diesen Schraubenzieher gefunden habe. Bei der darauffolgenden Durchsuchung seiner Kleidung jammerte er über eine Schussverletzung im Bauchbereich, die er im jugoslawischen Bürgerkrieg erlitten habe. Er bat darum, deshalb besonders vorsichtig zu sein, wonach ich mich auch richtete. Eine völlig verfehlte Fürsorge, wie ich im Nachhinein feststellte. Denn im Funkwagen, der diesen Ausgefuchsten zur Wache transportierte, entledigte er sich des Schmuckes, den er und sein unbekannt gebliebener Mittäter beim Wohnungseinbruch im Massiner Weg erbeutet hatten. Aus solchen Erfahrungen klug geworden, durchsuchten wir zum Glück noch einmal die hintere Sitzreihe im Funkwagen und fanden dort, eingeklemmt zwischen den Sitzen, etliche Ringe, Ketten und Uhren. Diese stammten, wie wir später feststellten, nicht nur aus diesem Einbruch, sondern auch aus zwei weiteren einige Tage zuvor. Dieser Schlauberger hatte sich doch tatsächlich ein übergroßes Pflaster auf die Bauchdecke geklebt und darin den Schmuck versteckt.

Eine besonders ausgefallene, aufregende Festnahme war dies zwar nicht, aber sie musste dennoch erzählt werden, wie sich aus dem Nachfolgenden gleich ergeben wird.

Jener Einbrecher, Radun K., der gemeinsam mit sechs weiteren aus dem Kosovo stammenden Mittätern allein von uns fünfmal nach Wohnungs- und Einfamilienhauseinbrüchen festgenommen wurde, verletzte zwei meiner Mitarbeiter, was dramatische Folgen haben sollte: Meine Polizeikollegen Guido und Hage fuhren die Sonnenallee entlang und bogen nach rechts in die Weichselstraße ein. Dabei bemerkten sie einen silberfarbenen Ford Escort, der in zweiter Spur vor dem Lokal »Viktoria« parkte. Beim Vorbeifahren erkannte Guido den Radun K., der sich gemeinsam mit seinem Beifahrer offensichtlich etwas anschaute, was beide im Schoß verdeckt hielten. Sofort hielt Guido an und während Hage zur Beifahrerseite ging, lief Guido zur Fahrerseite. Schon beim Nähertreten sah er, dass sich die Insassen einen Beutel mit Goldschmuck anschauten. Guido zog die Fahrertür auf und eröffnete K. die Festnahme, wobei er ihm sofort Handfesseln anlegte. Dem Beifahrer gelang es allerdings, pfeilschnell seine Tür aufzustoßen und Hage sofort mit Tritten und Fußstößen anzugreifen. Guido, der bemerkte, dass sein Kollege massiv attackiert wurde, ließ Radun K. los und versuchte nun seinerseits Hage zu unterstützen. Während der offensichtlich kampfsportgeschulte Beifahrer immer wieder in Richtung der Köpfe meiner beiden Kollegen trat und schlug, griff plötzlich auch Radun K. mit seinen nach vorn gefesselten Händen ins Geschehen ein. Derb drosch er mit diesen von hinten auf Guido ein, der dadurch die Balance verlor und stürzte.

Der unbekannte Beifahrer hatte sich inzwischen während der Attacken auf Hage und Guido sein Hemd zerrissen und schlug nun mit nacktem Oberkörper weiter brutal zu. Dabei trat er im Eifer des Gefechts den Außenspiegel des Ford Escorts ab. Guido lag immer noch am Boden, während Hage, der sich bislang so gut es eben ging verteidigt hatte, plötzlich einen kräftigen Tritt in den Bauch erhielt, der ihn zurücktaumeln ließ. Dies nutzen beide Täter sofort aus und rannten davon. Durch die Schläge und Tritte schwer gezeichnet, nahmen Guido und Hage mühsam die Verfolgung auf, mussten diese aber einstellen, nachdem es den Schlägern gelungen war, über einen vier Meter hohen Spielplatzzaun zu steigen und dann in der Dunkelheit zu verschwinden.

Wie erwartet, stammte der Schmuck, der im zurückgelassenen Ford Escort gefunden wurde, aus vier bislang unaufgeklärten Einbrüchen in Einfamilienhäusern. Mittlerweile war ich mit weiteren Kollegen eingetroffen. Über Funk forderte ich sofort einen Rettungswagen an, der Guido und Hage ins Krankenhaus Neukölln bringen sollte. Dort wurde später diagnostiziert, dass Hage Kopf- und Körperprellungen, Abschürfungen an den Ellenbogen und einen Kapselriss in der rechten Hand erlitten hatte. Bei Guido wiederum stellten die Ärzte eine schwere Schulterprellung, einen Bluterguss im rechten Knie, Prellungen am ganzen Körper und den Verdacht eines Rippenbruches fest. Beide verblieben zunächst im Krankenhaus und waren anschließend für sechs bzw. acht Wochen krankgeschrieben.

Diesen Vorfall und die andauernden Einbrüche in den Bereichen Rudow, Buckow und Britz (Teilbereiche im Süden Neuköllns), die augenscheinlich auf das Konto ein und derselben, äußerst gewaltbereiten Bande gingen, nahm ich zum Anlass, einen umfangreichen Bericht an meinen Direktionsleiter Karau zu schicken. Darin bat ich um zusätzliche Kräfte, die mir sofort genehmigt und unterstellt wurden. Mit diesen Unterstützungskräften führte ich in den folgenden 15 Tagen Razzien in einschlägig bekannten, von Kosovo-Albanern besuchten Lokalen durch. Dabei machte ich unmissverständlich deutlich, dass wir es uns als Polizeibeamte nicht gefallen lassen würden, so massiv von ihren kriminellen Landsleuten angegriffen zu werden. Nachdrücklich erklärte ich und nutzte dafür auch ein Megafon mitten in den Gasträumen der Lokale, dass ich von ihnen Hilfe erwartete. Diese sollte darin bestehen, die Namen und den

Aufenthaltsort der Geflüchteten herauszufinden. Lautstark und konsequent stellte ich zudem klar, jeden Tag derartige Lokalkontrollen durchzuführen, ohne Rücksicht auf eventuelle Umsatzeinbußen. Zusätzlich verstärkten wir die Streifen im Süden Neuköllns.

Der Erfolg ließ nicht lange auf sich warten. Nicht nur, dass wir bei den Lokalkontrollen insgesamt zehn einbruchstypische Schraubenzieher und etliches Diebesgut aus Einfamilienhauseinbrüchen sicherstellen konnten. Auch unsere Einsätze vor Ort zeigten Wirkung. Es gelang uns nämlich, acht Bandenmitglieder auf frischer Tat festzunehmen, wobei es bei fünf Tätern zu einem Haftbefehl reichte.

Nun fehlten bloß noch Radun K. und der andere Schläger. Durch die ständigen Kontrollen störten wir die Geschäfte in den Lokalen entscheidend. Nach einigen Tagen bröckelte die Solidarität mit ihren gesetzeswidrigen Landsleuten und am siebenten Tag kam ein Wirt auf mich zu und steckte mir einen Zettel in meine Jacke. Darauf stand nur: »Radun K. hält sich in der Straße ... im Erdgeschoss bei ... auf.«

Der Einsatz dort fand einen Tag später statt. Vier Teams meiner Fahndungseinheit und ich umstellten am frühen Abend die genannte Wohnanschrift und drangen kurz darauf in das betreffende Haus ein. Radun K. wollte aus dem Toilettenfenster springen, als er bemerkte, dass die Polizei vor der Tür stand. Der Sprung gelang, allerdings zu seinem Pech in die Arme der dort bereitstehenden Kollegen. Widerstand leistete er diesmal nicht, dazu ließen es die drei Kollegen gar nicht erst kommen.

Die Wohnungsdurchsuchung lies uns Sore im erheblichen Umfang finden, wodurch wir zwölf Einbrüche aufklären konnten. Radun K. erhielt einen Haftbefehl, befand sich aber nach dem Haftprüfungstermin kurz darauf wieder auf freiem Fuß. Zivilkollegen eines Polizeiabschnitts nahmen ihn drei Wochen später erneut nach einem Einbruch in einer Wohnung fest. »Erstaunlicherweise« blieb er nun bis zum Gerichtstermin in Haft, wobei er später lediglich zu einem Jahr Haftstrafe verurteilt wurde. Der Beifahrer konnte nie ermittelt werden. Gleichwohl hatte die Einbruchsserie im Süden Neuköllns nun endlich ein Ende gefunden.

Wenn man sich mit Einbrüchen in Wohnungen und Einfamilienhäuser befasst, stellt man schnell fest, dass es die unterschiedlichsten »Spezialisten« gibt. Wie zuvor beschrieben, nutzen Täter aus dem südosteuropäischen Raum fast immer die stabilen 30 Zentimeter langen Schraubenzieher, um Terrassentüren und Fenster in Höhe der Riegel aufzuhebeln.

Bei der zweiten Art handelt es sich eher um die sogenannten Grobmotoriker. Diese schlagen die Fensterscheiben oder die Türen ein. Dabei entsteht häufig ein Schaden, der größer ist als die Beute.

Die dritte Gattung, ebenfalls recht einfallslos und mit wenig handwerklichem Geschick ausgestattet, sind die meist sportlich gewandten »Einsteiger«. Diese nutzen skrupellos offen stehende Fenster oder Türen, um blitzschnell ins Innere zu klettern und alles zusammenzuraffen, was wertvoll erscheint. Auf diesem Gebiet tummeln sich häufig sehr junge Täter.

Einige Fixer, aber auch etliche Berufsverbrecher gehen da schon handwerklich begabter vor. Sie sind hauptsächlich in Alt-Berliner Wohnhäusern aktiv und werden delikttypisch als »Schloßabdreher« und »Riegelzieher« in der Polizeistatistik geführt. Der »Riegelzieher« verwendet zum Öffnen der Wohnungstüren einen Haken, den er in die Mitte von Doppeltüren steckt, um so den oberen und unteren Haken aus der Verankerung im Boden oder in der Decke zu ziehen. Sollten dann keine weiteren Sicherungen wie Ketten oder Stangenschlösser vorhanden sein, lassen sich die Türen leicht nach innen aufdrücken. Sie erreichen dabei teilweise eine solche Perfektion, dass es ihnen gelingt, die Riegel so leise zu ziehen, dass sie auch dann in die Wohnung eindringen können, wenn sich darin deren Bewohner aufhalten. Da sie anschließend die Türen ebenso geräuschlos ins

Schloss zurückziehen, führt dies nicht selten bei den Bestohlenen zur Verwunderung, wenn sie zum Beispiel nach dem Aufwachen feststellen müssen, das wichtige Dinge verschwunden sind. Die Wohnungstüren sind unbeschädigt, lediglich die Riegel sind nicht in der Verankerung. Aber merkwürdigerweise sind ihre Portemonnaies leer. Ja, es kommt in Einzelfällen sogar zum Streit zwischen den Familienangehörigen, weil jeder den anderen verdächtigte, sein Geld ausgegeben zu haben.

Gemeinsam mit Hajo wartete ich bereits drei Stunden vor dem unscheinbaren Haus im Bezirk Mitte, in der Berolinastraße unweit des Alexanderplatzes. Hajo, ein nachdenklicher, sehr aufmerksamer Mitarbeiter, begleitete mich an jenem Mittwoch. Ich hatte durch einige Recherchen am Computer herausbekommen, dass der Serienwohnungseinbrecher Wolfgang G. seit einiger Zeit ohne festen Wohnsitz war, und meine Vermutung lief dahingehend, dass er sich eventuell in der Wohnung seiner Eltern, nämlich hier in der Berolinastraße, aufhalten könnte. Wolfgang war ein sogenannter Schlossabdreher, das heißt, er schraubte an den Türschlössern das Schild (Verblendung) ab und brach dann den vorstehenden Schließzylinder mittels einer Rohrzange in der Mitte durch. Anschließend schob er den kaputten Rest aus dem Schloss heraus. Nun brauchte er nur noch den Schlossriegel zu drehen, und schon war die Wohnungstür offen. Darin war er so geschickt und schnell, dass ich ins Staunen kam. Nicht so schön war es, dass er praktisch jeden Tag unterwegs war und in den letzten Jahren für Hunderte von Wohnungseinbrüchen infrage kam.

Als ich darüber nachsann, wie oft ich es schon mit ihm zu tun hatte, stellte ich mit Verblüffung fest, dass ich ihn in den letzten zwei Jahren bereits achtmal nach Wohnungseinbrüchen auf frischer Tat festnehmen konnte. Da bemerkte ich plötzlich einen jüngeren Mann, der den Gehweg entlangschlenderte. Irgendwie kam der mir bekannt vor, dass war doch nicht etwa besagter Wolfgang G.? Aber der hatte doch lange, dunkle Haare, einen Pferdeschwanz, Vollbart und eine Brille auf der Nase, als ich ihn das letzte Mal aus dem Verkehr gezogen hatte. All dies traf hier nicht zu. Er sah irgendwie ähnlich, aber andererseits auch ganz fremd aus. Aber der Gang, die Statur und sein bewusstes Weggucken beim Vorbeilaufen – hier stimmte etwas nicht.

»Wolfgang!!!«, rief ich ihm zu, »bleibe mal bitte stehen!«, und verstellte ihm gleichzeitig den Weg.

»Mensch, Kalle, ick habe mir doch extra ein total neues Outfit gegönnt, meine Haare kurz geschnitten und gefärbt, den Bart abrasiert und auch meine Brille durch Kontaktlinsen ersetzt, aber du erkennst mich trotz alledem, ich kann es nicht fassen«, erwiderte er etwas niedergeschlagen, aber durchaus höflich. Ergänzend muss ich bemerken, dass Wolfgang bislang nie als Gewalttäter oder als unangenehmer »Patron« aufgefallen war. Bei sämtlichen Festnahmen war er immer höflich, zuvorkommend, ja, in gewisser Weise sogar hilfsbereit. Ein Phänomen, wie ich es nur ganz selten erlebte. Dies war einer der Gründe, warum wir uns mittlerweile duzten.

»Wo kommst du denn her?«, meine übliche Frage an ihn.

»Ich komme von der Arbeit, dass weißt du doch.« Wolfgangs Erwiderung überraschte mich keinesfalls.

»Wo warst du denn heute arbeiten?«

»In Marzahn!« Er übergab mir dabei seine Rohrzange, einen Schraubendreher und 430 Euro.

»Na gut, dann komm mal mit und zeige mir deine Arbeitsstelle«, forderte ich ihn auf. Wir gingen zum Fahrzeug und er nahm auf dem Beifahrersitz Platz. Hajo machte sich unterdessen auf den Weg zur Dienststelle, um bereits mit den Schreibarbeiten zu beginnen, sobald ich ihm telefonisch die Tatorte der Wohnungseinbrüche durchgeben würde.

Den Angaben Wolfgangs folgend, fuhr ich in Richtung Marzahn und dort leitete er mich zu vier Wohnanlagen, in denen er Stunden zuvor die Schlösser einzelner Wohnungstüren abgedreht hatte. Auf der Fahrt sprach ich ihn zum wiederholten Male auf seine handwerklichen Fähigkeiten an und fragte, warum er diese nicht dazu verwendet, einen ordentlichen, legalen Beruf, wie zum Beispiel Schlosser, zu ergreifen. »Ach, Kalle, det is nüscht für mich, immer zur gleichen Zeit uffstehen, een verbiesterten Chef und vielet mehr, ick bin nu mal Berufsverbrecher«, lautete seine ernüchternde Antwort.

Das Besichtigen der zweiten aufgebrochenen Wohnungstür im fünften Stock eines sogenannten »Plattenbaus« verlief etwas skurril. Ich schaute mir gerade die offen stehende Wohnungstür an, als eine Frau auf uns zugerannt kam. »Was ist denn hier passiert, wer hat denn meine Wohnungstür geöffnet?«, sprach sie mich aufgeregt an. Ich zeigte ihr meinen Dienstausweis und erklärte dabei, dass ihre Wohnungstür aufgebrochen worden sei und sie nachsehen solle, wie viel Geld gestohlen wurde. »Warum, ist denn der Einbrecher schon gefasst?«, fragte sie mich etwas konsterniert, denn sie kam gerade von der Arbeit und hatte den Einbruch noch gar nicht bemerkt.

»Ja, ich habe ihn festgenommen, das ist er!« Dabei zeigte ich auf Wolfgang, der etwas verlegen an meiner rechten Seite stand. Erschrocken wich sie zurück. »Sie brauchen keine Angst zu haben, der tut ihnen nichts, er ist nur dabei, weil er mir die Wohnungseinbrüche zeigt, die er heute begangen hat, und ich ihnen gleich das entwendete Geld übergeben möchte«, beruhigte ich sie. Skeptisch, aber doch beruhigter ging sie in ihre Wohnung und stellte fest, dass 120 Euro fehlten. Diese erhielt sie von den 430 Euro, die Wolfgang mir übergeben hatte, zurück. Ich verabschiedete mich, während sich Wolfgang leise entschuldigte. Beim Hinausgehen erklärte ich ihr noch, wie sie zukünftig ihre Wohnungstür besser sichern könnte. Ich erklärte ihr, dass der Schließzylinder des Schlosses so unangreifbar gemacht werden muss, dass die Blende bündig mit dem Schließzylinder abschließt. Dann steht er nicht mehr über und kann auch nicht mit einer Rohrzange abgebrochen werden kann. Die Blende muss zusätzlich von innen verschraubt werden.

Die weiteren Wohnungsaufbrüche zeigte mir Wolfgang ebenso wie die Ablageorte der abgebrochenen Schließzylinder. Dann fuhren wir zur Fachdienststelle »Wohnungseinbruch« der Kriminalpolizei. Dort gestand Wolfgang noch fünf weitere Einbrüche vom Vortage. Danach wurde er wieder entlassen, denn ein Haftgrund lag nicht vor. Später erfuhr ich, dass Wolfgang mit 360 nachgewiesenen Wohnungseinbrüchen vor Gericht stand und zu eineinhalb Jahren Gefängnis verurteilt wurde. Nach seiner Entlassung machte er fleißig weiter, bis zum nächsten Knastaufenthalt.

Betonen möchte ich, dass die psychischen Folgen eines Wohnungseinbruches, also ein Eindringen in die intimsten Sphären eines Menschen, nicht zu unterschätzen sind. Sie sind erfahrungsgemäß ausgesprochen heftig und lang anhaltend.

Die Art, wie ich Wolfgang behandelte, war und ist selbstredend eine absolute Ausnahme. In der Regel wurden die Täter weder geduzt noch laufen die Festnahmen so friedlich ab, ganz im Gegenteil:

Wie häufig fuhr ich mit Schulle und dem Langen in Kreuzberg umher. Diesmal allerdings mit einem Feuerwehrmann und einem Sozialarbeiter des Bezirksamtes auf dem Rücksitz unseres Fahrzeuges. Diese sollten die praktische Polizeiarbeit im Rahmen einer Weiterbildung als kurze Praktika kennenlernen.

Unsere Streifenfahrt hatte gerade erst begonnen, als mir auf dem Gehweg, entlang des Zickenplatzes, ein Pärchen auffiel, das augenscheinlich der BTM-Szene zugehörig war. Beide waren auffällig nervös und leuchteten (vermutlich nach Polizei schauend) die Umgebung ab. Uns hatten sie in unserem Zivil-VW-Bus noch nicht bemerkt. Ich beschloss, die zwei im Auge zu behalten. Während der Lange im Auto blieb und uns damit folgte, liefen wir vier in angemessenem Abstand hinter diesen her. Das Pärchen hastete bis zur Boppstraße. Dort verschwand der Mann blitzartig im Wohnhaus Nr. 8. Die Frau blieb vor einem Geschäft stehen und blickte sich nach allen Seiten um.

»Ich glaube, ihr habt Glück, die beiden haben mit Sicherheit eine Schweinerei vor«, bemerkte ich in Richtung der Praktikanten, als unmittelbar darauf der Mann das Haus wieder verließ. Er begab sich sofort zu seiner Begleiterin und gemeinsam liefen sie zum Wohnhaus Nr. 4. Hier erfolgte das gleiche Spiel. Die Frau wartete vor einem

Geschäft und der Mann verschwand im Haus. Als er wenige Minuten später dieses wieder verließ, winkte er nur kurz und überstürzt rannte sie auf ihn zu. Unmittelbar darauf, schwuppdiwupp, betraten beide das Haus.

Das wird ein Wohnungseinbruch, ahnte ich. Langsam gingen wir zum Hauseingang und ganz leise öffnete Schulle die Eingangstür. Nacheinander schlüpften wir hinein. Bis auf einige Kratzgeräusche aus den oberen Stockwerken konnte ich erst einmal nichts vernehmen.

»Ihr wartet bitte hier unten. Wir steigen die Treppen empor, um zu sehen, was die da oben machen«, flüsterte ich den Praktikanten zu. Schon ging es los. Behutsam, auf ganz leisen Sohlen, schlichen wir die Treppe hinauf. Wir kamen bis fast zur zweiten Etage, da entdeckte uns das Pärchen, das ein halbes Stockwerk höher aus einer Wohnung heraustrat. Jetzt passierte Mehreres gleichzeitig. Die Frau rannte sofort auf uns zu, an mir vorbei nach unten, verfolgt von Schulle.

Ich konzentrierte mich hingegen auf den Mann, der nach oben sprintete. Zwei Treppenstufen auf einmal nehmend, eilte ich ihm nach und sah, wie er eine große Tasche mit Schwung aus dem Treppenfenster warf. Danach drehte er sich um und kam auf mich zu. Ich versuchte ihm den Weg abzuschneiden, indem ich den Treppenabsatz mit meinem Körper versperrte. Aus dem Augenwinkel bemerkte ich ein Messer in seiner rechten Hand. Sofort drehte ich mich zur Seite. Er prallte trotzdem mit voller Wucht gegen mich und durch den Schwung, den er dabei entwickelte, stürzten wir beide zu Boden. Dabei versuchte ich seine Hand, in der er das Messer hatte, zu kontrollieren, was mir nicht gelang, weil wir uns mittlerweile auf dem Fußboden wälzten und dadurch den Treppenstufen zu nahe kamen. Urplötzlich fielen wir Hals über Kopf bis zum nächsten Treppenabsatz hinunter, rollten, purzelten, drehten uns. Leicht verwirrt versuchte ich mich zu sammeln, doch blieb mir keine Sekunde Zeit, darüber nachzudenken, was soeben mit mir geschehen war. Schwer verletzt hatte ich mich offensichtlich nicht, denn ich konnte aufspringen und die erneute Attacke dieses Drogensüchtigen abwehren. Zum Glück hatte er beim Abrollen über die Treppenstufen sein

Messer verloren und es gelang mir, ihn mit gezielten Faustschlägen so außer Gefecht zu setzten, dass er schließlich erneut zu Boden ging und von mir gefesselt werden konnte. Als ich ihn hinunterführte, traf ich auf Schulle, der die Frau gestellt hatte. Gefesselt stand sie an der Wand und schimpfte lautstark. Dabei benutzte sie ein Vokabular, das nun wirklich einer »Dame« nicht würdig war. Schulle erzählte mir später, dass er sie nur mit einem Armhebel (Judo-Griff) bändigen konnte, da auch sie sich mit größter Kraft gegen eine Festnahme wehrte. Erst jetzt bemerkte ich, dass mir so ziemlich sämtliche Körperteile wehtaten. Hinzu kamen Abschürfungen an beiden Armen und an den Knien. Aber immerhin, ernsthaft verletzt war ich nicht.

Die Tasche, die der Einbrecher, André P., aus dem Fenster geworfen hatte, fanden wir auf dem Hof. Sie war voller Schmuck, Münzen und außerdem zwei Schraubenziehern. Damit hatten sie die Wohnungstür in der zweiten Etage aufgebrochen. Das Andre P. bereits dringend von der Staatsanwaltschaft Berlin mit zwei Haftbefehlen wegen Einbruchsdiebstahl gesucht wurde, rundete unsere Festnahme ab. André P. wanderte dahin, wo er hingehörte, hinter Schloss und Riegel – und zwar für 15 Monaten.

Unsere beiden Praktikanten standen mit aufgerissen Augen im Eingangsbereich des Hauses und verstanden die Welt nicht mehr. Solche Aktionen mit diesen Brutalitäten waren ihnen völlig fremd und führten dazu, dass der Sozialarbeiter nicht weiter mitfahren wollte. Er war komplett geschockt. Der Feuerwehrmann war allerdings begeistert und wollte gar nicht mehr nach Hause gehen, sondern begleitete uns durch die ganze Nacht, wobei er noch die Festnahme eines Brandstifters, der vor unseren Augen ein Baugerüst angezündet hatte, miterleben durfte. Einer war jedoch ganz und gar nicht zufrieden, und das war mein Kollege, der Lange. Er hatte im Auto auf uns gewartet und überhaupt nichts von den dramatischen Festnahmen mitbekommen.

Wie entscheidend uns dieses Massendelikt »Wohnungseinbruch« betrifft, sollen die Zahlen aus der Kriminalstatistik des Bundesinnenministers von 2013 zeigen:

Allein im Jahr 2013 wurden über 149 500 Haus- und Wohnungseinbrüche deutschlandweit verübt. Nur gerade einmal 15,5 Prozent davon konnten aufgeklärt und die Täter ermittelt werden. Rainer Wendt, Vorsitzender der Deutschen Polizeigewerkschaft, formulierte es so: »Deutschland ist eine Oase für Wohnungseinbrecher.«

Wie von mir selbst erlebt und durch die Statistik bestätigt, sind es vor allem gut organisierte, arbeitsteilig aufgestellte Banden aus ost- und südosteuropäischen Ländern sowie meist junge Täter aus dem Drogenmilieu (Beschaffungskriminalität), die die meisten dieser Einbrüche begehen. Eine besorgniserregende Entwicklung, wie ich finde, zumal Geschäftseinbrüche fast ähnlich zugelegt haben.

Kriminelle Karrieren

Kriminelle Karrieren entwickeln sich meist langsam, aber stetig: Mai 2001, die Frühlingssonne strahlt, auf der Sonnenallee staut sich bereits vormittags der Verkehr. Wir befinden uns auf Streifenfahrt und können staunend den Grund für diese Verkehrsbehinderung betrachten. Drei Motorroller mit jeweils zwei Jugendlichen besetzt, fahren nebeneinander, die gesamte Breite der Fahrbahn einnehmend, mit 30 Stundenkilometern durch diese stark frequentierte Hauptstraße Neuköllns. Sie grölen herum, fahren Zick-Zack und schreien lautstark Autofahrer an, die versuchen zu überholen. Wir machen diesem Spuk ein Ende und überprüfen die sechs Burschen. Zunächst müssen wir uns anmaßende und pöbelnde Bemerkungen anhören. Nachdem feststeht, dass es sich um Jugendliche handelt, die im sogenannten Herzbergkietz für reichlich Unruhe unter den dortigen Bewohnern sorgen, werden sie genauer überprüft.

Erstaunt stelle ich fest, dass diese große Töne spuckenden und rotzfrechen Knaben eigentlich in der Schule sitzen müssten. Während ich einen größeren Einsatzwagen anfordere, um sie zu ihren jeweiligen Schulen bringen zu lassen, ziehen diese lässig und lachend Schriftstücke hervor, aus denen hervorgeht, dass sie vom Unterricht befreit seien. Durch telefonische Nachfragen in den Schulen wird dies bestätigt. Die Gründe hierfür: Ständiges Stören des Unterrichts, Zerstörung wichtiger Arbeitsmittel und vieles mehr.

Etwas hilflos und durchaus frustriert beenden wir diese Kontrolle. Wieder im Streifenwagen sitzend, bin ich mir mit meinem Beifahrer Schulle einig: Die Jungs sehen wir in den nächsten Jahren wieder. Wie recht wir damit haben sollten, stellte sich schon im folgenden Halbjahr heraus. Zunächst beauftrage ich ein Team meiner Fahndungseinheit, sich intensiver mit diesen Jugendlichen zu beschäftigen. Das bedeutet, diese öfter in ihrem Kiez zu überprüfen und auch zu beobachten, um ihre Aktivitäten besser zu überblicken. Tatsächlich gelang es uns, die erwähnten sechs und weitere zwölf Mittäter insgesamt 29 Mal festzunehmen. Dabei wurden 23 besonders schwere Diebstähle von Motorrollern, vier Bandendiebstähle, zwei Straftaten mit Raub bzw. räuberischer Erpressung sowie etliche andere Straftaten aufgeklärt. Aufgrund ihres Alters hatten diese Kleinkriminellen dennoch nicht viel zu befürchten. Sie sollten uns jedoch bald in noch ganz anderer Weise beschäftigen.

Zunächst aber begann das Jahr mit einer Geschäftseinbruchswelle. Die Vorgehensweise bei diesen Einbruchsdiebstählen war zwar nicht neu, dafür jedoch die Intensität. Alle zwei bis drei Tage ein Geschäftseinbruch, das erschreckte mich dann doch. Was war geschehen?

Boutiquen, Handyläden und Kioskbesitzer wurden um ihre Waren erleichtert, indem eiserne Gullydeckel in die Schaufenster geschleudert wurden. Anschließend wurden die Verkaufsräume in Sekundenschnelle geplündert. Dabei hatten wir zunächst den Verdacht, dass es sich bei den Tätern um bereits hinlänglich bekannte rumänische Diebesbanden handeln könnte, die diese Einbruchsmethode in Berlin eingeführt hatten. Sie waren damit bereits seit Monaten erfolgreich im gesamten Stadtgebiet unterwegs.

Parallel zu dieser südosteuropäischen Bande fiel auf, dass sich Mitglieder einer uns bekannten kriminellen arabischen Großfamilie und deren engste Freunde ausgesprochen modisch kleideten. Dazu zählten die neusten und teuersten Markenturnschuhe genauso wie die bereits obligatorischen Carlo-Colucci-Pullover. Als wir dann obendrein noch durch die Laubestraße in Neukölln fuhren (Wohnsitz jener Großfamilie) und einen geparkten Mietwagen entdeckten, der zuvor bei einem sogenannten Gullydeckeleinbruch von Zeugen gesehen worden war, stand nicht nur für mich fest: unsere »Freunde« waren im Einbruchsbereich aktiv. Zusätzliches Indiz: Der Mietwagen war bis zum Dach mit unzähligen Carlo-Colucci-Kleidungsstücken gefüllt. Die Überraschung war dementsprechend nicht sonderlich groß, als nach einer zweistündigen Beobachtung des Pkw zwei Brüder aus dieser »famosen« Familie den Pkw besteigen wollten. Schnell stand fest, die im Fahrzeug gefundene Kleidung stammte aus zwei Einbrüchen in Boutiquen.

In den folgenden Monaten schafften wir es, diese zwei, gemeinsam mit weiteren Brüdern, die alle zwei bis drei Jahre älter waren als unsere »Herzbergtäter«, nach etlichen Einbruchstaten festzunehmen. Zu entscheidenden Inhaftierungen kam es dennoch nicht, da keine Haftgründe vorlagen – und so ging es munter weiter.

Aufgrund unseres Überwachungsdrucks verlegte die aus mittlerweile zwölf Familienmitgliedern bestehende Bande ihre Aktivitäten ins Umland von Berlin, teils bis nach Kassel. Immer mit schnellen Mietfahrzeugen wie Jaguar, BMW, Daimler Benz unterwegs und häufig unter dem Einfluss des starken Schmerzmittels »Tilidin« stehend, steigerten sie nicht nur die »Schlagzahl« der Einbrüche, sondern wurden zum Vorbild für die Jüngeren. Vielfältige Kontakte untereinander, die passenden Familienstrukturen, Freundschaften und das gemeinsame Computerspielen in etlichen Internetcafés führten zu einem regen Erfahrungsaustausch in Sachen Einbruch und sonstigen kriminellen Tätigkeiten zwischen unserer »Herzberg-Gang« und jenen Kriminellen aus der Laubestraße.

So kam es, wie es kommen musste. Anfang 2003 waren auch die Jüngeren so weit. Sie kopierten ihre »großen Vorbilder«, ja, sie arbeiteten mit ihnen zusammen oder machten sich untereinander Konkurrenz. Es hatte nur knapp zwei Jahre gedauert und aus unseren rotzfrechen Kraddieben waren handfeste Intensivtäter im Einbruchsbereich geworden.

Im gesamten Jahr 2003 waren wir fortwährend mit diesen beiden Tätergruppen befasst, wobei ihre Taten immer dreister wurden. Es traf nicht nur Berliner Geschäfte, zunehmend wurden auch die Geschäftsinhaber in Brandenburg ihre Opfer. Dabei spielte sich auch folgendes Szenario ab: Vier unserer jungen Kriminellen fahren mit einem Mietwagen der Marke »Jaguar« und einem eigens dafür gestohlenen BMW nach Cottbus. Zur weiteren Verschleierung werden zuvor gestohlene Autokennzeichen angebracht. Schnell ist ein Geschäft gefunden, das hauptsächlich Handys im Angebot hat. Mit ihrer bekannten Methode werfen sie einen mitgebrachten Gullydeckel ins Schaufenster und gelangen so ins Innere des Ladens. Binnen Sekunden werden 60 Handys in ein Bettlaken gepackt und zwei Minuten später ist man auf dem Weg zurück nach Berlin. Anwohner alarmieren örtliche Polizeikräfte, die die Verfolgung aufnehmen. Relativ schnell steht fest, dass die Straftäter zwei verschiedene Wege nach Berlin nutzen. Der Brandenburger Polizei gelingt es zwar noch, auf einem dieser Rückzugswege eine Straßensperre zu errichten, diese wird aber mit großer Rücksichtslosigkeit am Ortseingang von Berlin durchbrochen. Dabei wird der gestohlene BMW so schwer beschädigt, dass er liegen bleibt. Den drei Insassen gelingt in der Dunkelheit die Flucht, und dass, obwohl zwei dieser Gangster leichte Verletzungen beim Durchbrechen der Straßensperre erlitten haben. Wie wir später feststellen, rennen und trampen sie die 14 Kilometer in ihren Kiez zurück.

Von den Brandenburger Kollegen über Fernschreiben informiert, ist mir klar, dass es sich bei dieser Einbruchstechnik nur um die uns sattsam bekannten Täter handeln kann. Gut versteckt nehmen vier Streifen der FAO die Wohnanschriften rund um den Herzbergplatz unter Beobachtung. Wie vermutet, fährt in den frühen Morgenstunden der Jaguar vor. Im Fahrzeug sitzen alle sechs Täter, auch die drei zu Fuß geflüchteten. Über eigene Handys hatten sie sich verständigt und wieder zusammengefunden.

Ihre Verwunderung über unser unerwartetes Erscheinen löst Wut und erheblichen Widerstand gegen ihre Festnahme aus. Nichts anderes erwartend und dementsprechend vorbereitet, machen wir diesem Spuk ein schnelles Ende. Die sechs werden festgenommen und die im Fahrzeug gefunden Handys sichergestellt.

Später sollte sich zeigen, dass sämtliche Täter unter dem Einfluss des Medikaments »Tilidin« standen. Auf der Fahrt zur Gefangenensammelstelle definierten sie sich selbst so: »Moneten ohne Ende! Luxuslimousinen! Scharfe Frauen! Schicke Hotels! Viagra! Keinesfalls arbeiten wie die Doofen! So sieht unser Leben aus!« Genau in dieser Art lebten sie auch. Ich stellte immer wieder fest, dass sie das Geld, das sie durch den Verkauf des Diebesgutes erhielten, binnen kürzester Zeit auf die beschriebene Weise durchbrachten.

»Aufgeben gilt nicht«, so lautete eines unserer Mottos, und so erhöhten wir unseren Fahndungsdruck. Gemeinsam mit den Kollegen aus den Fachkommissariaten werteten wir nun zusätzlich Handydaten aus, natürlich mit richterlicher Genehmigung. Ferner setzten wir zivile Fußstreifen ein, die besonders den Kiez rund um den Herzbergplatz im Blick haben sollten. Nur wenige Tage später bemerkte unserer aufmerksamer Mitstreiter Reetzi während einer solchen Fußstreife einen blauen Audi TT, der mit hoher Geschwindigkeit durch den Herzbergkiez raste. Hinter dem Lenkrad saß einer der sechs Täter, der an dem Einbruch in Cottbus beteiligt war. Dass er keinen Führerschein besaß und auch nicht der Halter dieser Limousine sein konnte, war Reetzi augenblicklich klar.

Am nächsten Tag erfahren wir von einem Kollegen des Landeskriminalamts, dass der Audi TT mit den Originalschlüsseln aus einem Autohaus in Spandau entwendet worden ist. Abermals werden alle Mitarbeiter sensibilisiert und am Abend des gleichen Tages entdecken die Kollegen Laui und Lobe den Audi, geparkt unweit des Herzbergplatzes.

Aber wie so oft geschieht Ungeplantes. Denn während Laui und Lobe sofort weitere Kräfte anfordern, um dieses Fahrzeug zu beobachten und ihre Kollegen sogleich nach ihrem Eintreffen in die Situation einweisen, kommt plötzlich der Kraftfahrzeugdieb aus einem Wohnhaus herausgelaufen. Bevor er ergriffen werden kann, springt er in den Audi, startet und rast los. Reetzi und ich befinden uns in einem Zivilfahrzeug in unmittelbarer Nähe und versuchen gemeinsam mit einer zweiten Streife, die Fahrbahn zu blockieren. Ungebremst fährt der Audi auf uns zu und rammt uns in Höhe der vorderen linken Stoßstangenseite. Wir werden wie von einer gewaltigen Hand gepackt und beiseitegeschoben, und der Audi rast an uns vorbei auf den Gehsteig.

In diesem Moment kommt Lobe hinter einem geparkten Pkw hervor, von wo er zuvor den Audi beobachtet hat. Mit einem gewaltigen Satz springt er nun auf einen Metallzaun, der das dortige Kitagelände umzäunt, und entgeht so, aber nur äußerst knapp, dem auf dem Bürgersteig entlangrasenden Audi. Lobe berührt noch mit seinen Füßen das Fahrzeugdach, die Fußabdrücke können später gesichert werden. Der »durchgeknallte« Fahrer des Audis zögert keine Sekunde, unser Fahrzeug zu rammen und auf Lobe zuzufahren, auch auf die Gefahr hin, ihn dabei zu töten. So gelingt es ihm mit einer erschreckenden kriminellen Energie, zu flüchten. Der Audi TT wird vier Stunden später im Polizeiabschnittsbereich 64 mit etlichen Unfallschäden aufgefunden. Bis auf einen gewaltigen Schrecken, bleichen Gesichtern und einem leichten Schock ist weder Reetzi noch mir noch vor allem Lobe etwas passiert.

Strafrechtlich wird das Drauflosfahren auf Lobe als versuchter Mord gewertet, und so arbeiten wir gemeinsam mit Kollegen der verschiedensten Dienststellen zusammen, um diesen gemeingefährlichen Gangster aus dem Verkehr zu ziehen. Mit richterlicher Genehmigung überwachen wir zusätzlich seine Telekommunikation. 36 Stunden später können wir ihn aufspüren, als er gerade großspurig seinen Brüdern erzählt, wie er den »Bullen« entkommen sei, und sich köstlich darüber amüsiert. Als er sich dann mit diesem in einer Sackgasse trifft, wird er festgenommen.

Nicht nur der Kraftfahrzeugdiebstahl und der Mordversuch an Lobe können so aufgeklärt werden. Auch ein geplanter Raubüberfall auf ein Juweliergeschäft kann aufgrund der vorgefundenen Beweismittel in seinen Hosentaschen verhindert werden. Der erste dieser Bande von Intensivtätern erhält endlich einen Haftbefehl.

Nachdem es Anfang 2004 nochmals zu einer Steigerung von »Gullydeckeltaten« kam, konnten wir unmittelbar nach einem Einbruch in einem Elektrogroßmarkt zwölf Täter festnehmen. Sie alle erhielten einen Haftbefehl. Dabei ist anzumerken, dass sich die beiden erwähnten Tätergruppen inzwischen vollständig vermischt hatten und hervorragend miteinander kooperierten. So wurden unsere ehemals jugendlichen Rowdys innerhalb von knapp drei Jahren zu gefährlichen Kriminellen. Was für Karrieren!

Tilidin

Laui, Manu, Eric und Lobe befinden sich auf Streife im Rollberg-
viertel in Neukölln, als sie zwei 17-Jährige bemerken, die ihnen hinlänglich als Straftäter bekannt sind. Diese treffen sich in der Kienit-
zer Straße mit drei weiteren Jungs und alle fünf laufen eifrig
miteinander diskutierend in Richtung U-Bahnhof Karl-Marx-
Straße. Aufgrund ihrer einschlägigen Erfahrungen mit diesen jungen
Gesetzesbrechern stellen meine Kollegen ihr Fahrzeug ab und verfolgen die Jungen zu Fuß. Was sich in den folgenden Stunden abspielen
sollte, raubte auch meinen sehr erfahrenen Kollegen den Atem.

Sie können ein bemerkenswert ungehemmtes, »schmerzfreies«
Vorgehen bei unzähligen Diebstahlsversuchen aus Büro- und Ge-
schäftsräumen sowie aus Arztpraxen beobachten. Dabei führt sie ihr
Weg über mehrere Stunden durch die Bezirke Neukölln, Lankwitz,
Steglitz und in die Umgebung Berlins nach Brandenburg, über
Großbeeren Richtung Blankenfelde.

Auffällig ist, wie frech und unverschämt diese Fünf versuchen,
akzeptable Beute zu machen:
* gezieltes Suchen nach geeigneten Bürohäusern,
* Betreten von unzähligen Büros, teils auf dem gleichen Flur gelegen,
* checken, ob die Büros unbesetzt sind,
* nach brauchbarem Diebesgut suchen,
* nächstes Büro ansteuern, usw.

Werden sie von Angestellten entdeckt, kommen diverse Legenden
zum Einsatz:
* Ich suche eine Lehrstelle
* Ich brauche einen Vorstellungstermin

- Wo ist die Toilette?
- Ich soll hier was abgeben

Gleichzeitig fahren Schulle und ich parallel zur Laufstrecke in einem Zivilwagen mit, um bei Bedarf schnell zu helfen.

In Ludwigsfelde kommt es zur Festnahme der Fünf, nachdem sie dabei beobachtet wurden, wie sie mit einer gestohlenen EC-Karte und der dazugehörigen Pin-Nummer 1500 Euro an einem Bankautomaten abholten. Ein ähnlicher »Arbeitstag« ließ sich bereits eine Woche zuvor im Bereich Adlershof und Umgebung festhalten. Die Jungs selbst gaben später zu Protokoll, dass sie bereits seit zwei Monaten *täglich* mit dem Ziel des Stehlens unterwegs waren.

Wir stellten uns daraufhin immer wieder die gleiche Frage: »Wie können diese noch so jungen Straftäter schon derart abgestumpft und dreist agieren?« Des Rätsels Lösung ließ nicht lange auf sich warten. Es hieß »Tilidin«.

Allein bei dieser Bande von bis zu zehn Straftätern wurden von uns große Mengen dieses Schmerzmedikaments sichergestellt. Ebenso über 466 gestohlene, teilweise gefälschte Rezepte, die dazu bestimmt waren, sich das Medikament Tilidin zu besorgen. Nach weiteren Ermittlungen stellte dies übrigens nur die Spitze des Eisberges dar.

Dieses Phänomen war bereits vor mehreren Wochen von uns erkannt und diskutiert worden. Erschreckenderweise wurden immer mehr Jugendliche und Heranwachsende – fast ausschließlich solche mit islamischen Migrationshintergrund – mit dem Schmerzmittel Tilidin angetroffen. Warum gerade junge Migranten Tilidin als das Betäubungsmittel ihrer Wahl bezeichnen, erklärten sie selbst damit, dass es ihnen als Muslimen verboten sei, Drogen zu nehmen. Tilidin hingegen sei ja ein Medikament, so ihre Ausrede, und dementsprechend mit ihrer Religion vereinbar.

Dieses flüssige und verschreibungspflichtige Medikament wird in kleinen bräunlichen Flaschen, meist ohne Etikett, bei sich getragen.

Fragten wir nach, so hieß es ausweichend, dass es sich um Magentropfen oder Ähnliches handeln würde. Tilidin ist eine Kombination aus einem stark wirksamen Schmerzmittel aus der Gruppe der Opioide und einem sogenannten Opioid-Antagonisten. Das eigentliche Anwendungsgebiet dieses laut Angaben seiner Nutzer sehr schnell abhängig machenden Medikaments ist die Bekämpfung starker bis sehr starker Schmerzen. Normalerweise reicht die Einnahme nur weniger Tropfen, um Schmerzen jeglicher Art zu minimieren. Unsere Beobachtungen ergaben, dass die Jugendlichen Mengen von 50 Millilitern und mehr pro Tag einnahmen. Dabei zeigte sich, dass das Arzneimittel, das sich dämpfend auf das Zentralnervensystem auswirkt, zu einer überaus gleichgültigen Stimmungslage beitrug. Dies führte offensichtlich zu dem von uns beobachteten völlig »schmerzfreien« Verhalten der Täter bei Straftaten.

Nicht nur bei eben geschilderten Diebstählen, sondern auch bei den äußerst hemmungslos begangenen Einbrüchen mit anschließenden Verfolgungsfahrten der Täter mussten wir feststellen, dass diese, wenn sie unter dem Einfluss von Tilidin standen, praktisch keinerlei Hemmungen zeigten, sich selbst, andere Verkehrsteilnehmer oder auch die sie verfolgenden Kollegen schwerstens zu verletzen. Eine rote Ampel stellte ebenso wenig ein Hindernis dar wie eine stark befahrene Hauptverkehrsstraße, die auch im stärksten Berufsverkehr mit über 100 Stundenkilometern überquert wurde.

Eigene Aussagen der Täter belegten, dass Tilidin bereits seit Jahren total »in« war und als die Modedroge in Neukölln und Kreuzberg bezeichnet wurde. Das klang dann so: »Seit drei Monaten nehme ich täglich circa 50 Tropfen Tilidin. Ich war dann fit und hatte den Mut, Dinge zu tun, die ich sonst nicht machen würde. Es ist von uns immer vor dem Klauen genommen worden. Wenn ich kein Tilidin einnehme, bekomme ich Schweißausbrüche, ich zittere stark, mir wird schlecht, ich muss mich übergeben.«

Ärzte und die einschlägige Fachliteratur beschreiben sehr eindeutig, dass die unkontrollierte Einnahme Tilidins Auswirkungen hat, die gerade in der polizeilichen Praxis von Bedeutung sind. Der Missbrauch Tilidins

- reduziert die geistige Aktivität,
- beseitigt Konflikt- und Angstgefühle,
- erhöht vielfach die Stimmungslage, führt aber auch zu Aggression und Gereiztheit,
- kann das Reaktionsvermögen so weit verändern, dass die Fähigkeit zur aktiven Teilnahme am Straßenverkehr oder zum Bedienen von Maschinen beeinträchtigt wird.
- Dies alles gilt in verstärktem Maße in der Kombination mit Alkohol.

Wird Tilidin regelmäßig eingenommen, führt dies in die Abhängigkeit und die Dosen müssen gesteigert werden, wenn eine Wirkung erzielt werden soll.

Abschließend sei bemerkt, dass Tilidin vom benannten Personenkreis bei einschlägig bekannten Apotheken rezeptfrei oder mit gefälschten, verfälschten und teilweise gestohlenen Rezepten erworben werden kann. 100 Milliliter kosten circa 56 Euro; ein sehr lukratives Geschäft, nicht zuletzt für einige wenige unkorrekte Apotheker.

Der Missbrauch dieses Arzneimittels wurde von uns bereits im Jahre 2002 festgestellt. Da seine Gefährlichkeit klar auf der Hand lag, verständigte ich sofort die zuständige Dienststelle für Betäubungsmittelmissbrauch in unserer Behörde. Erstaunlicherweise hörte ich von dort, dass dies kein bekanntes Problem sei, und ich solle bittschön »den Ball flach halten!« Diese Auskunft befriedigte mich keinesfalls und mit ausdrücklicher Duldung meines Direktionsleiters, dem mittlerweile Leitenden Polizeidirektor Karau, schrieb ich zunächst einen Fachbeitrag für die polizeiinterne Zeitung »Kompass!«. Dann fertigten wir einen Flyer an, der die wesentlichen Erkenntnisse zusammenfasste. Damit wurden einige überregionale Schulkonferenzen besucht und die Rektoren fast sämtlicher Schulen in unserer

Direktion für das Tilidin-Problem sensibilisiert. Sie konnten nun zumindest frühzeitig erkennen, warum sich einige ihrer Schüler total aggressiv und schmerzlos verhielten.

Was mich aber in meiner gesamten Dienstzeit begleitete und ärgerte, war die Erkenntnis, dass wir Polizisten zwar häufig Missstände erkannten und diese auch schnellstmöglich nach »oben« weitermeldeten. Doch eine entsprechende Reaktion darauf erfolgte fast nie. Es brauchte in diesem konkreten Fall zehn Jahre des Tilidinmissbrauchs, bis die Gefährlichkeit Tilidins plötzlich zum Thema wurde. Nun war die Aufregung groß, unsere Behörde gab Warnmeldungen heraus und sämtliche Zeitungen überschlugen sich mit immer neuen Erkenntnissen über die Gefährlichkeit dieses Medikaments. Am 26. Juli 2012 wurde Tilidin dem BtMG (Betäubungsmittelgesetz) unterstellt. Endlich!

Kriminelle arabische Großfamilien

»Kalle, du schreibst doch hoffentlich auch etwas über unsere Erlebnisse mit den kriminellen arabischen Großfamilien?«, fragte mich Schulle eines Nachmittags, nachdem er erfahren hatte, dass ich an einem Buch schreibe.

»Selbstverständlich«, lautete meine Antwort. »Ich weiß schließlich sehr genau, wie häufig uns gerade diese Kriminellen mit ihrer anmaßenden und gewalttätigen Art das Leben schwer machten.«

»Und vergiss bloß nicht die Gerichtsverhandlungen, von denen träume ich heute noch!«, redete sich Schulle erkennbar in Rage.

Schulle hatte mich mehr als 30 Jahre durch dick und dünn meiner polizeilichen Laufbahn begleitet. Ein Mensch mit besonderen Eigenschaften. Ausgesprochen loyal, hilfsbereit und immer dann zur Stelle, wenn man ihn braucht. Wie viele Festnahmen wir gemeinsam durchgeführt haben, weiß ich heute nicht mehr. Ich weiß aber, dass es sehr, sehr viele waren, und dass es dabei häufig ausgesprochen heiß herging.

Diebstahl »Lieferfahrzeug«

Wir waren gerade zu viert unterwegs. Die Rushhour hatte soeben eingesetzt und die Karl-Marx-Straße war dementsprechend dicht. Blechern klang die Stimme des Kollegen der Funkbetriebszentrale aus unserem Funkgerät: »Soeben wurde ein Kfz der Firma German Parcel (Paketzustelldienst) in der Hermannstraße gestohlen, die Fluchtrichtung ist derzeit nicht bekannt.«

Eric, eben erst aus dem von Terroristen und Krieg gezeichneten Afghanistan zurückgekehrt, wo er als Ausbilder für Polizisten eingesetzt worden war, fuhr ohne zu zögern eilig über einen Teil des Bürgersteigs, um so auf den Mittelweg zu kommen, der direkt zur Hermannstraße führt.

»Vielleicht fährt der ja in unsere Richtung«, erklärte er ruhig und schaute mich dabei hoffnungsvoll an. Rasant nahm er die Kurve zur Falkstraße. »Dort!«, verblüfft schrie ich es heraus: »Dort steht das German-Parcel-Fahrzeug.«

In der Tat, unmittelbar hinter der Kurve, gut 30 Meter in der Falkstraße, stand das Fahrzeug mit offener Hecktür am Fahrbahnrand. Während wir mit quietschenden Reifen einbogen, sah ich, wie ein großer, athletischer Mann Kartons aus dem Laderaum entnahm und in einen VW-Bus einladen wollte, der in zweiter Spur neben dem Lieferwagen stand. Da er sich dabei sichernd nach allen Seiten umsah, bemerkte er uns sofort. Augenblicklich ließ er die Kartons fallen und rannte los. Gleichzeitig wurde der VW-Bus gestartet, in dem, gut sichtbar, sein Komplize gewartet hatte.

Eric bremste ruckartig ab, wir kamen zum Stehen, meine drei Kollegen sprangen aus unserem Fahrzeug und nahmen die Verfolgung des Flüchtenden auf. Ich wiederum schwang mich hinters Lenkrad und fuhr dem VW-Bus hinterher. Als ich ihn einholte, rollte er gerade mit offen stehender Fahrertür an den Fahrbahnrand. Vom Fahrer keine Spur mehr. In dem dortigen Gewirr aus Grünanlagen und Häuserzeilen war eine Suche für mich allein sinnlos, also nahm ich den noch im Zündschloss befindlichen Schlüssel an mich, zog die Handbremse an, schloss ab und fuhr zurück in Richtung des German-Parcel-Lieferwagens.

Mittlerweile war ich mir auch sicher, dass ich denjenigen erkannt hatte, der die Kartons aus dem Lieferwagen ausgeladen hatte. Es handelte sich um den mir ausgesprochen gut bekannten Abbas R. Ein führendes Mitglied der kriminellen arabischen Großfamilie R., der in ganz Berlin unterwegs war, um mit weiteren Familienmitgliedern Geschäftseinbrüche, Bandendiebstähle und etliche andere Straftaten zu begehen. Bereits siebenmal war es meinen Leuten und mir gelungen, ihn auf frischer Tat festzunehmen.

Meine Gedanken kreisten aber zunächst erst einmal um die Frage, wohin meine Kollegen den flüchtigen Abbas R. verfolgt hatten.

Beim Wechsel auf den Fahrersitz unseres Zivilfahrzeuges hatte ich aus dem Augenwinkel heraus beobachten können, wie der Flüchtende einen Zaun zur dort befindlichen Kita übersprungen hatte. Jetzt konnte ich jedoch weder meine Kollegen noch Abbas R. entdecken. Nachdem ich das Lieferfahrzeug den inzwischen von mir alarmierten uniformierten Kollegen zur Sicherung übergeben hatte, machte ich mich auf die Suche.

Meine Fahrt einmal um den ganzen Block führte mich zurück zum Mittelweg, und da sah ich ihn. Auf dem Bürgersteig vor einem Autohandelsplatz lag Abbas auf dem Boden. Eric und Alex hielten ihn eisern an beiden Armen fest. Eric kniete zusätzlich auf seinen Beinen, da Abbas immer wieder versuchte, sich durch wildes Treten zu befreien. Gemeinsam gelang es uns, Abbas R. Handschellen anzulegen und ihn zu einem Funkwagen zu bringen.

Wie aber hatte er das Fahrzeug überhaupt stehlen können? Aufklärung erhielten wir kurz darauf vom Lieferwagenfahrer des German-Parcel-Fahrzeuges. Kleinlaut erklärte er, dass er seinen Lieferwagen nur ganz kurz für die Lieferung eines kleinen Päckchens an ein Blumengeschäft verlassen hatte. Dabei ließ er die Fahrertür offen und der Motor lief weiter. »Es waren doch nur wenige Schritte ins Geschäft«, lautete seine Entschuldigung.

Abbas R., der sich wie immer überhaupt nicht zum Tatvorwurf äußerte, wurde kurz darauf »mangels Haftgrund« wieder auf freien Fuß gesetzt. Über das Gerichtsverfahren werde ich später noch ausführlich berichten.

Eine Frage bleibt jedoch bis zum heutigen Tage ungeklärt: Wie konnte der bis dato unbekannte Mittäter von Abbas nur Minuten nach dem Diebstahl des Lieferwagen bereits in der Falkstraße sein, um die Kartons in seinen VW-Bus zu laden?

Ansonsten machte ich mir über die Mitglieder der fünf kriminellen arabischen Großfamilien in unserem Neuköllner Bereich schon lange keine Illusionen mehr. Während der letzten 30 Jahre meiner

Polizeiarbeit wurde ich immer wieder mit den kriminellen Taten einzelner Clanmitglieder konfrontiert, teilweise kamen sie bereits aus der dritten Generation. Sie waren in vielen »lukrativen Geschäftszweigen« tätig, wie im Rauschgift- und Medikamentenhandel, in der Prostitution, in der Türsteherszene, im Raub- und Einbruchsbereich. Auch kleinere Ad-hoc-Geschäfte, wie der bereits beschriebene Diebstahl des German-Parcel-Fahrzeuges, verschmähten sie nicht.

Abbas R. war mit drei Brüdern und mindestens fünf weiteren von ihm rekrutierten Männern, meist mit türkischem oder bulgarischem Migrationshintergrund, unablässig mit Einbrüchen beschäftigt. Dabei waren sie in der Auswahl ihrer Objekte nicht wählerisch. Da wurden in den langen, dunklen Nächten ganze Bekleidungsgeschäfte ausgeräumt. »Ausgeräumt« im wahrsten Sinne des Wortes! Allein drei Geschäfte mit Hochzeitsbekleidung waren von einer Nacht auf die andere vollkommen leer geräumt worden und die Ladeninhaber waren aufgrund fehlender Versicherungen anschließend pleite.

Ein kleiner Teil der »Sore« (Diebesgut).

So ging es aber auch den Besitzern von Möbelgeschäften, Bauhäusern, Teppichläden, Elektromärkten und vielen anderen. Ganze Lkw-Ladungen wechselten die Besitzer.

Das ein oder andere Mal konnten wir die Täter zwar unmittelbar nach der Tat festnehmen, aber da alle einen festen Wohnsitz nachweisen konnten, bestand ihre Inhaftierung meist nur wenige Stunden. Erschwerend für uns kam hinzu, dass sie sich immer gegen ihre Festnahme wehrten, rotzfrech agierten und binnen kürzester Zeit von ihren unzähligen Familienmitgliedern Unterstützung erhielten. Da kam es schon mal vor, dass während einer Festnahme schlagartig 20 bis 30 Verwandte auftauchten, die dann massiv versuchten, die gerade Festgenommenen zu befreien. Meistens telefonisch alarmiert von Schmierestehern oder anderen sich gerade in der Nähe aufhaltenden Verwandten oder Bekannten.

Aufgrund dieser Vorkommnisse und der ständig steigenden Zahl von Einbrüchen wurde im Landeskriminalamt eine eigene Ermittlungsgruppe gegründet, die sich nur mit dieser Familie R. beschäftigen sollte. Wir erhielten den Auftrag, die operativen Maßnahmen durchzuführen.

Über zwei Jahre arbeiteten wir eng zusammen. Dabei durchsuchten wir dreimal sämtliche Wohnungen dieser Familie, wobei immer hochwertiges Diebesgut sichergestellt werden konnte. Sieben Fahrzeuge, die bei Einbrüchen benutzt wurden und bis zum Rand mit Sore beladen waren, konnten zusätzlich beschlagnahmt werden. Auch gelang es uns, diese Tätergruppe viermal direkt bei der Tatausübung festzunehmen.

Sogar auf dem Weg vom Dienst nach Hause sah ich einen dieser Intensivtäter, als er offensichtlich Schmiere vor einem Supermarkt in der Gradestraße stand. Nachdem ich gewendet und gut getarnt eingeparkt hatte, konnte ich das dreiste Vorgehen eines versuchten Bandendiebstahls beobachten: Während der von mir bemerkte »Aufpasser« vor dem Geschäft auf und ab ging und dabei aufmerksam die Umgebung beobachtete, konnte ich drei weitere Diebe durch die Schaufenster im Geschäft sehen. Sie hatten einen Einkaufswagen mannshoch mit Elektroartikeln gefüllt und waren gerade dabei, diesen durch einen nicht genutzten Kassenbereich zu schieben. Einer von den dreien war zur Kassiererin gelaufen und diskutierte mit ihr, dabei heftig gestikulierend. Gleichzeitig verdeckte er mit seinem Körper geschickt das Vorgehen der anderen beiden. Der Zweite löste den Knopf der Ausgangsschranke und der Dritte schob den Einkaufswagen durch den nun freien Gang in Richtung Ausgangstür. Sie befanden sich mit dem Wagen tatsächlich schon im Freien, als der Filialleiter und ein weiterer Verkäufer auftauchten. Sie hatten den Beutezug bemerkt und sprachen die drei an, die bereits auf dem Weg zum Aufpasser waren, der sie an einem Ford Kombi erwartete. Dreist schob ihnen einer der Täter den Einkaufswagen mit voller Wucht entgegen, während die beiden anderen drohend auf sie zugingen. Als sie merkten, dass sich der Filialeiter und sein Verkäufer zurückzogen, ließen sie den Einkaufswagen, von dem in der Zwischenzeit etliche Kartons auf den Boden gefallen waren, stehen und liefen zu ihrem Ford. Dann starteten sie ihn und fuhren los.

Ich befand mich immer noch in meinem Fahrzeug und fuhr rasch hinterher. Natürlich hatte ich weitere Polizeikräfte alarmiert, aber die waren noch nicht eingetroffen. Wer nun glauben sollte, dass diese dreisten Diebe aufgrund ihres misslungenen Versuches weitere Diebstahlversuche eingestellt hätten, der ist einfach nur naiv. Nur drei Straßenzüge weiter, etwa vier Kilometer vom ersten Tatort entfernt, erfolgte der zweite Versuch. Genauso unverschämt ausgeführt wie zuvor, aber diesmal erfolgreich. Auch hier waren meine Leute nicht rechtzeitig zur Stelle. Erst beim dritten Supermarkt, wo sie es ebenfalls schafften, einen gefüllten Einkaufswagen aus dem Lieferantenausgang herauszuschieben, konnten sie von uns festgenommen werden. Es sollten aber nochmals rund zwei Jahre vergehen, bis es uns endlich gelungen war, Haftbefehle gegen diese Tätergruppe, die aus sieben Haupttätern bestand, zu erwirken. Unsere Freude war groß, denn in unserer Einbruchsstatistik machte sich dieser Umstand deutlich bemerkbar. Alle warteten gespannt auf den Strafprozess, der allerdings nicht so verlief, wie von uns erwartet.

Der Strafprozess

Zunächst einmal möchte ich betonen, dass dieser Prozess nicht den normalen bzw. von mir gewohnten Gerichtsverfahren entsprach, an denen ich sonst als Zeuge teilnahm. Wie sich am Ende herausstellte, war der Vorsitzende Richter offensichtlich überfordert. Aber der Reihe nach:

Verhandelt wurde gegen vier Brüder jener bereits beschriebenen kriminellen arabischen Großfamilie und drei ihrer Mittäter, die allesamt türkischer Herkunft waren.

Meine Kollegen und ich standen also in diesem Verfahren sieben Angeklagten und 14 Verteidigern gegenüber. Jeder Angeklagte war dementsprechend mit zwei Verteidigern erschienen. Da mir einige dieser Top-Anwälte bereits aus anderen Gerichtsterminen bekannt waren, staunte ich zunächst nicht schlecht, wer mir da so alles gegenübersaß. Ich wusste, dass diese Anwälte ausgesprochen hohe Tagespauschalen hatten und weitere immense Summen für ihre Verteidigungstätigkeiten verlangten. Was mich aber vollends verblüffte, war die Tatsache, dass sich diese Kriminellen überhaupt solch eine Vielzahl von Top-Anwälten leisten konnten. Rechtschaffend gearbeitet hatte von diesen sieben nicht ein einziger, was übrigens auf alle Mitglieder ihrer Familien zutraf. Die meisten lebten seit Jahren von Transferleistungen des Staates; mit normaler Arbeit hatten sie nicht einen Tag ihres Lebens »vergeudet«. Das waren, nebenbei bemerkt, keineswegs nur die Ergebnisse unserer umfangreichen Recherchen. Die Angeklagten selbst äußerten sich entsprechend, und das fast immer mit stolzgeschwellter Brust.

Während der ersten Verhandlungstage wurden zunächst acht Kollegen meiner Dienststelle und einige Kollegen des Landeskriminalamtes gehört, die unserer gemeinsamen Ermittlungsgruppe angehörten. Schon die ersten drei schilderten die Situation im Gerichtssaal als bestürzend. Für einige war sie so einschüchternd, dass sie sich krankmeldeten oder Beruhigungstabletten nahmen, bevor sie dort als Zeugen aussagten.

Am achten Verhandlungstag kam ich, als Leiter sämtlicher operativer Maßnahmen, an die Reihe und konnte mir selbst ein Bild von diesem eigenartigen Prozess machen. Die unerträgliche, beklemmende Atmosphäre, die mir zuvor bereits von den Kollegen geschildert worden war, bestätigte sich sofort. Schon beim Betreten des Saals 700 musste ich feststellen, dass sich die Angeklagten mit ihren Angehörigen auf den Besucherbänken lautstark unterhielten, ja sogar umarmten und küssten. Auch wurden Medikamente und Handys ausgetauscht. Es herrschte ein unglaubliches Tohuwabohu, wie ich es noch bei keiner anderen Gerichtsverhandlung erlebt hatte. Nach gut 15 Minuten hatte der Vorsitzende wenigstens so weit Ruhe hergestellt, dass meine Vernehmung beginnen konnte. Zunächst einmal vernahm mich der Richter etwa eineinhalb Stunden. Während meiner Schilderung der Gesamtumstände kam es immer wieder zu Zwischenrufen der Angeklagten, aber auch der Verteidiger. Mal wurde ich als Menschenjäger tituliert, mal als Lügner, mal als Bulle, ohne dass der Vorsitzende dies unterband. Die Verteidiger fielen bei ihren Befragungen wie die Heuschrecken über mich her. Die 14 »Rechtsverdreher«, ein anderes Wort fällt mir für diese Herrn nicht ein, hatten offensichtlich nur eins im Sinn: Sie wollten mich so verunsichern, dass ich entweder als unglaubwürdig dastand oder gegen Dienstvorschriften verstieß, indem ich taktische Maßnahmen verriet, wozu ich eine Aussagegenehmigung meines Dienstherrn gebraucht hätte. Mein Eindruck war, dass sich die Verteidiger nicht mehr der Wahrheit verpflichtet fühlten, wozu sie als Organ der Rechtspflege eigentlich verpflichtet sind, sondern nur die fragwürdigen Interessen ihrer Mandanten vertraten.

Als Höhepunkt dieses Verhandlungstages wurde ich während der Prozesspausen auf Verlangen der Verteidiger isoliert. Das hieß, ich wurde unter der Bewachung eines Justizwachtmeisters von allen anderen Zeugen abgeschirmt und durfte mit keinem sprechen. Ich möchte hier noch einmal daran erinnern, um was es bei diesem Prozess ging: Um sieben Schwerverbrecher, die die halbe Stadt terrorisiert hatten!

Auf die Schilderung des weiteren Gerichtsverlaufs möchte ich hier verzichten. Bemerkt werden muss allerdings noch, dass sich die Angeklagten beim Betreten und Verlassen des Gerichtsaales sichtbar über mich »amüsierten«, unter anderem mit eindeutigen arabischen Ausdrücken und dem sattsam bekannten Zeigen des Mittelfingers. Das bisschen Respekt, das wir uns auf der Straße gerade bei diesen Tätern mühsam erstritten hatten, wurde hier wieder zunichtegemacht.

Die Angeklagten wurden am Ende übrigens nicht, wie von der Staatsanwaltschaft beantragt, zu mehr als zehn Jahre Haft verurteilt. Der Haupttäter erhielt sieben Jahre, alle anderen zwischen vier und zwei Jahre. Nachdem der Prozess beendet war, bat ich den Vorsitzenden Richter um ein Gespräch.

Gemeinsam mit der Staatsanwältin und meinem Vorgesetzten trafen wir uns mit dem Richter. Nachdem er sich recht ausführlich über meine angeblichen Aussagefehler und die meiner Kollegen ausgelassen hatte, schilderte ich ihm die angefertigten Gedächtnisprotokolle meiner Mitarbeiter und ihre Probleme mit der Führung dieses Prozesses. Der Richter gab am Ende zu, mit dem Auftreten dieser Großfamilie, ihrer Verteidiger und auch dem der Angeklagten selbst einfach nicht fertig geworden zu sein.

Ich möchte hier dennoch keine Richterschelte betreiben. Fakt ist nämlich, dass diese hochgradig Kriminellen bereits in den Jahren zuvor hätten gestoppt werden können. Diese hatten oder haben niemals die Absicht, sich in unsere Rechtsordnung einzufügen, unser Wertesystem anzuerkennen. Entsprechende Warnzeichen hierfür gab es genug. Stattdessen wurde aus falsch verstandener Menschenfreundlichkeit und um sich nicht dem Vorwurf der Ausländerfeindlichkeit auszusetzen, ein Verhalten der Schwäche entwickelt, das diese Straftäter rigoros ausnutzten. Und das von praktisch allen staatlichen Institutionen und mit dem Willen der Politik. Konkrete Hinweise auf die beklemmende Kriminalitätsentwicklung dieser Bevölkerungsgruppe durch die Polizeibeamten wurden kleingeredet oder schlichtweg »übersehen«. Leider wurde auch die spezialisierte Ermittlungsgruppe »Ident« beim Landeskriminalamt aus heiterem Himmel eingestellt. Diese Ermittlungsgruppe hatte erfolgreich die tatsächlichen Personalien jener Großfamilienmitglieder ermittelt und dabei nachweisen können, dass es sich bei ihnen keineswegs um Bürgerkriegsflüchtlinge handelte, sondern um sogenannte arabische Mhallamiye-Kurden aus dem Südosten der Türkei. So haben es diese Kriminellen bis heute leicht, ihr auf kriminellen Wegen erlangtes Vermögen nach und nach zu waschen, also in unseren normalen Wirtschaftskreislauf einfließen zu lassen.

Gemeinsam mit meinen beiden Kindern, damals 14 und 18 Jahre alt, fahre ich mit meinem Privatwagen nach Hause. An einer Kreuzung muß ich an einer Ampel halten. Während ich langsam auf die Haltelinie zurolle, erblicke ich auf der linken Spur neben mir einen blauen Daimler-Benz-Kombi, der bis unters Fahrzeugdach mit Videorecordern, Fernsehern und anderen elektronischen Geräten beladen ist. Sogar die hinteren Sitze sind voll davon. Da erkenne ich auf dem Beifahrersitz den Bruder, der bei der oben beschriebenen Gerichtsverhandlung zu zwei Jahren Haft verurteilt worden war und nun offenbar wieder in Freiheit weilte. Während er etliche Gerätschaften auf dem Schoß hält, blickt er nach rechts, erkennt mich und spricht aufgeregt auf den Fahrer ein. Die Ampel schaltet auf Grün, der Mercedes bleibt dennoch stehen. Der Fahrer wartet ab, was ich mache. Mir ist sofort klar, dass diese Ladung nur aus einer Straftat stammen kann, und ich fahre zunächst los, um zu signalisieren, dass ich niemanden erkannt hatte. Vielleicht klappt ja meine etwas hilflose List.

Während ich meinen Sohn bitte, über sein Handy einen Streifenwagen zu alarmieren, beobachte ich gleichzeitig im Rückspiegel den Daimler. Langsam folgt er mir, um dann unmittelbar nach der Kreuzung in eine kleine Seitenstraße nach rechts abzubiegen. Ich wende mein Fahrzeug und fahre zurück. Da biegt der Daimler bereits wieder in die Buschkrugallee ein, beschleunigt bis auf über 100 Stundenkilometer, um dann bis zur Parchimer Allee zu brausen. Dort warten etliche Fahrzeuge bei rotem Ampellicht und blockieren so beide Fahrspuren. Rücksichtslos fährt er über den Bürgersteig und biegt nach rechts ab, um mir zu entkommen.

An dieser Stelle brach ich verständlicherweise die Verfolgungsfahrt ab, denn eine Gefährdung meiner Jungen, anderer Verkehrsteilnehmer oder meiner selbst wollte ich keineswegs riskieren. Hinzu kam, dass mir ein Vorfall einfiel, der nur ein halbes Jahr zuvor zwei Kollegen im Dienst passiert war. Fast identisch mit dem eben geschilderten Fall, hatten diese einen VW-Bus bemerkt, der bis unters Dach mit Kartons aus einem Elektrofachmarkt beladen war. Am Steuer und auf dem Beifahrersitz die gleichen Clanmitglieder.

Als sie diese kontrollieren wollten, hielt das Fahrzeug ruckartig an, der Beifahrer sprang aus dem VW-Bus und stellte sich mit ausgestreckten Armen mitten auf die Fahrbahn. Die Kollegen mussten nun scharf bremsen, um ihn nicht zu überfahren. Dieser wiederum kam langsam aufs Polizeifahrzeug zugelaufen, legte sich mit seinem Oberkörper auf die Motorhaube und blockierte so die Weiterfahrt. Parallel dazu gab der Fahrer des VW-Busses Gas und verschwand.

Impertinent »begrüßte« der Blockierer die aussteigenden Kollegen und ließ später eine Anzeige wegen Nötigung lässig über sich ergehen, die dann übrigens eingestellt wurde.

Fälle wie diese geschehen weitgehend unter Ausschluss der Öffentlichkeit. Diese wird erst dann aufmerksam, wenn es zwischen den Sippen Revierkämpfe um lukrative Geschäfte gibt oder sogenannte Ehrverletzungen geschehen, die dann blutig gerächt werden. Da wird wild um sich geschossen, mit Messern und Macheten aufeinander eingestochen oder mit Latten und Baseballschlägern auf den jeweiligen Kontrahenten eingeprügelt, auch mit dem Risiko, völlig Unbeteiligte zu verletzen oder sogar zu töten. Das ist der Stoff, der dann auch für die Medien interessant ist, der Stoff für die dicken Schlagzeilen.

Während ich diese Zeilen im Dezember 2013 schreibe, berichten die Zeitungen, dass es am Vortag bei einer Hochzeitsfeier zwischen zwei bekannten Großfamilien zu massiven gewalttätigen Auseinandersetzungen gekommen sei. Dabei wurden mehrere Teilnehmer erheblich, unter anderem durch Messerstiche, verletzt. Erst eine ganze Hundertschaft von Polizisten konnte diese schweren Konfrontationen beenden. Erfährt die Polizei rechtzeitig von solchen Feiern, dann ist das Bereitstellen ausreichender Polizeikräfte inzwischen Normalität.

Wirksame Bekämpfungsstrategien sind gegen diese sich total abschottenden und nicht aussagebereiten Clanmitglieder ausgesprochen schwierig zu entwickeln. Aus meiner Sicht hilft nur die Vernetzung sämtlicher Behörden von Polizei, Zoll und Justiz, der Sozial- und Jugendämter, der Ausländerbehörde und auch der Schulen, um kriminelles Tun rechtzeitig zu erkennen und dann *sofort* zu intervenieren.

Maßnahmen, wie sie erfolgreich gegen einige genauso schweigsame Rockerbanden angewendet wurden, wären ebenfalls möglich. Das heißt, ständiges »Auf-die-Füße-Treten« der Kandidaten durch gezielte und immer wiederkehrende Kontrollen. Auch offensives Beobachten ihrer Tätigkeiten, die Klärung ihrer wahren Herkunft, Gewinnabschöpfung von illegal erlangtem Geld, Verweigerung staatlicher Leistungen und letztendlich natürlich das konsequente Verurteilen von Straftaten.

Selbstverständlich, und das darf hier nicht unerwähnt bleiben, lebt der überwiegende Teil der bei uns lebenden arabischen Menschen, die aus den unterschiedlichsten arabischen Ländern kommen, in völliger Übereinstimmung mit unseren rechtsstaatlichen Grundwerten. Umso schneller und wirkungsvoller sollte mit aller gebotenen Schärfe und den Mitteln des Rechtsstaates gegen jene Hochkriminellen vorgegangen werden. Viele meiner arabischen Freunde sehen dies übrigens genauso wie ich. Sie sind darüber ziemlich unglücklich, dass eine kriminelle Minderheit aus ihren Herkunftsländern die öffentliche Meinung so negativ prägt.

»Taschenkrebse«

Mein Sohn William wird fünf Jahre alt und die Vorbereitungen für seine Geburtstagsfeier laufen auf Hochtouren. »Fahr doch schnell noch mal zum Supermarkt und hol zehn Paar Wiener Würstchen. Ich will sichergehen, dass wir die hungrigen Mäuler seiner jungen Freunde nachher auch stopfen können. Nimm William ruhig mit, aber beeilt euch, die Ersten werden gleich eintreffen«, bittet mich meine Frau Angelika, die gerade dabei ist, Schokoglasur über ihren leckeren, selbst gebackenen Gugelhupf zu gießen. Keine Frage, bei solch einem Geburtstag spielt das Wohl der Gäste eine entscheidende Rolle, also rein ins Auto und ab zum Supermarkt.

William, schon ganz aufgeregt bei dem Gedanken an all die Verwandten und Kindergartenfreunde und dementsprechend leicht zappelig, »beschlagnahmt« seinen Kindersitz auf der hinteren Sitzbank meines Autos, und schon fahren wir zum zwei Kilometer entfernten Parkplatz des Einkaufsmarktes. Beim Einparken verkündet William selbstbewusst:»Ich bleibe im Auto und höre die Backstreet Boys«. Diese CD muss ich seit einiger Zeit unermüdlich abspielen, wenn wir beide unterwegs sind.

»Ich beeile mich«, antworte ich und schon laufe ich schnellen Schritts in die Filiale. Ich greife mir einen Einkaufskorb – und da sehe ich sie. Drei Männer, die gerade durch die Glaseingangstür den Laden betreten, verursachen bei mir ein typisches Ziehen im Oberbauch. Wenn das keine Taschendiebe sind, dann bin ich ein schlechter »Zivi«, denke ich, während ich gleichzeitig beobachte, wie zwei durch die sich selbst öffnende Metallschranke den Verkaufsbereich betreten, während der Dritte im Eingangsbereich wartet. Dabei verbreiten alle drei eine Hektik, die offensichtlich anzeigen soll, dass sie in Eile sind.

Während ich überlege, welchen Verkäufer ich auf diese drei Männer aufmerksam machen soll und mich suchend umblicke, tauchen die beiden, die ich kurz vorher in der Getränkeabteilung aus den Augen verloren hatte, schon wieder im Eingangsbereich auf. Deutlich erkenne ich, dass einer der beiden auf einmal eine schwarze Herrengelenkshandtasche trägt.

Eilig laufe ich hinterher und bemerke, dass der Zurückgebliebene durch sein Hineintreten in die Lichtschranke den Schrankenbereich für die beiden öffnet und diese so blitzartig hindurchschlüpfen. Kurz bevor sie die Ausgangstür erreichen, springe ich mit gewagtem Schwung über die Metallschranke.

Mir ist sonnenklar, dass die zwei südamerikanisch aussehenden Männer diese Handgelenkstasche gerade eben entwendet haben, denn beim Betreten des Supermarkts hatte keiner der beiden eine solche Tasche bei sich. Rigoros ergreife ich den Träger der Tasche von hinten und rufe gleichzeitig »Polizei, bleiben sie stehen!«

Es kommt zum Tumult. Während der Festgehaltene versucht, sich loszureißen, schlägt mir der Zweite gegen meinen linken Arm. Der Dritte rennt ohne sich umzudrehen nach draußen auf die Straße. Jetzt versuche ich auch noch den Zweiten zu packen. Ein etwas zu großer Anspruch, denn ich merke sofort, dass dies nicht gelingen kann.

Ich lasse den Zweiten also wieder los, der rennt davon und ich konzentriere mich nun ganz auf den Taschenträger. Der wird jetzt extrem aggressiv. Es gelingt mir, einen wuchtigen Faustschlag gegen meine Nase abzuwehren, wobei dieser schmerzhaft meine rechte Wange streift. Hart versetzte ich ihm meinerseits einen kräftigen Schlag gegen seinen Brustkorb, der mir so viel Zeit verschafft, dass ich ihn in einen Würgegriff nehmen kann. Aufgrund seiner heftigen Gegenwehr gelingt dies jedoch nicht richtig und gemeinsam prallen wir gegen die große Schaufensterscheibe des Marktes. Dabei rutscht er etwas besser in meinen Haltegriff, langsam bekomme ich ihn unter Kontrolle. Lautstark bitte ich Schaulustige darum, die Polizei zu alarmieren und mir zu helfen. Reaktion: gleich null!

Mühselig halte ich den Widerspenstigen fest, da kommt ein großer Kerl auf uns zu und brüllt mich lautstark an: »Lass Mann los, was machst du, das ist Folter!« Aber das Glück ist mir hold! Bevor dieser Kerl etwas unternehmen kann, er glaubt offenbar, dass ich einen Unschuldigen festhalte, erscheint der Bestohlene. Ein, wie sich später herausstellt, 76-jähriger Mann, der mit zittriger, aber lauter Stimme ruft: »Meine Tasche, mir wurde meine Tasche gestohlen.« Jetzt endlich begreifen zumindest einige das Geschehen und rufen die Polizei.

Eine geraume Zeit vergeht, bis endlich meine Kollegen erscheinen und den Taschendieb in Verwahrung nehmen. Freudestrahlend nimmt der alte Mann seine Handgelenkstasche entgegen und bemerkt: »Ich habe die doch bloß ganz kurz in den Einkaufswagen gelegt, und dann war sie schon weg. Vielen Dank, vielen Dank, da waren sämtliche Papiere und meine Rente drin.«

Die Würstchen hatte ich da immer noch nicht, also beeilte ich mich, um sie zu holen. William hatte diesen langen Aufenthalt recht gut überstanden, seine CD war zwar abgespielt, aber er hatte glücklicherweise entdeckt, wie das Autoradio funktioniert. Nur meine Frau reagierte nicht so begeistert. Auch deshalb, weil ich, nachdem ich die Würstchen und William zu Hause abgesetzt hatte, auf den Polizeiabschnitt fahren musste, um mich zu der Taschendieb-Sache schriftlich zu äußern. Als ich dann endlich daheim war, brachen bereits die ersten Gäste wieder nach Hause auf, der Geburtstag war fast vorbei.

Jener »Taschenkrebs«, der das Pech gehabt hatte, mir zu begegnen, wurde übrigens bereits von Interpol mit internationalem Haftbefehl gesucht. Er hatte in Frankreich mit einer ganzen Bande etliche Menschen bestohlen und war gerade mal eine Stunde zuvor über den Flughafen Schönefeld nach Deutschland eingereist, um hier sofort weiter als Taschendieb zu arbeiten.

Als jemand, der selbst beruflich mit Festnahmen zu tun hat, rechnet man nicht unbedingt damit, selbst mal Opfer einer Straftat zu werden. Aber genau das passierte mir: Ich freute mich sehr auf das Zusammentreffen mit Kollegen und Kolleginnen der unterschiedlichsten Dienststellen an einem Abend im September. Das Treffen fand in einer Kantine einer typischen Berliner Kleingartenkolonie statt, also auf Berlinerisch gesagt:»Bei Laubenpiepers im Jarten«.

Nach vierstündigem Geplauder und einigen Witzeleien machte ich mich gemeinsam mit Schulle und Litti auf den Weg zu unseren Autos. Die Fahrzeuge hatten wir in einer ruhigen Seitenstraße abgestellt. Nachdem ich meinen BMW erreicht hatte, zog ich den Autoschlüssel aus der Tasche und wollte ihn gerade ins Schloss stecken, als ich gedankenverloren durch die Seitenscheibe ins Innere blickte und dachte:»Wieso ist denn mein Fahrersitz so weit nach hinten gestellt?« Plötzlich war ich hellwach. Beim zweiten Blick sah ich nämlich, das der Sitz überhaupt nicht mehr da war. Fassungslos probierte ich die Fahrertür aufzuschließen. Der Autoschlüssel passte aber nicht ins Schloss und dabei bemerkte ich, dass die Tür nur angelehnt war. Ich zog sie auf und tatsächlich, ich konnte es kaum glauben, der Fahrersitz war weg.

»Schulle, Litti kommt mal schnell her, mein Fahrersitz wurde geklaut!«, rief ich nach den beiden, die gerade in ihre Autos steigen wollten. Während sie zu mir liefen, kam mir plötzlich der Gedanke, dass mir vielleicht meine Kollegen einen Streich gespielt und den Sitz ausgebaut hatten. Aber das verwarf ich schnell wieder, denn mittlerweile hatte ich gesehen, dass beide Schlösser der vorderen Wagentüren so beschädigt waren, dass sie nicht mehr zu schließen waren und dementsprechend konnte dies kein Gag sein.

Schulle und Litti waren zunächst sprachlos und staunten. Während ich laut fluchte, fiel mir zusätzlich auf, dass die Diebe nicht nur meinen Sitz, sondern auch meine Sonnenbrille und ein paar Wiener Würstchen entwendet hatten. Ratlos stand ich da. Schulle und Litti fingen allerdings an, sich über diese Situation zu amüsieren, während sich mein Ärger noch steigerte. Wie sollte ich den Wagen nach Hause fahren? Kurz entschlossen lief ich zur Kantine zurück und besorgte mir dort einen leeren Getränkekasten. Einige aufmerksam gewordene Kollegen schmunzelten und begleiteten mich zurück zum

Auto. Dort stellte ich den Getränkekasten als Behelfssitz ins Auto und fuhr Richtung Heimat. Beim Einparken klingelte auf einmal mein Handy.

»Willst Du Sitz von BMW oder Wiener Würstchen kaufen, ich machen gutes Angebot?«, äußerte jemand mit ausländischem Akzent. Nach erster Verwunderung erkannte ich dann schnell die unverwechselbare Stimmlage meines »lieben« Kameraden Litti, der sich offensichtlich immer noch lachend den Bauch hielt. Ich konnte mein eigenes Schmunzeln nicht ganz unterdrücken.

Mein Behelfssitz.

Am nächsten Tag fuhr ich, auf dem Getränkekasten sitzend und nicht ganz verkehrssicher, wie ich zugeben muss, zur nahegelegen Werkstatt, um einen neuen Sitz einbauen zu lassen.

Nicht ganz so lustig war die nachfolgende Werkstattrechnung. Das ich nicht der Einzige war, dem solche »Ersatzteilbeschaffung« widerfuhr, konnte ich in den folgenden Monaten im Kriminalitätslagebild nachlesen. Mehrere Diebesbanden hatten es sich zur Aufgabe gemacht, Autos der unterschiedlichsten Fabrikate aufzubrechen, um bestimmte Einzelteile auszubauen und dann weiterzuverkaufen. Einige der später Festgenommenen kamen aus osteuropäischen Ländern und gaben an, dass man dort mit diesen Teilen richtig Geld machen könne.

Die Panzerknacker

Graumilchige Nebelschwaden ziehen durch die Straßen und Gassen von Rixdorf. Kein Dorf im üblichen Sinne, sondern der historische, Alt-Berliner Teil des Bezirks Neukölln. In diesen frühen Nachtstunden krempelt man sich fröstelnd den Jackenkragen hoch, denn es ist bereits Mitte November und die Nächte werden empfindlich kalt.

Oli, auch Adlerauge genannt, fährt mit einem schwarzen Opel Astra die Schöneweider Straße entlang, in der rechts- und linksseitig Mietshäusern vier- und fünfstöckig in den Himmel ragen. Er ist als Einzelstreife unterwegs, um bei unserem Großeinsatz gegen Brandstifter Personen ausfindig zu machen, die sich verdächtig benehmen. Er soll sie dann zunächst einmal verfolgen, bevor weitere Kräfte eintreffen. Bereits seit acht Wochen treibt ein offensichtlich an Pyromanie Leidender sein böses Spiel, in dem er abgestellte Kinderwagen anzündet. Diese findet er meist in den unverschlossenen Hausfluren der Mietshäuser vor. Nicht selten brennt kurz darauf der gesamte Hausflur oder, wie bereits dreimal geschehen, das gesamte Wohnhaus, mit schrecklichen Folgen für die meist schlafenden Bewohner. Eile ist also geboten, und so befinde ich mich mit weiteren 25 Mitarbeitern meiner Fahndungsdienststelle ebenfalls in den bereits dunklen Straßen auf Streife.

Aber zurück zu Oli, der gerade die Schöneweider Straße zur Hälfte durchfahren hat, als er mit geschultem Blick durch etliche Nebelschwaden hindurch drei Männer sieht, die einen blauen VW-Transporter mit Werkzeug beladen. Dieses Werkzeug besteht, wie er schemenhaft erkennt, aus einem großen Kuhfuß und zwei großen Vorschlaghämmern. Sein kriminalistisches Gespür schlägt Alarm und er beschließt, die Männer weiter zu beobachten. Bevor er aber seinen Astra gewendet hat und weitere Streifen zu Hilfe rufen kann, ist der VW-Transporter bereits wie von Geisterhand vom Nebel verschluckt. Noch nicht einmal das Kennzeichen konnte er ablesen. »Verfluchter Nebel!«, ruft er laut vernehmlich und merkbar verärgert durch das Mikrofon des Funkgerätes.

Unsere Suche nach dem »Feuerteufel« ging gemeinsam weiter. Oli wäre aber nicht Oli, wenn er nicht mit der ganzen Verbissenheit des erfolgreichen Fahnders immer wieder durch die Schöneweider Straße gefahren wäre, um eventuell den verschwundenen VW-Transporter ausfindig zu machen. Vier Stunden später, es war bereits drei Uhr nachts, wurde sein Langmut belohnt. Im Laufe der Nacht hatte sich der Nebel etwas gelichtet, die Straße war aber stockduster. Warum die mit Gas betriebenen Laternen nicht funktionierten, wusste keiner. Trotzdem fand er zielgenau den Transporter dort wieder, wo er am frühen Abend gestanden hatte. Und dann kam noch etwas Glück hinzu! Denn gerade als er erneut vorbeifuhr, konnte er registrieren, wie drei dunkel gekleidete Gestalten mühsam eine große Kiste oder Ähnliches schwer schleppend in ein Haus trugen und dort in der Finsternis verschwanden. Der darauf folgende Funkspruch klang so: »Kommt mal zur Schöneweider Straße 21, hier läuft ein krummes Ding.« Sofort fuhren drei Streifen dorthin, 15 Minuten später stand auch ich vor dem Haus. Nach einem kurzen Bericht über seine Beobachtungen erklärte er, dass diese drei Männer nur im Hinterhaus verschwunden sein konnten, da er bereits das Vorderhaus erfolglos abgesucht hatte.

Nun hieß es suchen. Im Schein unserer Taschenlampen und auf leisen Sohlen schlichen wir ins Hinterhaus. Es roch nach alten Essensresten, von den Wänden bröckelte der Putz und der dreckige Fußboden klebte bei jedem Schritt unangenehm schmatzend an den Sohlen fest. Da hörte ich auch schon deutlich vernehmbar Sägegeräusche aus den oberen Stockwerken. Auch meine fünf Kollegen blieben stehen, lauschten und konnten es kaum glauben. Mitten in der Nacht, um kurz nach drei Uhr, sägte hier jemand unaufhörlich, teilweise waren sogar Hammerschläge zu hören. Wir kamen gleichzeitig zu dem Schluss, dass diese handwerkliche Nachtarbeit nur mit den zuvor gemachten Beobachtungen zu tun haben konnte. Fast geräuschlos »kletterten« wir nacheinander die Treppen empor. Die Lautstärke der Arbeiten wies uns den Weg und führte uns praktischerweise zu einer Wohnungstür in der zweiten Etage. Dort, im Innern dieser Wohnung, sägten und hämmerten »emsige Handwerker« deutlich vernehmbar.

Oli schaute mich, ich schaute Oli an, und schon klopfte ich kräftig an die Wohnungstür. Fast augenblicklich hörten die Arbeitsgeräusche auf und es wurde mucksmäuschenstill. Ich klopfte erneut, jetzt lautstark und fordernd. Während wir direkt vor der Tür standen, hatten sich die Kollegen seitlich versteckt aufgestellt.

Beim Lauschen an der Türfüllung vernahm ich schlurfende Schritte, die sich näherten. Kurz darauf wurde die Tür einen Spalt breit geöffnet. Ein kräftiger Mann, um die 40 Jahre alt und mit einem völlig verdreckten blauen Overall bekleidet, stand in der Tür und fragte mit leiser, fast ehrfurchtsvoll klingender Stimme: »Was ist denn los?«

»Wir sind ihre Nachbarn und würden uns freuen, wenn in der Nacht weder gesägt noch gehämmert wird«, antwortete ich leicht lächelnd.

»Kein Problem, wir hören sofort auf«, erwiderte der Mann kleinlaut und wollte bereits wieder die Tür schließen. Dies verhinderte allerdings mein Fuß, den ich bereits in die Tür geschoben hatte. Gleichzeitig erklärte ich ihm, dass mir diese Auskunft nicht ausreichen würde. Nachdem ich die Wohnungstür gegen seinen leichten Druck aufgeschoben hatte, betraten wir rasch die Wohnung. Dabei wurde ihm klargemacht, dass wir von der Polizei wären und uns davon überzeugen müssten, welcher nächtlichen Erwerbstätigkeit hier nachgegangen wird.

Verdutzt trat der Mann beiseite, und wir durchquerten den mit allerlei Krimskrams vollgestellten Flur. Im hinteren Bereich war eine Lichtquelle zu erkennen und kurz darauf standen wir in einem

Raum, der gewissermaßen das Wohnzimmer darstellte. Hier bot sich mir folgendes Bild: Zwei Männer in fleckiger Arbeitskleidung saßen um etwas herum, was ich zunächst für einen Tisch hielt, weil eine große weiße Tischdecke darüber gedeckt war. Beide schauten betont unschuldig in meine Richtung und erklärten auf meine Frage wegen des Lärms nur, dass sie nicht wüssten, was ich meine. Innerlich begann mir die Sache Spaß zu machen, ja ich unterdrückte ein lautes Lachen, denn nun ahnte ich bereits, was kommen musste. Ein, zwei flotte Schritte und ich stand vor dem vermeintlichen Tisch. Mit einem schnellen Ruck zog ich die Tischdecke beiseite. Da stand, mitten im Zimmer, direkt auf dem Fußboden ein großer gelber, quadratischer Stahl-Geldschrank, der deutliche Sägespuren aufwies. Daneben lagen fein aufgereiht Sägen, Hämmer und Bohrer – ein wahres Handwerkerparadies. Nahezu ohne Aufforderung streckten uns die Männer ihre Arme entgegen und kurz darauf waren diese mit stählernen Armreifen, auch Handfesseln genannt, »geschmückt«.

In dem Zimmer entdeckten wir nun außerdem unzählige Packungen von Arzneimitteln, wobei besonders auffiel, dass es sich in der Hauptsache um Viagra handelte. »Da könnte man ja eine ganze Kompanie mit versorgen, oder betreibt ihr nebenbei ein Erotikgeschäft?«, bemerkt ein Kollege etwas frivol.

Nach wenigen Minuten stand fest, der Geldschrank gehörte zu einer Apotheke in der Schönhauser Allee, in die das Trio zwei Stunden zuvor eingebrochen war. Nebenbei nahmen sie noch die Medikamente mit. Ein Einbruch, der noch gar nicht bemerkt worden war, wie die Besatzung des dorthin entsandten Funkwagens mitteilte.

Überrascht war ich von der ausgesuchten Höflichkeit der Einbrecher. Mit ihrer »Hilfe« stellten wir fest, dass dies bereits ihr dritter Einbruch in eine Apotheke seit ihrem gemeinsamen Aufenthalt im »Kittchen« vor vier Wochen war. Beim Transport in die Gefangenensammelstelle bedankten sich die drei für die korrekte Behandlung durch uns. Und wir stellen fest: Es gibt sie also noch, die alte Ganovenehre!

Neue Dienststelle, neues Glück

Wie schon so häufig war in der Berliner Polizei wieder mal eine kleinere Reform angesagt. Davon betroffen war auch meine Dienststelle, der FuA-Trupp. Diese Trupps wurden berlinweit aufgelöst und verschmolzen mit den sogenannten Fahndungstrupps, die unter kriminalpolizeilicher Leitung standen. Ihre neue, nun gemeinsame Bezeichnung lautete: FAO (Fahndung, Aufklärung und Observation). Für mich nicht gerade ideal, denn meine Sorge bestand darin, dass unsere überaus erfolgreiche Arbeit nun unter der Führung eines Kriminalpolizisten mit veränderten Vorgaben anders weitergeführt werden würde. Dies traf umso mehr zu, als die Fahndungseinheiten ausgesprochen restriktiv, also mit vielen Aufträgen und Vorgaben aus den örtlichen Kommissariaten überschüttet wurden. Das freie Arbeiten der FuA–Trupps, das Selbstaufspüren von Straftätern, diese Willensleistung aus eigener Motivation, blieb dann weitestgehend außen vor. Aber meine Sorge sollte unbegründet sein. Wie bereits erwähnt, war der Leitende Polizeidirektor Karau (Gründer der FuA-Trupps) zwischenzeitig neuer Direktionsleiter in unserer Polizeidirektion 5 (Kreuzberg/Neukölln) geworden. Dieser hatte sich sehr schnell von unserer sehr guten Festnahmestatistik überzeugen lassen und bestimmte mich zum neuen Leiter dieser nun etwa 45 Mann starken Truppe. Damit führte ein Schutzpolizist eine mobile Kripo-Einheit. Ein Novum in der Berliner Polizei und misstrauisch beäugt von anderen Dienststellenleitern. Karau lies sich davon jedoch überhaupt nicht beirren, im Gegenteil, er stärkte uns den Rücken, wo er nur konnte. Und wir zahlten dieses Vertrauen mit einer großen Zahl von Festnahmen zurück. Unsere Zahlen übertrafen die der anderen FAO-Einheiten teilweise um das Dreifache! Die Kriminalitätsrate im Bereich der

Straßenkriminalität ging tatsächlich zurück. In unserem Kiez erhöhte sich das Sicherheitsgefühl und wir machten unsere manchmal sehr stressige und gefährliche Arbeit ausgesprochen gern.

Kraftfahrzeugdiebstähle

Der banale Autodiebstahl

Mit meinem Kollegen Litti erlebte ich im Laufe der Jahre viele spektakuläre, gefährliche, aber auch skurrile Ereignisse. Zu Letzterem zählt auch das Folgende:

Unsere Nachtschicht an diesem Donnerstagmorgen war gegen 01.45 Uhr schon zur Hälfte vorbei, da fielen mir beim Befahren der Wildenbruchstraße zwei Autos der Marke VW-Golf auf. Beide wurden rasant und dicht hintereinanderfahrend durch die pechschwarze Nacht gesteuert. Schemenhaft erkannte ich, dass jeweils nur eine Person in den Fahrzeugen saß und dass sich diese per Handzeichen miteinander verständigten. Sie mussten also irgendwie zusammengehören, dachte ich bei mir und teilte dies gleich Litti mit, der das genauso beurteilte.

Da bogen sie schon mit quietschenden Reifen nach rechts in die Karl-Kunger-Straße, etwa 100 Meter weiter nach links in die Elsenstraße und kurz darauf nach links in die Straße Am Treptower Park ein. Diese Straße führt, dunkel und ohne jegliche Straßenbeleuchtung, an einer alten Bahntrasse entlang. Bis zum Jahre 1989 konnte sie nicht vom Westberliner Teil erreicht werden, da sie durch die Berliner Mauer getrennt auf Ostberliner Gebiet lag. Hier also rasten diese beiden Fahrzeuge entlang.

»Litti, was sagst du zu diesen beiden Spinnern, die sind mir nicht geheuer, ich glaube, die überprüfen wir mal«, eröffnete ich den Dialog mit meinem Passmann.

»Du hast recht, mit denen stimmt etwas nicht. Wenn die die Fahrzeuge mal nicht gestohlen haben«, erwiderte Litti und erhöhte als Fahrer unseres neutralen Opel Omega das Tempo, um zu den beiden Rasern aufzuschließen.

Augenscheinlich bemerkten die das und nachdem wir Blaulicht und Sirene eingeschaltet hatten, kam es zu einer Verfolgungsfahrt, an die ich mich später noch oft erinnern sollte. Es passierte nämlich Folgendes: Während der Fahrer direkt vor uns immer langsamer wurde und jeden unserer Überholversuche vereitelte, indem er die gesamte Fahrbahnbreite durch ständiges Wechseln der Fahrspuren verschloss, beschleunigte der Golffahrer vor ihm erheblich. Mehrere Überholversuche von uns scheiterten kläglich. Ich konnte aber durch die Scheiben des Blockierers sehen, dass der vor ihm fahrende Golf etwa 100 Meter voraus abrupt zum Stehen kam. Dann flog auch schon die Fahrertür auf und eine männliche Person flitzte Hals über Kopf davon. Jetzt gab auch der vor uns seine langsame Zick-Zack-Fahrweise auf und beschleunigte rasant.

»Litti, greif dir den Flüchtigen, ich kümmere mich um den anderen!«, bat ich meinen Kollegen, denn ich war mir sehr sicher, dass Litti diesen aufgrund seiner überragenden Fitness rasch erwischen würde.

Gesagt, getan, unmittelbar nach dem Erreichen des mittig auf dem Fahrdamm abgestellten Golfs sprang Litti auf die stockfinstere Straße und rannte dem Unbekannten hinterher. Dabei konnte ich noch sehen, dass der Flüchtende bereits eine eiserne, uralte Treppe erklomm, die auf einen ehemaligen Bahndamm und von dort in den Görlitzer Park führte.

Ich selbst lief um unser Fahrzeug herum, setzte mich ans Lenkrad und fuhr in atemberaubender Geschwindigkeit dem Blockierer hinterher. Und tatsächlich, nach drei Straßenkreuzungen sah ich ihn die Lohmühlenstraße entlangfahren und gerade über die Lohmühlenbrücke nach rechts in das Maybachufer einbiegen. Waghalsig schloss ich zu ihm auf und konnte kurz darauf die Kreuzung Maybachufer/Pannierstraße so mit meinem Fahrzeug verstellen, dass er nicht mehr vorbeikam.

Nun ging alles ganz schnell. Bevor er seinen Golf verlassen konnte, war ich längst aus dem noch leicht rollenden Omega gesprungen und schrie ihm lautstark durch die von ihm geöffnete Fahrzeugtür zu, dass er festgenommen sei. Seine Reaktion: Rasches

Aussteigen und sofortiges Einnehmen einer Kampfhaltung. Doch damit hatte ich längst gerechnet und ohne seinen Angriff abzuwarten, schlug ich ihm mit der flachen Hand auf die Nase, eine sogenannte Schocktechnik, um anschließend einen Würgegriff anzusetzen. Dabei legte ich ihm meinen Unterarm um seinen Hals und drehte ihm gleichzeitig seinen rechten Arm auf den Rücken. So gelang es mir, ihn erst einmal ruhigzustellen und anschließend zu Boden zu bringen. Trotzt weiterer kräftiger Gegenwehr war das Anlegen der Handschellen Routine. Langsam und selbst etwas außer Atem, zog ich ihn vom Boden hoch und durchsuchte seine Taschen nach gefährlichen Gegenständen.

Dann verfrachtete ich ihn zügig auf die Rückbank unseres Omegas und fesselte ihn mit meiner zweiten Handfessel an die Rückenlehne. Seinen Golf fuhr ich an den Fahrbahnrand, verschloss ihn und fuhr eilig zu der Stelle zurück, wo Litti unser Fahrzeug verlassen hatte.

Litti war weit und breit nicht zu sehen und der zurückgelassene Golf stand unverändert so da, wie ich ihn zuletzt gesehen hatte. Jetzt bemerkte ich, dass sein Motor immer noch lief und die Fahrertür ebenfalls offen stand. Mein kurzer Blick ins Innere bestätigte die bei unserer Verfolgungsfahrt gemachte Vermutung. Der Wagen war gestohlen worden. Zunächst konnte ich erkennen, dass die Lenksäulenverkleidung herausgerissen worden war und die Zündkabel aus dem Zündschloss lose miteinander verbunden waren. Ein Zündschlüssel war logischerweise nirgends zu sehen. Auch das Türschloss auf der Fahrerseite war direkt über dem Griff »eingestochen« worden, eine typische Öffnungstechnik beim Stehlen solcher Fahrzeuge.

Der Versuch, über Funk Verstärkung zu erhalten, scheiterte, da sämtliche Streifen in Kreuzberg und Neukölln mit anderen Aufgaben beschäftigt waren. Also würgte ich zunächst den Motor des gestohlenen Golfes ab und schob ihn vorsichtig an den Fahrbahnrand. Anschließend setzte ich mich in unseren Omega, überwachte den Festgenommenen und wartete auf Litti.

Dabei musste ich feststellen, dass der vermeintliche Mittäter auf dem Rücksitz keinerlei Lust hatte, mit mir zu kommunizieren. Über seine Rechte von mir belehrt, sagte er kein Wort, sondern starrte mich nur wütend an. Nach etwa zehn Minuten sah ich Litti, wie er zunächst schemenhaft aus der Dunkelheit des Parks herausstolperte, die rostige Eisentreppe schwer atmend herabstieg und in meine Richtung lief. Sofort stieg ich aus und lief ihm entgegen.

»Scheibenkleister, den konnte ich nicht kriegen, der ist im pechrabenschwarzen Görlitzer Park verschwunden«, keuchte er noch immer atemlos. Wie unter uns üblich, konnte ich es mir nicht verkneifen, Litti ein wenig aufzuziehen.

»Ich dachte immer, du rennst jeden Tag zehn Kilometer und dann flitzt dir so ein kleiner Gauner weg«, feixte ich lauthals. »Ich habe meinen Burschen übrigens festgenommen«, erklärte ich schadenfroh.

»Das kann doch nicht wahr sein!« Litti war vollkommen von der Rolle, zumal ihn auch die Wetterlage nicht gerade versöhnlich stimmte. Mittlerweile waren es bestimmt fünf Grad unter null und ich konnte sehen, wie er fror.

»Setzt dich erst einmal in unser Fahrzeug und wärm dich auf, bis Verstärkung eintrifft«, versuchte ich seine Stimmung zu verbessern.

Wie es der Zufall so will, und in dieser Nacht meinte es das Fahnderglück mit uns offenbar besonders gut, bemerkte ich auf einmal zwei dunkle Gestalten, die in dieser gottverlassenen Gegend auf der gegenüberliegenden Straßenseite entlangliefen. Mit einiger Mühe schleppten sie jeweils zwei große, schwere Taschen mit sich herum.

»Mensch, das glaube ich nicht, die kommen bestimmt von einem Einbruch«, machte ich Litti auf die beiden Männer aufmerksam. Ohne weitere Absprache stiegen wir sofort aus, um uns diese zwei näher anzusehen. Kaum dass sie uns sahen und uns als Zivilpolizisten einschätzten, ließ einer der beiden seine zwei Taschen fallen und rannte unter der dort befindlichen ehemaligen Eisenbahnbrücke davon.

»Los Litti, greif ihn dir!«, rief ich jetzt schon zum zweiten Mal in dieser Nacht und lief gleichzeitig auf den anderen zu, packte ihn und drückte den total Überraschten gegen die dortige Unterführungsmauer. Still und perplex blieb er stehen und rührte sich nicht.

»Was nun?«, dachte ich, denn Handschellen hatte ich keine mehr dabei, die trug bereits der Ganove in unserem Fahrzeug um seine Handgelenke. Also improvisieren. Unmissverständlich gab ich dem nur polnisch sprechenden Festgenommenen zu verstehen, dass er mit zu unserem Fahrzeug kommen soll. Dabei zeigte ich ihm nachdrücklich meinen Schlagstock (Tonfa) und mein Pfefferspray. Dies verstand er offenbar auch ohne Übersetzung. Er setzte seine über die Schultern getragenen Taschen auf dem Bürgersteig ab und lief brav vor mir zum Fahrzeug. Dort angekommen, durchsuchte ich seine Kleidung. Dabei fand ich in seiner linken Jackentasche eine Taschenlampe, Handschuhe und Pfefferspray. Anschließend löste ich eine Handfessel vom Mittäter des Autodiebs und verpasste diese dem Neuankömmling. Dann musste er ebenfalls auf dem Rücksitz Platz nehmen und beide saßen nun einträchtig nebeneinander. »Ein Bild für die Götter«, dachte ich etwas belustigt.

Nur Litti war wieder mal nicht zu sehen. Für mich Grund genug, einen Blick in die vier großen, schweren Taschen zu riskieren. Das gibt es doch gar nicht, dachte ich, als ich diese geöffnet hatte. Einbruchswerkzeuge wie Brecheisen, große Schraubendreher, Sägen und vieles mehr befanden sich in der ersten Tasche. Die drei anderen Taschen waren voller Diebesgut, Computer, Geldkassetten, Bildschirme und anderen elektronischen Gerätschaften. Voller Freude resümierte ich, dass diese zwei soeben von einem schadensträchtigen Einbruch gekommen sein mussten.

Während ich die Taschen zu unserem Opel schleppte, schnarrte plötzlich mein Funkgerät. »Kalle komm, Kalle komm!«, rief Litti lautstark durch den Äther.

»Litti, ich habe zwei Festgenommene hier bei mir, ich kann nicht kommen«, antwortete ich umgehend und bestimmt. Kurz darauf ein neuer, diesmal verzweifelter Ruf »Kalle komm, Kalle komm!«

Was mochte da wohl passiert sein? Ich machte mir ernsthaft Sorgen und war hin und her gerissen, ob ich die zwei Festgenommenen einfach hier sitzen lassen sollte. Litti brauchte offenbar Unterstützung und nur ich konnte helfen. Ohne jegliche Gewissensbisse gegenüber den in unserem Omega Sitzenden wollte ich mich auf den

Weg zu Litti machen, als ich ihn aus der Dunkelheit kommen sah. Wie vom Teufel gehetzt, rannte er auf mich zu. Mir fiel ein Stein vom Herzen, als ich erkannte, dass er unverletzt war.

Dennoch musste etwas Schlimmes passiert sein, denn Litti schrie mit leicht hysterischer Stimme:»Der ist in den Kanal gesprungen, ins eiskalte Wasser. Ich konnte ihn nicht mehr sehen, was machen wir jetzt?« Umgehend alarmierte ich die Feuerwehr und machte dabei gleich auf die Schwierigkeiten aufmerksam, die dieser Einsatz mitten in tiefster Dunkelheit bei eisigen Temperaturen erfordern würde.

Nach noch nicht einmal acht Minuten waren die ersten Feuerwehrleute vor Ort und suchten sofort mit starken Scheinwerfern die Wasseroberfläche des Landwehrkanals ab. Bald darauf war auch die Lichtgiraffe, ein großer Mast mit sechs starken Scheinwerfern, aufgebaut und leuchtete den Kanal taghell aus. Zusätzlich machten sich zwei Taucher fertig, um im eiskalten Wasser nach unserem Flüchtigen zu suchen.

Plötzlich hörte ich, wie ein Feuerwehrmann lauthals schrie:»Hier ist er, hier ist er, helft mir mal.« Er hatte die Gebüsche am Ufer abgesucht und dort unseren Mann entdeckt. Vollkommen steifgefroren, der Mann konnte nicht mehr alleine gehen. Er wurde von mehreren Feuerwehrleuten die Böschung hochgetragen und zum Rettungswagen gebracht. Dann ging es sofort ins Krankenhaus.

Nachdem wir unsere Gefesselten aus dem Omega zum Abtransport in die GeSa (Gefangenensammelstelle) an Kollegen übergeben hatten und der am Vortag gestohlene Golf sichergestellt worden war, kümmerten wir uns um das Diebesgut aus den Taschen. Anhand eines Preisschildes, das an einem Computerbildschirm hing, fanden wir schnell heraus, dass die Geräte aus einem Computerladen in der Wrangelstraße in Kreuzberg stammen mussten. Auf dem Weg dorthin erzählte mir Litti, immer noch sehr aufgewühlt, wie er hinter dem Flüchtenden hergerannt war. Kurz bevor er ihn erreichte, es waren praktisch nur noch drei Armeslängen, war dieser offenbar kopflos in den parallel zum Laufweg fließenden Landwehrkanal gesprungen. »Total geschockt konnte ich aufgrund der Dunkelheit nicht sehen, wo er geblieben war, ich hörte nur das Klatschen beim Auftreffen auf der Wasseroberfläche«, erzählte Litti weiter.

»Na, glücklicherweise bist du in dieser Dunkelheit nicht in das Eiswasser hinterhergesprungen, wer weiß, ob du das überlebt hättest«, antwortete ich sichtlich erleichtert.

Bald darauf erreichten wir das Geschäft in der Wrangelstraße mit zerstörten Rollläden und einer aufgehebelten Eingangstür. Der Einbruch war noch nicht entdeckt worden. Die schriftliche Aufnahme sowie die Sicherung übernahm ein hinzugerufener Streifenwagen. Unser Weg führte uns nun zunächst zum Krankenhaus, wo wir erfuhren, dass sich der »eisgekühlte« Kanalspringer auf dem Weg der Besserung befand. Wie er es aber geschafft hatte, aus dem eiskalten Wasser über die hohe Kanteneinfriedung des Kanals auf die Uferböschung zu kommen, dass wollte er nicht sagen. Das blieb sein Geheimnis. Ergänzend muss noch festgehalten werden, dass der flüchtige Autodieb nie ermittelt wurde, sein Komplize (der, der uns blockiert hatte), hielt eisern dicht.

Mehrere Stunden später, die wir mit diversen Schreibarbeiten zubrachten, verließen wir am frühen Morgen unsere Dienststelle und machten uns auf den Heimweg. Eine ereignisreiche Nacht lag hinter uns und lies mich unruhig schlafen. Mit einigen Gewissensbissen musste ich wiederholt an einen Satz von Litti denken, den er mir unmittelbar nach der Alarmierung der Feuerwehr mit schweißnasser Stirn vorwurfsvoll entgegnete:

»Kalle, du schickst mich wie einen Jagdhund hinter den Verbrechern her und amüsierst dich dann anschließend darüber, dass ich keinen davon festnehmen konnte. Und das bei der Dunkelheit und dem Vorsprung, den diese hatten!«

Mir war bewusst, dass mein Verhalten nicht ganz fein war, aber andererseits gehörten Frotzeleien nun mal dazu, sie vertrieben ein wenig die Anspannung in unserem nicht gerade stressfreien Job. In den folgenden Monaten sorgte dieser Einsatz aber noch häufig für

Gesprächsstoff und einiges Schmunzeln. Vor allem die Worte: »Kalle komm, Kalle komm« klingen mir noch heute, Jahre danach, in den Ohren.

Afrika

Erneut war es Litti, mit dem ich eng bei der Aufklärung eines Kfz-Diebstahls zusammenarbeitete. Sein Anruf erreichte mich an einem Samstagnachmittag. »Hallo, Kalle, ich glaube, ich hab da was Interessantes beobachtet, komm doch mal zur Sonnenallee, Ecke Pannierstraße«, eröffnete er kurz und bündig das Gespräch. Litti, mein langjähriger Gefährte, war eben kein Typ, der überflüssige Worte machte oder gar in Aktionismus verfiel, also machte ich mich ohne weitere Fragen auf den Weg.

Wenige Minuten später traf ich am vereinbarten Treffpunkt ein. Beim Aussteigen fiel mir zum wiederholten Male auf, welch durchtrainierten Körperbau der 1,80 Meter große, sehr jugendlich wirkende Litti besaß. Er wartete an der Straßenecke, bekleidet mit einem körperbetonten grauen T-Shirt. Ich stellte mir das Six-Pack seiner Bauchmuskeln vor, wobei mir bewusst war, dass er dafür eisern dreimal wöchentlich zehn Kilometer lief und mindestens zweimal in der Woche Gewichte stemmte. Lediglich sein langsam schütter werdendes Haar wies darauf hin, dass auch er älter wurde.

Ohne große Worte berichtete Litti, dass er zwei orientalisch aussehende Männer beobachtete, die gemeinsam aus einem Lokal in der Sonnenallee kamen, das als Treffpunkt für Kriminelle aller Couleur polizeilich bekannt war. Irgendetwas an diesen Männern verursachte bei ihm ein ungutes Gefühl und so entschloss er sich, den beiden zu folgen, nachdem sie einen in der Nähe geparkten blaumetallicfarbenen 7er-BMW bestiegen hatten. Die sich anschließende, fast einstündige Fahrt endete auf einem scheinbar verlassenen Garagengelände in Gatow. Dort verließen die beiden Verdächtigen ihr Fahrzeug und liefen zu einer Garage, die sich in 150 Meter Entfernung befand, ohne dass es dafür einen Grund zu geben schien.

»Zusätzlich konnte ich sehen, dass sich die Männer immer wieder vorsichtig nach allen Seiten umsahen, dementsprechend konnte ich nur vorsichtig folgen«, führte Litti weiter aus. Seltsam war weiterhin, dass sie, nachdem sie die Garage betreten hatten, sorgfältig das Garagentor hinter sich abschlossen und 40 Minuten drinnen blieben. Unter ständigem Umschauen und Beobachten der Umgebung verließen sie anschließend wieder die Garage und das Gelände, um zurück zum Lokal in der Sonnenallee zu fahren.

»Kalle, ich sage dir, die Sache stinkt«, beendete Litti vollkommen überzeugt seine Ausführungen.

»Na, wenn du dieser Meinung bist, dann lass uns nach Gatow fahren, vielleicht entdecken wir ja dort etwas«, erwiderte ich kurz und knapp. Zwei Minuten später befanden wir uns auf dem Weg dorthin.

Das Garagengelände lag ein wenig versteckt, unmittelbar angrenzend an ein Waldgebiet und zwei weitläufig angelegten Feldern. Beim Umschauen konnte ich erkennen, dass es sich um ein ehemaliges, seit Jahren verlassenes Gewerbegebiet handelte. Ich konnte neben vier total verrosteten Tanksäulen weitere Reste einer Tankstelle, mehrere alte, leer stehende, teils verfallene Fabrikgebäude und unzählige Garagen entdecken. Auffällig war allerdings, dass bestimmte Garagen in zwei gegenüberliegenden Reihen, ungefähr 20, größtenteils intakt und verschlossen waren.

Während wir zu der von Litti benannten Garage liefen, wir hatten unser Fahrzeug vorsichtigerweise etwas weiter abseits geparkt, fiel mir ein VW-Pritschenwagen auf. Dieser stand ungefähr 40 Meter von der Garage entfernt. Er war recht altersschwach, aber noch fahrbereit. Auf der Ladefläche, unter einer blauen Plane versteckt, lagen diverse zerschnittene Karosserieteile. Kein besonders auffälliger, aber schon etwas seltsamer Sachverhalt, wie wir gemeinsam feststellten. Wir liefen nun weiter zur Garage und ich lauschte am abgeschlossen Tor. Überrascht, ich zuckte erschrocken zusammen, hörte ich drinnen deutliche Geräusche eines Trennschneiders. Dies war nun schon mehr als verdächtig. Nicht nur, dass es ein sehr warmer Sommertag war, sodass man für gewöhnlich bei offenem Garagentor arbeiten konnte, sondern auch, dass das große Holztor von außen mit zwei massiven Vorhängeschlössern verschlossen war, machte uns misstrauisch. Sämtliche Alarmglocken begannen bei mir zu schellen. »Litti, du hast recht, hier stimmt etwas ganz und gar nicht!«

Vorsichtig liefen wir zum VW-Pritschenwagen zurück. Seltsam, dass der hier so mir nichts, dir nichts stand, obwohl das Gelände ansonsten menschenleer schien. Nach einer kurzen Beratung beschlossen wir, am folgenden Tag erneut herzukommen, dann allerdings mit einigen Kollegen unserer Dienststelle, um dieses Mysterium näher zu ergründen.

Während der Rückfahrt, es war mittlerweile früher Abend, kam uns das Glück zu Hilfe. Wir befuhren die Yorkstraße in Schöneberg, als ich auf einmal einen VW-Pritschenwagen sah, der eingeparkt am Straßenrand stand, und der dem in Gatow bis ins Detail glich. »Halt mal an«, rief ich Litti zu und kurz darauf standen wir an der Pritsche. Tatsächlich, nicht nur die Farbe der Plane und der Karosserie waren gleich, auch die Ladefläche war berstend voll mit diversen Kfz-Teilen. Es fiel uns auch gleich ins Auge, dass die Teile auf der VW-Pritsche ebenso ordentlich gepackt waren wie die auf der Ladefläche des in Gatow stehenden Fahrzeugs. Rechtsseitig, linksseitig und oberhalb, direkt unter der Plane stehend bzw. liegend, fanden sich säuberlich herausgeschnittene Teile wie Türen, Motorhauben, Kofferraumdeckel und Dachteile auf der Ladefläche eingepasst. Darunter, also in der Mitte der Ladefläche, lagen Motorblöcke und Getriebe sowie etliche Reifen. Deutlich erkennbar waren hier ganze Automobile auseinandergeschnitten und anschließend wie nach einem Baukastensystem verpackt worden.

Eigenartig, dachte ich mir, so viele Zufälle gibt es doch gar nicht. Die beiden VW-Pritschen haben irgendwie etwas miteinander zu tun, aber was? Fragen über Fragen, es wurde Zeit, dass wir uns intensiv darum kümmerten. Noch am späten Abend ließ mich diese Entdeckung nicht los und beschäftigte mich sogar im Schlaf.

Obwohl meine Gedanken immer wieder zu diesem Garagenkomplex und den VW-Pritschen zurückwanderten, ohne dass mir eine schlüssige Erklärung in den Sinn kam, mussten wir uns zunächst um zwei andere wichtige Kriminalfälle kümmern. Dienstag war es aber dann so weit und mit acht weiteren Kollegen machten wir uns auf den Weg nach Gatow.

Bereits auf der Hinfahrt sahen wir die Pritsche in der Yorckstraße an der gleichen Stelle wie kurze Zeit zuvor. Sie war weder bewegt noch waren die Teile auf der Ladefläche verändert worden. Da es sich bei den vorderen und hinteren Kennzeichen um sogenannte Kurzzeitkennzeichen handelte, war es nicht möglich, den Halter dieses VW-Kleintransporters herauszufinden. Wir fotografierten das Fahrzeug und fuhren dann weiter nach Gatow, wo uns eine Überraschung erwartete.

Beim Herauffahren auf das Garagengelände konnte ich erkennen, dass inzwischen ein zweiter VW-Pritschenwagen dazugekommen war. Ferner stand am Ende der Garagenreihen ein großer, roter Container, der nur auf speziell dafür gebauten Lastkraftwagen und Schiffen transportiert werden kann. Erneut begab ich mich vorsichtig zur verdächtigen Garage. Und tatsächlich: Von drinnen waren wieder intensive Arbeitsgeräusche zu hören. Das Tor war wie am Samstag von außen mit zwei Vorhängeschlössern fest verschlossen.

Während zwei Kollegen die Sicherung des Geländes nach außen übernahmen und ein weiterer die Garage im Blick behielt, versuchten wir anderen, irgend etwas Aufschlussreiches an oder auf diesen beiden Pritschenwagen zu ermitteln. Ziel war es, herauszufinden, was für Kfz-Teile dort verladen worden waren. Dazu mussten wir zunächst an die Motor- oder an die Fahrgestellnummern kommen, da ich den Verdacht hatte, dass diese Teile aus Diebstählen stammen könnten.

Aufmerksam nahmen wir den vollbeladenen Wagen in Augenschein. Um die wichtigen Identifizierungsnummern erkennen zu können, mussten wir einige Karosserieteile abladen und andere verrücken. Nach viel schweißtreibender Umräumerei konnte endlich eine Motorennummer gefunden und notiert werden. Bei der regen Abladetätigkeit fiel auf, dass sämtliche Kfz-Teile von Mercedesfahrzeugen der Baureihe 124 stammten. Diese Baureihe wird seit 1984 gebaut. Charakteristisch für diese Modelle ist zum Beispiel, dass die seitlichen Oberkanten der Kofferraumdeckel, die Motorhauben und die Dächer stark abgerundet sind, um den Luftwiderstand zu optimieren.

Litti übernahm die Abfrage der entdeckten Motornummer über Funk und kam unmittelbar danach freudestrahlend zu mir gelaufen. »Kalle, mein Gefühl hat nicht getrogen, diese Motorennummer gehört zu einem Mercedes der E-Klasse, Baureihe 124, und dieses Fahrzeug wurde vor einer Woche im Wedding geklaut.«

Donnerwetter, jetzt wurde es wirklich interessant. Es galt nun schnellstmöglich andere fahndungsgeeignete Nummern zu finden und abzufragen. Da kam unerwartet ein dringender Funkruf. Einer unserer Außenposten meldete, dass sich ein schwarzer Golf dem Garagengelände näherte. Blitzschnell versteckten wir uns in einem leer stehenden Fabrikgebäude, denn mir war klar, dass wir hier vermutlich in ein Nest von Kfz-Schiebern getappt waren.

Der Golf fuhr in der Tat in Richtung der alten Tanksäulen, umkurvte diese mit laut quietschenden Reifen und entfernte sich anschließend wieder so schnell, wie er gekommen war. Puh, das war knapp. Diese speziellen »Fahrzeugklempner« durften uns nicht zu früh bemerken. Es galt alle Beteiligten dieser Bande zu ermitteln und dann festzunehmen.

Dafür wurde folgender Plan entwickelt. Zunächst einmal musste sichergestellt werden, dass die VW-Pritschen mit ihrer kostbaren Fracht nicht verschwanden, ohne dass wir mitbekamen, wie viele Mittäter daran beteiligt waren. Also stellte ich vier meiner Leute ab, um diese Fahrzeuge und die Garage rund um die Uhr zu beobachten.

Gemeinsam mit den anderen machte ich mich auf den Weg in unsere Unterkunft, wobei wir an der Pritsche in der Yorkstraße vorbeifuhren. Hier wurden die Kfz-Teile schnell so weit von der Ladefläche heruntergehoben, bis wir auch dort an die Motoren- bzw. Fahrgestellnummern kamen. Nachdem diese notiert waren, ging es zügig zur Dienststelle. In den Diensträumen angekommen, machte sich Litti daran, die zwei gefundenen Nummern aus der Yorkstraße abzufragen. Wie schon von uns erwartet, waren auch diese zwei auseinandergeschweißten Pkw der Mercedesklasse 124 vor drei Wochen als gestohlen gemeldet worden. Meine anschließenden Nachforschungen in den unzähligen Fernschreiben über gestohlene Personenkraftwagen im Land Berlin, die ich nach der Meldung von Litti anstellte, führten zu einem Ergebnis, das mir einen kalten Schauer über den Rücken laufen ließ. Ja, ich bekam sogar eine Gänsehaut. Nach Fassung ringend las ich, dass in den sieben Monaten zuvor sage und schreibe 22 Daimler-Benz-Fahrzeuge der 124er-Klasse entwendet worden und bis dato nicht wieder aufgetaucht waren. Kräftig durchatmend, rief ich die anwesenden Mitarbeiter zusammen.

»Also Leute, es verdichten sich die Anzeichen, dass es sich bei unserer Entdeckung in Gatow um ein Garagengelände handelt, auf dem mit an Sicherheit grenzender Wahrscheinlichkeit eine organisierte Bande von Kfz-Schiebern gestohlene Daimler-Benz-Fahrzeuge der 124er-Klasse auseinandernimmt und anschließend wegtransportiert.« Nach dieser kurzen Ansage alarmierte ich telefonisch auch noch den Rest meiner Fahndungseinheit und teilte ihnen mit, dass der Dienstbeginn für den nächsten Tag auf 06.00 Uhr festgelegt sei. Dann fuhr ich nach Hause.

Am nächsten Tag, kurz vor 05.30 Uhr, traf ich nur halbwegs ausgeschlafen in unseren Diensträumen ein. Mein erstes Telefonat führte ich mit den Einsatzkräften, die sich noch in Gatow befanden. Micha, ein Teamführer meiner Einheit, teilte mir mit etwas müder Stimme mit, dass am Abend zuvor, kurz nachdem wir weggefahren waren, etwa gegen 19.00 Uhr, ein schwarzer BMW auf das Gelände gefahren kam. Ein orientalisch aussehender Mann sei ausgestiegen, habe sich sichernd nach allen Seiten umgeschaut und habe dann die beiden Vorhängeschlösser des Garagentores aufgeschlossen, das uns besonders interessierte. Kurz darauf verließen zwei völlig verdreckt aussehende Männer in blauen, ölverschmierten Arbeitsanzügen die

Garage. Blinzelnd schauten sie sich um, reckten und streckten sich und begannen dann, zerschnittene Karosserieteile aus der Garage zu tragen. Der kurz zuvor angekommene Kerl hatte augenblicklich den nur halb beladenen zweiten VW-Pritschenwagen bis unmittelbar vors Garagentor gefahren. Mithilfe einer sogenannten Ameise (hydraulischer Lastenheber) konnten wir sehen, wie sie zunächst einen Motorblock und dann eine Getriebewelle auf die Ladefläche legten. Dann waren die anderen Teile wie Motorhauben, Türen, Dachteile usw. dran. Diese wurden nahtlos eingepasst, bis auch das letzte Teil auf der Ladefläche Platz gefunden hatte. Anschließend zogen sie die Plane über die Teile und der VW wurde in einer anderen Ecke der Garagenanlage abgestellt. Erst danach entfernten sich die beiden wieder. Der zuvor gekommene Mann aus dem 7er-BMW zog das Tor der Garage zu und verschloss es, bevor er in seinen BMW stieg und davonfuhr. Bei dem BMW handelte es sich, wie sich leicht anhand der Kennzeichen überprüfen ließ, um den Wagen, den Litti am Samstag von der Sonnenallee bis zu der Garagenanlage verfolgt hatte. Weitere Beobachtungen konnten die Kollegen und Micha in der zurückliegenden Nacht nicht machen.

Nach und nach füllte sich unser Besprechungsraum mit den zum Dienst gekommenen Mitarbeitern. Nach einer kurzen Einweisung in die aktuelle Lage fuhren wir gemeinsam nach Gatow. Hier wurden die, die in der Nacht das Garagengelände überwacht hatten, abgelöst und durch frische Kräfte ausgetauscht.

Jetzt rief ich den Leiter des Kommissariats beim Landeskriminalamt an, der solche Kfz-Diebstähle bearbeitet. Hocherfreut war er sofort bereit, uns bei weiteren Maßnahmen zu unterstützen. Seinen Sachbearbeitern war es bislang nicht gelungen, auch nur die kleinste Spur dieser gestohlenen Personenkraftwagen zu finden. Wir vereinbarten eine konstruktive Zusammenarbeit.

Die weitere Zielrichtung unseres Vorgehens war mir unterdessen klar. Es musste darum gehen, sämtliche Mitglieder der erkennbar gut organisierten Bande beweissicher festzunehmen. Wir mussten also diejenigen erwischen, die die Fahrzeuge im gesamten Stadtgebiet stahlen, bis zu den denjenigen, die die Fahrzeuge zerlegen – den Kopf der Bande nicht zu vergessen. Keine leichte Aufgabe!

In Gatow suchten wir nun sehr konspirativ einen Platz, wo wir das Gelände, insbesondere diese Garage, die VW-Pritschen und den Container, gut im Blick behalten konnten. Selbstverständlich durften wir dabei nicht bemerkt werden. Glücklicherweise fanden wir ein zweistöckiges, leer stehendes Haus, das früher einmal als Bürohaus diente und idealerweise so ausgerichtet stand, dass man durch die Fenster in der zweiten Etage alles hervorragend beobachten konnte, ohne selbst gesehen zu werden. Zusätzlich verteilte ich mehrere zivile Fahrzeugstreifen im Umfeld der weitläufigen Anlage. So war es möglich, uns an- und abfahrende Personenkraftwagen rechtzeitig zu melden oder zu verfolgen. Jetzt mussten nur noch die Gefährten dieser Kfz-Bande auftauchen.

Wie aber so häufig passierte auch hier zunächst einmal gar nichts. Lediglich Litti hatte, anhand eines Schildes, das am roten Container angebracht war, festgestellt, dass dieser Container aus Bremerhafen stammte und es sich um einen sogenannten Übersee-Schiffs-Container handelte.

Stundenlange Langeweile war angesagt. Es passierte absolut nichts. Da logischerweise eine 24-stündige Rund-um-die-Uhr-Observation erfolgte, traten bei einigen Kollegen erste Zweifel über den Sinn unserer Maßnahmen auf. Rigoros wischte ich diese beiseite und machte allen klar, dass wir notfalls bis zum jüngsten Tag dieses Gelände überwachen würden, denn ich war felsenfest davon überzeugt, dass es bald zu einem Showdown in unserem Sinne kommen würde.

Am Donnerstag fuhr überraschenderweise ein Abschleppwagen aufs Gelände. Der lud den vollen VW-Kastenwagen auf und fuhr, heimlich begleitet von zwei unserer Streifen, davon. Nach der Rückkehr meldeten diese, dass der VW schlicht und einfach am Straßenrand in Berlin-Lichtenberg abgestellt wurde, mitten in einer normalen Wohngegend. Langsam wurde uns klar, wie diese Bande arbeitete. Die beladenen VW-Pritschen wurden im gesamten Stadtgebiet verteilt und später, wenn es ausreichend Fahrzeuge gab, mit denen sich der Überseecontainer füllen ließ, zurückgeholt. So fiel niemandem etwas auf.

Strafrechtlich wird übrigens der Begriff »Bande« folgendermaßen definiert:

Der Begriff Bande setzt den Zusammenschluss von mindestens drei Personen voraus, die sich mit dem Willen verbunden haben, künftig für eine gewisse Dauer mehrere selbstständige, im Einzelnen noch ungewisse Straftaten der im Gesetz genannten Art zu begehen.

Und »Organisierte Kriminalität« wird so definiert:

Organisierte Kriminalität ist die von Gewinn- oder Machtstreben bestimmte planmäßige Begehung von Straftaten, die einzeln oder in ihrer Gesamtheit von erheblicher Bedeutung sind, wenn mehr als zwei Beteiligte auf längere oder unbestimmte Dauer arbeitsteilig

a) *unter Verwendung gewerblicher oder geschäftsähnlicher Strukturen,*
b) *unter Anwendung von Gewalt oder anderer zur Einschüchterung geeigneter Mittel oder*
c) *unter Einflussnahme auf Politik, Medien, öffentliche Verwaltung, Justiz oder Wirtschaft zusammenwirken.*

Am Freitag war es schließlich so weit. Kurz nach 06.00 Uhr rief mich wiederum Micha an, der erneut die Nachtschicht übernommen hatte. Aufgeregt erzählte er mir, dass gegen 04.20 Uhr, tief in der rabenschwarzen Nacht, zwei Fahrzeuge auf das Gelände gefahren waren. Das erste Fahrzeug war ein dunkler Mercedes, der dicht an die Garage gefahren wurde. Zwei Männer stiegen aus, schlossen hastig die zwei Vorhängeschlösser auf und fuhren den Daimler in die Garage. Nachdem sie diese wieder abgeschlossen hatten, begaben sie sich rasch zu dem zweiten Fahrzeug, einem blauen Golf, stiegen ein und fuhren schnell davon. »Aber das Beste war«, fuhr er mit Stolz in der Stimme fort, »wir konnten den Golf bis zu einer Wohnanschrift in Lichtenrade verfolgen und konnten dort sogar feststellen, in welche Wohnung die drei Männer verschwanden.«

Mein Herz schlug schneller und ich war mit einem Mal hellwach.

»Micha, das war spitze«, antwortete ich aufgewühlt und war schon mit einem Bein aus meiner Wohnungstür und zum Auto unterwegs. Gleich nach dem Eintreffen auf der Dienststelle rief ich erneut Kriminalhauptkommissar Ramms vom Landeskriminalamt an und schilderte die aktuelle Situation. Er versprach, mit seinen Mitarbeitern nach Gatow zu kommen. Auch ich fuhr gemeinsam mit 25 Kollegen meiner Fahndungseinheit zum Garagengelände.

Gegen 08.30 Uhr befanden sich alle angekündigten LKA-Kollegen in einem großen Raum im ersten Obergeschoß des Observationshauses. In der Einsatzbesprechung wurden wir uns rasch darüber einig, dass versucht werden sollte, sämtliche Strukturen dieser Bande aufzuhellen. Erst dann sollten die Festnahmen erfolgen.

Einige Kollegen nahmen nun Beobachtungsplätze an den Fenstern ein, während zehn Männer und zwei Frauen auf sechs Fahrzeuge verteilt sich rings um das Gelände aufstellten. Gegen 09.35 Uhr kam dann Bewegung ins Spiel. Zunächst meldete einer der Außenposten, dass sich ein silberfarbener Opel Astra, besetzt mit drei männlichen Personen, dem Garagengelände näherte. Kurz darauf konnte auch ich diesen Astra sehen, da ich ebenfalls einen Platz in der zweiten Etage vorm Fenster eingenommen hatte. Während die drei Männer vor der Garage ausstiegen, bemerkte ich voller Nervosität, dass der Unbekannte, orientalisch Aussehende, nicht dabei war. Denn inzwischen waren wir fest davon überzeugt, dass er der Kopf der Bande war, denn
- er hatte uns anfangs hierhergeführt,
- er hatte bis dato die Schlüsselgewalt für das Garagentor und
- er hatte sich nie die Hände dreckig gemacht.

Jetzt aber öffnete einer von den dreien die Vorhängeschlösser. Dann sah ich, dass die zwei anderen, bekleidet mit »Blaumännern«, in die Garage hineingingen. Kurz darauf schloss der Dritte das Tor wie gehabt ab, stieg in den Astra und fuhr davon. Selbstverständlich unauffällig verfolgt von zwei Fahrzeugen der Außenkräfte.

Da es uns bis dahin nicht gelungen war, den Kopf der Bande zu identifizieren, mussten wir warten und hoffen, dass er doch irgendwann auftauchen würde. Die Kennzeichen des BMW, mit dem er bislang immer vorgefahren war, hatten uns bis dato auch nicht weitergebracht. Sie waren auf eine völlig unbescholtene Frau zugelassen. Intensive Ermittlungen, ob in der Nacht ein Daimler der 124er-Klasse gestohlen worden war, verliefen ebenso im Sande. Natürlich überlegten wir fieberhaft, ob es sinnvoll sei, die Garage aufzubrechen und die zwei Männer festzunehmen. Aber stand auch wirklich fest, dass der Mercedes, der in der Nacht in die Garage gefahren worden war, gestohlen war? Konnten andere Mitglieder der Bande während unserer Maßnahmen rechtzeitig mittels Handy oder über andere Wege gewarnt werden und so für immer verschwinden, ohne je von uns identifiziert werden zu können? Fragen über Fragen, keiner konnte oder wollte sie endgültig beantworten. Also warteten wir geduldig weiter.

Zäh wie Kaugummi dehnten sich die Stunden, ohne dass irgendetwas geschah. Immer wieder kamen Zweifel und Unsicherheiten über unser Vorgehen auf. Gegen 18.40 Uhr änderte sich die Situation schlagartig. Der BMW fuhr auf das Gelände. Von uns sehnsüchtig erwartet, stieg der »Orientale« aus, lief zum Tor und schloss die Vorhängeschlösser auf. Genau wie am Dienstagabend beobachtet, verließen zwei völlig ölverschmierte Männer die Garage und begannen einen weiteren leeren VW-Pritschenwagen zu beladen. Dieser war zuvor, zu unserer großen Überraschung, vom mutmaßlichen Boss aus einer leer stehenden Halle, die sich neben der ehemaligen Tankstelle befand, herausgefahren worden. Er war von uns bis dahin noch gar nicht entdeckt worden.

Ohne weiteres Zögern gab ich den Einsatzbefehl zur Festnahme der Täter. Durch einen verdeckten Ausgang rannten 14 Männer aus unserem Beobachtungshaus auf die drei zu, während gleichzeitig drei Fahrzeuge der Außenposten die Zugänge versperrten. Dies geschah so rasend schnell, dass die Täter nicht einmal in der Lage waren, ihre Handys zu zücken, um andere Bandenmitglieder zu warnen. Alle drei verzichteten auf Gegenwehr, unsere Übermacht war offensichtlich zu groß. Ich selbst befand mich unter den Festnehmenden und konnte deshalb als einer der Ersten in die offen stehende Garage hineinschauen. Was ich sah und anschließend auch riechen konnte, lies mich Bauklötze staunen: Es war fast nicht glaubhaft! Der Mercedes, der früh um 04.20 Uhr in die Garage gefahren worden war, war bereits jetzt, um 18.50 Uhr, in sämtliche Einzelteile zerlegt worden. Überdies standen in dieser Garage unzählige Fässer mit Altöl, Kanister mit Benzin und andere Schmierstoffe herum. Augenscheinlich die entsorgten Stoffe aus den Motoren und Getrieben der zerlegten Autos. Es stank bestialisch nach Öl und Benzin. Bei dem Gedanken, was passiert wäre, wenn diese Garage beim Schweißen in dieser Benzin-Luft-Mischung explodiert wäre, überkam mich das kalte Grausen. In einer der hinteren Ecken lagen unzählige zerschnittene Kennzeichen. Diese wurden einige Tage später von Litti puzzleartig zu 22 Kennzeichen zusammengesetzt, die ehemals zu elf gestohlenen Fahrzeugen gehörten.

Nach den ersten Eindrücken und dem Abtransport der Täter zur Gefangenensammelstelle wurden zeitgleich die zuvor erkundeten Wohnungen der anderen Bandenmitglieder aufgesucht. Mit den entsprechenden Durchsuchungsbeschlüssen eines Haftrichters konnten die drei Fahrzeugdiebe in ihrer Wohnung in Lichtenrade festgenommen werden. Auch derjenige, der die »Blaumänner« am Morgen hier abgeliefert hatte, wurde überrascht und konnte verhaftet werden. Die folgenden Wohnungsdurchsuchungen brachten eine Vielzahl von wichtigen Beweismitteln zutage. So konnten unter anderem zwei weitere Bandenmitglieder ermittelt und unmittelbar darauf dem Haftrichter vorgeführt werden. Außerdem wurden die VW-Pritsche, die in der Yorkstraße stand, und weitere zwei, im Stadtgebiet verteilte »Verpackungscontainer« gefunden und beschlagnahmt. Das Sichern und Ausräumen der Garage und der Abtransport der VW-Pritschen konnte nur durch ein Dutzend Kollegen von der Bereitschaftspolizei und etlichen Fachleuten bewältigt werden und dauerte drei Tage.

Kriminalhauptkommissar Ramms teilte mir zwei Wochen später mit, dass die umfangreichen Ermittlungen seiner Dienststelle ergeben hätten, dass wir in der Tat sämtliche Mitglieder dieser Kfz-Verschiebe-Bande festgenommen hatten. Sie kamen praktisch für alle 22 Kfz-Diebstähle der letzten Monate infrage.

Auch klärte sich die seltsame, aber sehr effektive Verpackungsart der Kfz-Teile auf den Pritschen auf. Diese waren zuvor gebraucht gekauft worden und wurden, wenn acht der »VW-Verpackungscontainer« mit den gestohlenen und zerlegten Daimler-Fahrzeugen beladen waren, in den roten Überseecontainer gefahren. Das war der, der von uns ebenfalls auf dem Garagengelände entdeckt worden war. In diesen passten genau acht dieser Pritschen. Dann sollte dieser mit einem Lastwagen nach Bremen transportiert werden. Anschließend war, wie mit bereits drei anderen Containern zuvor, die Verschiffung in den Libanon vorgesehen.

Im Libanon wiederum warteten weitere Bandenmitglieder auf die Pritschen mit den zerlegten Kfz-Teilen. Erstaunt erfuhr ich, dass die zerlegten Karosserien dort wieder zu vollständigen Fahrzeugen zusammengebaut wurden oder als Ersatzteillager für alte Kraftfahrzeuge in Afrika dienten.

Aufgrund unseres umfangreichen Beweismaterials waren alle Beschuldigten geständig, eine lange Serie von Autodiebstählen hatte damit ihr Ende gefunden.

Einer dieser »VW-Verpackungscontainer«.

Osteuropäische Schieber

Dass Verwandte häufig nerven, indem sie meist übertriebene Geschehnisse aus ihrer Nachbarschaft erzählen, dürfte der ein oder andere bereits erlebt haben. Als mich aber mein Onkel Dieter anrief und Folgendes berichtete, war ich gleich elektrisiert und handelte sofort:

»Hallo, Karlheinz, ich beobachte hier in der Tiefgarage unseres Häuserblocks seit einiger Zeit Seltsames. Immer wieder kommt es vor, dass hochwertige Autos wie Daimler-Benz, BMW und Audis auf einer angemieteten Parkfläche abgestellt werden. Diese meist fabrikneuen Fahrzeuge haben in der Regel kein Kennzeichen mehr dran, stehen zwei bis drei Tage und werden dann mit einem frischen Nummernschild wieder herausgefahren. Das habe ich jetzt bereits fünfmal gesehen und seit heute Morgen steht dort schon wieder ein Audi A8.«

»Du hast recht, dass ist mehr als seltsam, ich komme gleich mal vorbei«, antwortete ich und machte mich sogleich auf den Weg in die Mohriner Allee. Bereits 35 Minuten später klingelte ich bei meinem Onkel und ließ mir die Schlüssel zur Tiefgarage geben. Anschließend begab ich mich zu der zuvor beschriebenen Parkfläche. Bei der Tiefgarage handelte es sich um eine einstöckige Bauweise, die sich unmittelbar unter dem Wohnblock befindet. Jeder Mieter hatte also seine Parkfläche und gelangte direkt von der Garage mit dem Fahrstuhl in seine Wohnetage.

Wie von Dieter beschrieben, stand dort ein dunkelblauer Audi A8 ohne Kennzeichen. Aufmerksam umrundete ich den Wagen. Er sah neu aus, hatte keinerlei Kratzer und einen tadellosen Lack. Aber wo befand sich die Fahrgestellnummer? Die Nummer, die den Herstellercode, den Fahrzeugtyp, das Modelljahr, den Produktionsort und die laufende Nummer des Fahrzeuges enthält. Sie ist die einzige Möglichkeit, ein Fahrzeug ohne Kennzeichen einwandfrei zu identifizieren. Manchmal ist diese im unteren Teil der Frontscheibe eingeätzt. Leider blieb meine Suche ergebnislos, ich konnte sie nicht entdecken. Was nun? Mir blieb nicht anderes übrig, als zur Dienststelle zu fahren und dort eilig die Fahndungslisten der aktuell gestohlenen Pkw durchzusehen. Sollte ich damit keinen Erfolg haben, dann blieb nur die fernmündliche Kontaktaufnahme mit sämtlichen Polizeidirektionen in der näheren Umgebung.

Gedacht, getan. Unmittelbar nach dem Eintreffen in der Unterkunft Friesenstraße, die mitten im Kreuzberger Kiez liegt und einst, zu Kaisers Zeiten, als Kaserne diente, betrat ich die Diensträume meiner operativen Einheit FAO. Dann legte ich los. Zunächst wurde ein Team zusammengestellt, das die Aufgabe bekam, unverzüglich zur Tiefgarage in der Mohriner Allee zu fahren und dort den Audi zu überwachen. Schulle und ich machten uns an die Arbeit und versuchten zu erkunden, ob in den letzten Tagen solch ein Audi A8 als gestohlen gemeldet worden war.

Während die Listen uns nicht weiterbrachten, sah es so aus, als hätten wir mit dem dritten Telefonanruf Glück. Dieser erfolgte bei der Brandenburger Landespolizeidirektion Süd. Aufgeschlossen erklärte mir eine sehr interessierte Kollegin, dass in der gestrigen Nacht im Elbe-Elster-Kreis ein Audi A8, auf den meine Beschreibung passte, entwendet wurde.»Ich schicke dir ein Bild von dem Fahrzeug, der Halter hat uns heute Morgen eines bei der Diebstahlsanzeige übergeben«, erklärte die nette Kollegin.

Zwei Minuten später hatte ich ein Bild vom Audi auf meinem Handy und machte mich gemeinsam mit Schulle auf den Weg zur Tiefgarage. Hier begutachteten wir das Kraftfahrzeug erneut, wobei wir darauf achteten, nicht gesehen zu werden. Das Foto und der vor uns stehende Audi stimmten verblüffend überein.

»Schulle, ich sage dir, das ist der gestohlene Wagen aus Brandenburg, ich merke auch schon wie sich in meinem Magen ein nervöses Zucken bemerkbar macht.« Wie hieß es so schön:

Besser als jede Theorie,
ist ein mulmiges Bauchgefühl.
Denn wenn es im Magen
zwickt und kneift,
erkennt man eine Straftat gleich.

»Aha, na wenn's in deinem Magen schon anfängt zu zucken, dann kann das nur der geklaute Audi sein, dein Gefühl trügt selten«, antwortete Schulle trocken und mit einem leichten Schmunzeln.

Jetzt musste schnellstmöglich ein guter Plan her. Zunächst galt es festzustellen, wer der Mieter dieser Parkfläche war. Dann war eine Überwachung rund um die Uhr zu organisieren, denn wenn es sich um diesen gestohlenen Audi handelte, durfte uns dieser nicht durch die Lappen gehen. Während Schulle die Identifizierung des Parkplatzes übernahm, alarmierte ich einige meiner Mitarbeiter. Ab sofort hatte die Bewachung des Audis A8 oberste Priorität, alle andere Aufgaben wurden zurückgestellt. Fakt war, wenn mein Onkel wirklich bereits fünfmal ähnliche Vorgehensweisen beobachtet hatte, dann konnte es sich nur um eine Bande von Autodieben handeln, die hier agierten, und denen musste das Handwerk gelegt werden.

Eine halbe Stunde später stand fest, dass die Parkfläche von einer ukrainischstämmigen Frau angemietet worden war, die im gleichen Häuserkomplex wie mein Onkel Dieter wohnte. Jetzt übernahmen drei Teams mit je zwei Mitarbeitern die Überwachung der gesamten Garagenanlage, und das natürlich rund um die Uhr. Es galt zweierlei zu erreichen:

- die Überwachung des Audis, bis jemand ans Fahrzeug tritt, um diesen wegzufahren oder mit neuen Kennzeichen zu versehen,
- zweitens die Beobachtung der Wohnung, um auszukundschaften, wer dort wirklich wohnt.

Ein erneutes Nachfragen bei meinem Onkel ergab, dass er mir unzweideutig versicherte, dass die Fahrzeuge, die er auf der Parkfläche gesehen hatte, dort immer nur maximal zwei, drei Tage gestanden hatten. So war ich guter Hoffnung, dass unsere Überwachung nur relativ kurz dauern sollte. Wie sich bald herausstellte, war dies ein Trugschluss. In den ersten drei Tagen unseres aufmerksamen und kräfteintensiven Beobachtens passierte rein gar nichts. Der zuständige Kommissariatsleiter für internationale Kfz-Schiebereien im Landeskriminalamt, EKHK (Erster Kriminalhauptkommissar) Pranz, den ich unmittelbar nach dem Auffinden des Audis kontaktiert hatte, verlor angesichts der Länge unserer Observation schon langsam die Nerven. Er drängte bereits darauf, das Kraftfahrzeug sofort sicherzustellen. Dies redete ich ihm aber erfolgreich aus, indem ich deutlich machte, dass wir diese Bande von Kfz-Schiebern auf frischer Tat festnehmen wollten. Glücklicherweise war auch der Besitzer des Audis damit einverstanden, sein Fahrzeug dort stehen zu lassen, um die eigentlichen Diebe anzulocken. Für ihn keine einfache, jedenfalls nicht selbstverständliche Entscheidung. Denn immerhin parkte dort ein Auto im Wert von rund 80 000 Euro. Unterdessen stand nämlich fest, dass der Audi tatsächlich der war, der, wie schon von uns vermutet, im Elbe-Elster-Kreis gestohlen worden war. Mithilfe von Spezialisten des LKA hatten wir den Audi öffnen lassen, ohne dass dies später bemerkt werden konnte. So konnte die Fahrgestellnummer abgelesen werden. Danach war es ein Leichtes, festzustellen, dass dieser nur drei Monate alte Neuwagen tatsächlich der gestohlene A8 war.

Am vierten Tag, um die Mittagszeit, passierte endlich etwas. Ein grauer VW-Golf fuhr vor und eine attraktive jüngere Frau, mit schulterlangen, glatten, schwarzen Haaren stieg aus. Diese ausgesprochen elegante, mit einem blauen Hosenanzug gekleidete Frau betrat wenig später das von uns überwachte Wohnhaus und kurz danach die besagte Wohnung. In den folgenden zwei Tagen geschah wieder nur wenig. Unsere Mieterin verließ ihre Wohnung lediglich zum Einkaufen, von uns diskret begleitet.

Ab dem sechsten Tag nahm der Druck von EKHK Pranz und meinem Chef auf mich stetig zu. Sie wollten diesen Einsatz beenden. Hintergrund war der enorme Kräfteaufwand dieser Observation, der allen zu schaffen machte. Auch der Halter des Audis wurde verständlicherweise langsam nervös. So stimmte ich zu, am darauffolgenden Tag den Audi sicherzustellen und die aus der Ukraine stammende Frau festzunehmen. Anhand ihrer Vernehmung, der Spurensuche am Audi und der Durchsuchung der Wohnung sollten weitere Beweise gesammelt werden, um so zum Erfolg zu kommen.

Gemeinsam mit vier Beamten des LKA und vier Teams meiner Dienstelle nahmen wir an einem Freitagmorgen gegen 08.00 Uhr verdeckt Aufstellung vor dem Wohnblock. Gegen 10.00 Uhr sollte unsere Aktion starten. Wie häufig bei solch festgelegten Zeitpunkten geschieht plötzlich Unerwartetes und alles gerät durcheinander. So kam gegen 09.10 Uhr Bewegung in unsere Beobachtungen. Ein schwarzer Geländewagen, Fabrikat Mercedes, fuhr am Wohnblock vor und drei Männer mit osteuropäischem Aussehen stiegen aus. Sie liefen sofort zielsicher in Richtung des von uns beobachteten Hauseinganges. Dann blieben sie plötzlich auf dem Gehweg vor dem Haus stehen und unterhielten sich. Im nächsten Augenblick fuhr ein roter, alter Ford Escort vor, hupte kurz und einer der drei Männer eilte zum Fahrzeug und stieg ein. Während die beiden anderen die Eingangstür aufschlossen und im Wohnhaus verschwanden, fuhr der Escort rasant in Richtung Rixdorfer Straße davon.

Meine Anweisung an unser zweites Team erfolgte prompt: »Ihr brecht hier ab und verfolgt den Ford Escort; ich will wissen, wo die hinfahren und mit wem sie Kontakt aufnehmen«, erklärte ich über Funk. Ohne zu zögern nahmen sie die Verfolgung auf.

Inzwischen hatten die verbliebenen zwei Fremden die Wohnung der Ukrainerin betreten. Eine neue Situation war entstanden. Waren es die von uns so inständig erwarteten Autoverschieber? Nach einer kurzen Besprechung mit den Kollegen vom Landeskriminalamt kamen wir darin überein, so lange mit unseren Kräften nicht einzuschreiten, bis das Verfolgungsteam nähere Erkenntnisse über die Männer aus dem Ford Escort hatte.

Erneutes Warten also. 20 Minuten später meldete sich Manu, der Teamführer des zweiten Teams, und teilte mir etwas konsterniert mit, dass sie den Ford in Marienfelde aus den Augen verloren hätten. »Er war urplötzlich weg, er muss irgendwo in eine Seitenstraße abgebogen, in ein Parkhaus oder in ein Privatgrundstück hineingefahren sein, gerade als uns ein Bus für relativ kurze Zeit die Sicht versperrte«, berichtete er frustriert. »Kann passieren, bleibt erst einmal dort, vielleicht taucht er ja wieder auf«, wies ich Manu an.

Dann mussten also unsere Maßnahmen hier vor Ort erfolgreich verlaufen. Gemeinsam machten wir uns auf den Weg zur observierten Wohnung. Mit einem Schlüssel vom Hausmeister öffneten wir die Hauseingangstür und begaben uns in die zweite Etage des Wohnhauses. Claudi, eine von zwei Mitarbeiterinnen in der FAO, klingelte an der Wohnungstür und kurz darauf wurde diese von der Ukrainerin geöffnet. Wie vielfach geübt, stürmten wir in die Wohnung und besetzten schlagartig die drei Zimmer, Küche, Toilette und Flur. Im Wohnzimmer saß der russische Ehemann der Ukrainerin vollkommen überrascht und regungslos. Wie sich wesentlich später herausstellen sollte, der eigentliche Kopf einer internationalen Bande von Autodieben und Schiebern. In der Küche trafen wir auf den zweiten Mann, der ebenso nicht dazu kam, auch nur im Ansatz Widerstand zu leisten. Beide wurden festgenommen und mit Handfesseln versehen.

Der absolut verblüfften und am ganzen Körper zitternden Ukrainerin, die, wie wir wussten, Mieterin der Wohnung sowie des Parkplatzes war, wurde nun der zuvor eingeholte richterliche Durchsuchungsbeschluss übergeben. Dann begannen unsere Durchsuchungsmaßnahmen. Was mich erst einmal am meisten erstaunte, war die ausgesprochen hochwertige Ausstattung der Wohnung. Teuerste Küchen- und Sanitärmöbel, kostbare Stofftapeten, mehrere wertvolle Teppiche übereinandergelegt auf Echtholz-Parkettböden, sämtliche Zimmerdecken mit edlem Spanntuch versehen und alle nur erdenklichen elektronischen Gerätschaften; es fehlte an nichts.

Bei der genauen Überprüfung der Personalien des Mannes in der Küche begannen wir uns langsam zu freuen. Dieser aus Litauen stammende Mann wurde seit zwei Tagen von Interpol gesucht, da er im Verdacht stand, einen aus Deutschland gestohlenen Daimler Benz S 500, im Wert von mehr als 100 000 Euro, über Finnland nach Litauen transportiert zu haben. Dort war er von der Polizei überprüft worden, leistete aber erheblichen Widerstand und konnte flüchten. Dazu noch zwei Haftbefehle der deutschen Justiz. Da war uns ein richtig »dicker Fisch« ins Netz gegangen. Hier saß er nun in der Küche und war völlig geschockt, dass uns diese Informationen bereits vorlagen.

Ganz anders verhielt sich der Russe. Arrogant und vollkommen ruhig dasitzend, verlangte er mit hochnäsigem Gesicht und in perfektem Deutsch nach einem Anwalt. Ansonsten rümpfte er nur die Nase und sagte kein weiteres Wort.

Unterdessen fanden wir Beweismittel über Beweismittel. Da lagen gefälschte Fahrzeugpapiere im Kleiderschrank unter deliziösen Dessous versteckt, elektronische Gerätschaften zum Knacken von Wegfahrsperren im Besteckkasten des Küchenschrankes, Rohlinge für Kraftfahrzeugschlüssel fanden sich im Werkzeugkasten und zwei Kennzeichen, die zu unserem gestohlenen Audi A8 gehörten, lagen unter dem Schuhschrank auf dem Boden. 19 000 Euro und 8500 Dollar konnten ebenfalls »gut« verdeckt in einem Keramiktopf unter künstlichen Blumen aufgespürt und beschlagnahmt werden.

Das eigentliche Schmankerl sollte aber noch kommen. Während ich mir etwas gedankenverloren die unzähligen Schlüssel, die am Schlüsselbrett im Flur hängen, anschaue, fällt mir ein, dass ja das Team von Manu noch in Marienfelde steht und wartet, dass der Ford Escort wieder auftaucht. »Vielleicht finden wir ja bei unserer Durchsuchung irgendwo eine Adresse, die sich auf Marienfelde bezieht«, denke ich mir und ergreife die diversen Schriftstücke, die ich in den Schubladen und Ordnern sehe. Beim genaueren Hinsehen bemerke ich aus den Augenwinkeln heraus, dass unser so cooler Russe, der mit Handschellen gefesselt auf einem Stuhl sitzt und auf seinen Transport in die Gefangenensammelstelle wartet, nervös zu mir herüberblickt. »Na, da muss doch etwas sein«, sage ich zu mir selbst und suche intensiv weiter.

Mit einem Mal erblicke ich ihn. Einen Vertrag über die Anmietung einer Garage in der Kiepertstraße mitten in Marienfelde! Mein Herzschlag beschleunigt sich. »Schulle, komme mal bitte her, ich habe hier etwas entdeckt«, rufe ich in die Küche hinein, wo er gerade dabei ist, ein Durchsuchungsprotokoll auszufüllen. Aufgeregt zeige ich ihm den Vertrag und erkläre sogleich: »Wir fahren nach Marienfelde. Nimm mal sämtliche Schlüssel vom Schlüsselbrett ab, die nehmen wir mit, eventuell passt ja einer zur Garage.«

Zwei Teams der FAO und ein Team vom LKA übernehmen vor Ort den Abtransport der Beschuldigten, stellen den Audi A8 zur weiteren Spurensuche sicher und beenden die Wohnungsdurchsuchung, während alle anderen in Richtung Marienfelde fahren. Marienfelde, ein Ortsteil des Bezirks Tempelhof, liegt nicht weit entfernt von unserem Standort und so treffen wir bereits zehn Minuten später in der Kiepertstraße ein, wo uns bereits das Team Manu erwartet, das vorab von uns über Funk informiert worden war.

Bei der Adresse des Mietvertrages handelt es sich, wie ich verdutzt feststellen muss, nicht um einen typischen Garagenkomplex, sondern um eine Tiefgarage. Mitten im gutbürgerlichen Wohngebiet steht ein grauer, sehr großer und hässlicher Betonklotz. Beim näheren Anschauen stellen wir fest, dass sich in dieser Tiefgarage etliche, vollkommen geschlossene Garagen befinden. Nun heißt es suchen. Laut Mietvertrag, den ich in den Händen halte, soll es sich um die Garage Nr. 12 handeln. Leise setzten wir uns in Bewegung, langsam und vorsichtig, Schritt für Schritt. Fast am Ende der im Erdgeschoss gelegenen Garagen finden wir die Nr. 12 und verharren davor. Hinter einem großen, hölzernen Doppelflügeltor sind deutliche Arbeitsgeräusche zu vernehmen, die sich wie das Abschleifen von Metall anhören. Vorsichtig probiert Schulle die mitgebrachten Schlüssel aus, um das von innen verschlossene Tor zu öffnen. Mit einem Schlag hören die Schleifgeräusche auf und es herrscht völlige Stille. Offensichtlich haben die drinnen unsere Schließversuche bemerkt und verhalten sich jetzt ganz leise, sodass ein überraschendes Eindringen nicht mehr möglich ist. Es hilft nichts, wir rufen laut und vernehmlich:»Polizei, öffnen sie das Tor!« Keine Antwort, keine Reaktion, nichts.

Also weiter mit den Schlüsseln probieren. Und endlich: Der x-te Schlüssel passt. Langsam öffnet Schulle das Tor, während wir anderen sichernd mit gezogenen Pistolen dastehen. Im Lichte unserer Taschenlampen erblicke ich im Inneren zunächst fünf Fahrzeuge der Luxusklassen BMW, Daimler-Benz und Audi, die eng aneinandergereiht teilweise mit offenen Motorhauben dastehen. Erkennbar wird an diesen gearbeitet. Personen sehe ich nicht. Dafür bemerken die Kollegen vom LKA einen Durchbruch in der Außenmauer, der direkt aus der Garage ins Freie führt.»Verdammt ärgerlich, die haben uns gelinkt, damit konnte keiner rechnen, das war ihr Fluchtweg«, entfährt es mir. Zu diesem Zeitpunkt weiß ich noch nicht, dass unsere beiden Flüchtigen, bei denen es sich um die aus dem Ford Escort handelt, bereits zwei Tage später durch intensive Ermittlungen der LKA-Kollegen festgenommen werden können.

Nun aber zurück zur Garage. Die folgenden Stunden der Durchsuchung dieses weiträumigen Komplexes brachten eine Überraschung nach der anderen zutage. Es war kaum glaubhaft. Alle fünf Fahrzeuge waren in den letzten Wochen in Berlin und Umgebung gestohlen worden und wurden hier mit neuen Fahrgestellnummern und Fahrzeugpapieren versehen. Dafür standen massenhaft Spezialwerkzeuge zur Verfügung, die teilweise durch Einbrüche in Fachwerkstätten gestohlen worden waren. Anhand von unzähligen zerschnittenen Kennzeichenstücken, die säuberlich in einer Ecke lagen und von uns mühselig zusammengesetzt wurden, konnten weitere 18 Kraftfahrzeugdiebstähle aufgeklärt werden. Die Fahrzeuge befanden sich aber bereits jenseits der Oder-Neisse-Grenze, für diese Feststellung brauchte man kein Prophet zu sein, das war offensichtlich. Kurz vor Mitternacht stand es einwandfrei fest, wir hatten einen bedeutenden Schlag gegen einen international tätigen Autoschieberring geführt und diesen zerschlagen.

Eine besondere Pointe hatte der Fall allerdings doch noch. Während der Durchsuchungsmaßnahmen und der Abtransporte der gestohlenen Autos und Werkzeuge schaute ich mich noch etwas in der gesamten Tiefgarage um. Und siehe da, in der Garage Nr. 13 sah ich durch die Ritzen des Holztores etwas blitzen. Ich legte mich also flach auf den Boden und leuchtete mit meiner Taschenlampe durch eine Ritze zwischen Boden und Tor. Da stand doch tatsächlich ein neuwertiger Audi A8. Wenn das kein Zufall war… Nachfragen bei dem inzwischen eingetroffenen Vermieter der Garagen ergaben keine Klarheit. Seiner Meinung nach war diese Garage gar nicht vermietet. »Schulle bring mir mal bitte ein Brecheisen aus dem Fundus unserer Diebe«, erklärte ich freudig erregt.

Misstrauisch beobachtet von zwei Kollegen des LKA und bedacht mit den Worten: »Du willst doch nicht wirklich die Garagentür aufbrechen, wer weiß, wer der Besitzer ist«, setzte ich das von Schulle gereichte Brecheisen an und ratzfatz war das Tor offen.

Dieser silberfarbene Audi A8 war in der Nacht zuvor in Berlin gestohlen worden, stellte ich anhand der Fahrgestellnummer und einer Fahndungsnachfrage schnell fest, und wartete hier vermutlich auf eine Verschiebung in die Garage Nr. 12, die ja mit den fünf anderen Fahrzeugen bereits voll belegt war. Die Gratulation der Kollegen vom LKA nahm ich gerne entgegen.

Der operative Teil war nun erledigt. Sechs Monate später rief EKHK Pranz an und teilte mir mit, dass acht Tatverdächtige zu diesem Fall ermittelt werden konnten. Diese hatten in zwei Jahren 26 hochwertige Kraftfahrzeuge aus ganz Deutschland gestohlen und in den osteuropäischen Raum verschoben. Er ergänzte, dass allein das Ausräumen und Sichern der Spuren in den Garagen mehrere Wochen in Anspruch genommen hatte. Von den gestohlenen Fahrzeugen konnten aber nur diese sieben ihren Haltern wieder übergeben werden. Alle anderen seien im »Nirwana« verschwunden, fügte er etwas resigniert hinzu.

Spezialwerkzeug zum Verändern des Pin.

Es könnte allerdings sein, dass einige dieser Luxuslimousinen direkt an die Familie des tadschikischen Präsidenten Emomali Rachmon verschoben worden sind. Wie die Berliner Justizbehörden 2013 veröffentlichten, sollen sich rund 90 solcher gestohlenen Pkw im Besitz von Personen befinden, die wirtschaftlich oder familiär mit dessen Familie verbunden sind. Der Berliner Justizsenator Heilmann forderte diesen Präsidenten bislang vergeblich auf, die gestohlenen Fahrzeuge wieder herauszugeben.

Abschließend bleibt festzustellen, dass es die aufmerksamen Beobachtungen meines Onkels gewesen sind, die diesen Erfolg überhaupt erst möglich machten. Das zeigt, wie wichtig es ist, dass verdächtige Wahrnehmungen der Polizei mitgeteilt werden.

Killer

Die Geburtstagsfeier bei Chrissi kam langsam in Schwung. Leckere Kuchen und Kekse waren größtenteils verzehrt, da packte mein Schwager, der seinen 27. Geburtstag feierte, voller Vorfreude das Geschenk aus, dass wir, meine Frau Angelika und ich, mitgebracht hatten. Es war eine Karaoke-Anlage! Kaum hatte Chrissi diese ausgepackt, kam er auf uns zugestürmt und bedankte sich überschwänglich, denn Musik war nun mal sein Ein und Alles! In den darauffolgenden 20 Minuten wurde diese ordnungsgemäß angeschlossen und dann schmetterte er voller Inbrunst das erste Lied. Selbstverständlich war es einer seiner Lieblingssänger, den er täuschend echt nachahmte, nämlich Elvis Presley. Aber auch ich ließ mich nicht lange bitten und brachte ein Ständchen. Mein Favorit war und ist Marius Müller Westernhagen und so versuchte ich mich an seinem Erfolgshit »Willenlos«. Nachdem dann auch noch meine Schwiegermutter Annemarie ihre schöne Stimme erklingen ließ und ein Lied von Zara Leander zum Besten gab, waren alle in Hochstimmung. Gerade als sich die letzten Töne im Zimmer verflüchtigten, klingelte mein Handy.

»Hey Kalle, du musst mal schnell zum Dienst kommen, ich habe hier einen Menschen, der will von einem großen Ding erzählen, deutet dies aber bisher immer nur an. Ich glaube aber, das ist wirklich ein Hammer«, berichtete mir Guido verschwörerisch. Geburtstagsfeier ade?! Natürlich vertraute ich auf das Gefühl von einem meiner ideenreichsten Mitarbeiter und machte mich mit einem hörbaren Seufzer auf den Weg, nicht ohne noch rasch zu versichern, dass ich bis zum Abendbrot wieder da sei. Ein voreiliges Versprechen, wie sich bald herausstellte.

Auf der Dienststelle angekommen, erwartete mich neben Guido, der aufgeregt hin und her lief, ein etwa 35-jähriger, schlanker, durchtrainierter Mann türkischer Abstammung. Akzentfrei und ausgesprochen höflich sprach er mich an und bat zunächst um eine vertrauliche Unterredung mit mir. Andeutungsweise machte er mir nach und nach klar, dass er über ein Verbrechen berichten wollte, das normale Dimensionen sprengte. Etwas verwundert, aber auch neugierig geworden, stimmte ich zu und wir gingen in mein Büro. Kaum hatten wir uns an meinen Schreibtisch gesetzt, schilderte er zunächst ausführlich seine private Situation. Dabei legte er immer wieder längere Denkpausen ein und wiederholte mehrfach, ein schlimmes Verbrechen verhindern zu wollen. Ich bemerkte schnell, dass er zunächst ein gewisses Vertrauensverhältnis zu mir aufbauen wollte bzw. nicht sicher war, ob er sich wirklich der Polizei, also mir, offenbaren sollte.

Das Gespräch zog sich hin. Zunächst eine Stunde, dann weitere 45 Minuten. Ich wusste zwar inzwischen, dass er hier in Berlin lebte, seit längerer Zeit glücklich verheiratet war, eine Tochter hatte und ein Sportstudio betrieb. Auch dass er den siebenten Dan im Karate besaß und sich nicht so schnell einschüchtern ließ. Auf den eigentlichen Kern seiner Geschichte war er aber immer noch nicht gekommen. Langsam wurde ich etwas ungehalten.

»Aron«, so hatte er sich mir vorgestellt, und so wollte er auch von mir angesprochen werden, »Aron, du musst jetzt wirklich mal zur Sache kommen. Ich habe dir gesagt, was ich im Rahmen meiner rechtlichen Möglichkeiten für dich tun kann, dazu muss ich aber endlich wissen, worum es geht! Mein Schwager hat Geburtstag, es ist Sonntag und ich habe eigentlich frei. Also, was ist jetzt?«

Und wirklich, kurz bevor ich drauf und dran war, dieses unfruchtbare Gespräch abzubrechen, fing er an sich zu öffnen. Er schilderte mir nun, dass er vor einigen Monaten in seinem Sportstudio einen Mann kennengelernt hatte, der ihm zunächst sehr sympathisch war. Es handelte sich um einen durchtrainierten, fast zwei Meter großen Athleten mit einem Gewicht von fast 120 Kilo. Er war, wie Aron selbst, türkischer Abstammung und nachdem er einige

Wochen in seinem Studio trainiert hatte, fragte er Aron, ob er sich nicht vielleicht etwas dazu verdienen wolle. Seine Aufgabe bestünde darin, ihn durch Berlin zu fahren, da er selbst keinen Führerschein besäße. Aron ging darauf ein und schon bald war er fast täglich mit Imad, so nannte sich sein neuer Bekannter, unterwegs.

Obschon Aron bald darauf feststellte, dass Imad augenscheinlich einige illegale Geschäfte durch An- und Verkäufe mit Diebesgut machte, war er einverstanden, als Imad ihn bat, ein Appartement auf seinen Namen anzumieten, da ein Freund Imads anreisen wollte und eine Bleibe bräuchte. Er selbst, Imad, hatte angeblich keinen Pass, um diesen beim Vermieter vorzuzeigen. »Ich hatte dabei zwar ein komisches Gefühl, der war aber so nett und ich so naiv, dass ich darauf einging und in der Skalitzer Straße in Kreuzberg ein Zweizimmer-Appartement für drei Monate anmietete. Ein großer Fehler, wie ich bald feststellen sollte«, führte Aron mit leicht zittriger Stimme und bleicher Gesichtsfarbe aus. Er musste sich sichtlich sammeln, bevor er fortfahren konnte, und wischte sich mehrere Schweißperlen von der Stirn.

Genau vier Tage nach der Anmietung des Appartements stellte ihm Imad seinen Freund Hadir vor. »Der war mir vom ersten Moment an total unheimlich. Ein breitschultriger, relativ kleingewachsener, glatzköpfiger Kerl, der ständig nervös hin und her lief und erkennbar vor irgendwas oder irgendwem davonlief. Auch hatte er ausgesprochen brutale Gesichtszüge und benutzte Kraftausdrücke, die ich so nicht gewohnt war«, fuhr Aron mit leiser Stimme fort.

Wiederum erfolgte eine Sprechpause, in der mich Aron um einen Schluck Wasser bat. Während ich ein Glas Wasser aus unserer Teeküche holte, bat ich Guido darum, mich in mein Büro zu begleiten, um der weiteren Erzählung Arons zu folgen. Etwas umständlich erzählte uns Aron nun, dass er schnell feststellte, dass Imad und Hadir gemeinsam in dem Appartement wohnten und sie dort auch Waffen lagerten. Darauf angesprochen, eröffnete ihm Imad, dass Aron nun sein vertrauensvoller Freund sei und dass er in den nächsten Tagen schon noch erfahren würde, was sie vorbereiten.«Verschwörerisch sprach er von einem großen Ding, dass sie planten, und dass eine Menge Geld dabei herauskommt.«

In der Tat, drei Tage später trafen sie sich alle drei in dem Appartement und Imad legte die Karten auf den Tisch. Er schilderte Aron zunächst, dass Hadir aus einem Gefängnis in Brandenburg befreit worden sei. Dazu war ein Hubschrauberpilot während eines normal gebuchten Rundfluges gezwungen worden, im Hof der Anstalt zu landen. Hadir nutzte seinen täglichen Hofgang dazu, blitzschnell in den Hubschrauber zu springen, und bevor die Wachmannschaften reagieren konnten, war der Hubschrauber bereits wieder in der Luft. Wenige Minuten später wurde der Pilot mit Waffengewalt genötigt, seinen Hubschrauber auf einem Feld zu landen, wo bereits ein Komplize Imads in einem Auto wartete. Damit setzten sie dann die Flucht erfolgreich fort.

»In Berlin angekommen, ist er in das Appartement eingezogen, dass ich unter meinem Namen angemietet hatte«, berichtete Aron weiter.»Imad machte mir dann mehrmals unmissverständlich klar, dass ich in der ganzen Sache nun mit drinhänge, und Hadir unterstrich diese Worte, indem er eine Geste machte, die das Durchschneiden meines Halses andeutete.« Aron stockte:»Herr Gaertner, ich dachte zunächst, ich höre nicht richtig, denn jetzt wurde mir bewusst, in welch üble Situation mich Imad gebracht hatte. Warum war ich bloß so naiv?«, fragte sich Aron mehrfach selbst und lief dabei ständig hin und her.

Nachdem Aron nun wusste, was es mit Hadir auf sich hatte, eröffnete ihm Imad den nächsten Schock.»Wir werden in drei Tagen einen Geldtransporter, der die Commerzbank beliefert, überfallen«, stellte Imad fast beiläufig fest.»Du wirst unseren Fluchtwagen fahren und bekommst zehn Prozent der Beute!«, erklärte Imad. Leise berichtete Aron uns, dass er wie »geplättet« dagestanden hätte und zunächst nichts erwidern konnte.

Dann sagte er:»Ich konnte gar nicht mehr klar denken, in meinem Kopf überschlugen sich meine Gedanken und mir war überhaupt nicht klar, wie ich aus dieser Lage wieder herauskommen könnte. Zumal mir immer bewusster wurde, dass ich es mit zwei eiskalten Schwerverbrechern zu tun hatte. Darum ging ich am nächsten Tag allein zu dem Appartement, da ich wusste, dass Hadir und Imad zu einem Kumpel in den Wedding gefahren waren. Hadir hatte sich nämlich inzwischen einen BMW besorgt und fuhr damit wie selbstverständlich umher. Glücklicherweise behielt ich bei der Anmietung des Appartements einen Schlüssel für die Eingangstür und konnte so unbemerkt in die Wohnung. Rasch durchsuchte ich die zwei Zimmer, denn ich hatte bereits am Vortag bei Hadir eine Pistole gesehen. Hadir und Imad sprachen auch mehrmals über Waffen, die sie sich besorgt hatten. Im Schrank des zweiten Zimmers wurde ich tatsächlich fündig. Was ich sah, verschlug mir den Atem. In zwei Taschen und einem Rucksack waren sechs Pistolen und zwei Revolver versteckt, eine Maschinenpistole, unzählige Magazine mit Munition, Geld in Gulden und Dollars, große Tüten mit Rauschgift, vermutlich Kokain, und anderes Zubehör wie Schalldämpfer, Schutzwesten, Verkleidungsutensilien und einiges mehr!«

Etwas konsterniert unterbrach ich seine Schilderung: »Aron, das, was du uns hier erzählst, ist aber kein Märchen oder so?«, fragte ich betont ernsthaft und mit ungläubigem Stirnrunzeln.

»Herr Gaertner, Sie können es mir glauben, ich war selbst fassungslos, aber das stimmt hundertprozentig. Ich habe schnellstmöglich das Appartement wieder verlassen und bin zu mir ins Sportstudio gefahren, immer noch völlig verwirrt von diesem Fund. Kurz darauf rief mich Imad an und erklärte mit Bestimmtheit , dass ich in die Wohnung kommen solle, da der Plan für den Überfall fertig sei und sie mich einweihen wollten. Ich kriegte Panik. Obwohl ich kein ängstlicher Typ bin, lief es mir eiskalt den Rücken runter. Ich wusste nicht mehr, was ich tun sollte. Also fuhr ich zunächst zum Appartement, um Näheres zu erfahren. Imad öffnete mir die Tür, begrüßte mich freundlich und wir gingen ins Schlafzimmer. Hier lag Hadir auf einem breiten Bett, völlig angezogen, und spielte mit vier Patronen, das heißt, er warf sie abwechselnd in die Luft und fing sie wieder auf. Nachdem ich mich hingesetzt hatte, sprach Imad auf mich ein. Er lobte zunächst überschwänglich meine Fähigkeiten als Karatetrainer und sagte, dass sie mich bei ihrem heißen Coup unbedingt bräuchten. Dabei wiederholte er mehrmals, dass sie mir vollends vertrauten und nicht im Entferntesten daran dächten, dass ich sie verraten könnte.«

Aron führte dann weiter aus, dass sie am Mittwoch, also in drei Tagen, einen Geldtransporter überfallen wollten, nachdem er von einer Commerzbank-Filiale in Schöneberg Geld abgeholt habe.

»Du fährst uns dann mit einem BMW, den ich ›besorgt‹ habe, dorthin, wartest mit laufendem Motor an der Ecke der Bank und sammelst uns unmittelbar nach der Tat wieder ein. Dann fahren wir bis zur Ecke Eisenacher Straße/Paulusstraße, wo wir in einen Audi A8 umsteigen, den wir zuvor dort abstellen und den ich auf einen falschen Namen geleast habe. Für dich ist wichtig, dass du dich ganz genau auskennst. Fahre die Strecke morgen einige Male ab, um uns schnellstmöglich nach dem Überfall aus Schöneberg herauszubringen. Alles andere machen wir«, beendete Imad seine Ausführungen in energischem Ton.

Aron war sichtlich verzweifelt: »Was soll ich bloß machen? Mir ist überhaupt nicht wohl zumute, aber es muss sein, ich kann bei diesem Überfall nicht mitmachen, ich habe noch nie etwas Kriminelles getan und will es auch nicht. Hinzu kommt, dass ich durch Zufall mitbekommen habe, wie Hadir zu Imad sagte, dass er kurzen Prozess mit den Geldtransporteuren machen werde, wenn die sich nur ansatzweise wehren sollten. Ganz konkret beschrieb Hadir, was er tun wolle, indem er mit seiner rechten Hand eine Pistole nachbildete, ein fiktives Ziel anvisierte und mehrfach Schussgeräusche nachahmte. Der meint es bitterernst«, beschloss Aron seine erschreckenden Sätze.

Sekundenlang ließ ich mir das soeben Gehörte durch den Kopf gehen, dann erklärte ich Aron und Guido meinen Plan. »Wir müssen sofort handeln. Guido, du alarmierst alle verfügbaren Männer, und ich selbst spreche mit den Kollegen des Sondereinsatzkommandos. Parallel dazu fertige ich einen Einsatzplan, während du, Aron, hier auf dem Stuhl sitzen bleibst und erst einmal wartest. Zuvor rufe aber Imad an und versuche, unauffällig herauszubekommen, wo sich die beiden aufhalten!«

Wenige Minuten später hatte ich den Einsatzleiter des SEK (Sondereinsatzkommando) zunächst übers Telefon in die Lage eingewiesen und um Unterstützung gebeten. Er versprach, sofort vier Einheiten zu uns in die Friesenstraße zu schicken, um weitere Maßnahmen zu koordinieren.

Während ich einen Durchführungsplan schrieb, sammelten sich nach und nach meine alarmierten Mitarbeiter. Bereits nach einer knappen Stunde waren elf Mitarbeiter meiner Einheit, des Fahndungs- und Aufklärungstrupps und 16 Kollegen des Sondereinsatzkommandos plus sechs Beamte der GSG 9 (Spezialeinheit der Bundespolizei), die sich zufällig gerade zu Ausbildungszwecken bei uns aufhielten, vor Ort. Bei der folgenden Einsatzbesprechung wies ich alle Einsatzkräfte ausführlich in die Lage ein und machte ihnen deutlich, wie gefährlich Imad und Hadir seien. Es war uns nämlich inzwischen gelungen, die beiden Männer eindeutig anhand der Informationen, die uns Aron zur Verfügung gestellt hatte, zu identifizieren. Imad war ein mehrfach vorbestrafter, ausgesprochen gewalttätiger Räuber und Totschläger, der zusätzlich jahrelang Anführer einer Gang war, die im Bezirk Moabit ihr Unwesen trieb. Hadir war nach einem Bankraub mit Geiselnahme zu einer Gefängnisstrafe von sieben Jahren verurteilt worden und war tatsächlich aus seinem Gefängnis gewaltsam, mit der Unterstützung eines gekaperten Hubschraubers, befreit worden und seitdem unauffindbar untergetaucht.

Nach der Einsatzbesprechung fuhren wir alle zum Appartement. Unsere Planung sah vor, dass die Leute des SEK die Wohnungstür mithilfe des Schlüssels von Aron aufschließen, in die Zimmer stürmen und Imad und Hadir mit größtmöglichem Überraschungsmoment festzunehmen. Wichtig war es dabei, dass diese nicht ihre Waf-

213

fen ergreifen konnten, um so eventuell um sich schießen zu können. Danach käme meine Einheit ins Spiel, um die Wohnung zu durchsuchen, die Festgenommenen zur Gefangenensammelstelle zu bringen und den Vorgang so abzuschließen, dass er von den Kollegen des Landeskriminalamtes weiter bearbeitet werden konnte. So weit unser Plan, es ging los.

Fast geräuschlos schlichen sich die Kollegen des SEK an die Wohnungstür heran. Leise drehte der Vordermann den Schlüssel im Schloss der Eingangstür, stieß diese auf und schon stürmten die ersten sieben SEKler, ihre schweren Einsatzschilde vor sich haltend, in die Wohnung. Dabei riefen sie laut und vernehmlich:»Polizei, Hände hoch, keine Bewegung!«
Außer hektischen Bewegungsgeräuschen konnte ich nichts vernehmen, da ich immer noch auf dem Flur stand. Da kam auch schon der Einsatzführer des SEK zu mir und verkündete etwas schnippisch:»Die Wohnung ist leer, da ist keiner drinnen.«

Hastig begab ich mich in die Wohnung zu dem von Aron beschriebenen Schrank. Nachdem ich die Tür geöffnet hatte, sah ich zwei große, schwarze Taschen und einen Rucksack. Vorsichtig, um möglichst keine Spuren zu vernichten, hob ich die drei schweren Behältnisse aus dem Schrank heraus und stellte sie zunächst auf das Doppelbett. Mit meinen handschuhbewährten Händen zog ich den Reißverschluss der ersten schwarzen Tasche auf. Nach und nach nahm ich staunend folgende Gegenstände heraus und legte sie auf einen Tisch, der neben dem Bett stand:
- fünf Pistolen verschiedenster Marken, jeweils mit Schalldämpfer und einem gefüllten Magazin versehen,
- einen Revolver»Taurus Brazil« mit gefüllter Trommel,
- einen Pistolenkoffer mit einer Pistole»CZ 75« mit einem leeren und einem gefüllten Magazin,
- einen Pistolenkoffer mit einem leeren und einem gefüllten Magazin,
- ein paar schwarze Lederhandschuhe,

- 294 Patronen, unter anderem der Kaliber: 74 WCC, 357 MAC, 9 mm Winchester, 9 mm Eldorado Starfire, 9 mm Luger, 357 Magnum.

Etwas sprachlos drängelten sich die meisten Kollegen ums Bett herum und starrten genauso wie ich auf dass, was ich alles aus dieser Tasche zog.

Aber es ging ja noch weiter. Jetzt nahm ich die zweite Tasche. Neben diversen Kleidungsstücken befanden sich darin eine elektrische Feinwaage, etliche Verpackungsmaterialien aus Kunststoff und Hotelrechnungen. Am Aufschlussreichsten waren aber Zettel mit Zeichnungen über den Standort der Commerzbank und über den Anfahrtsort des Geldtransporters. Es war alles sehr detailliert aufgezeichnet, augenscheinlich war dies der Plan für den Überfall.

Dann ergriff ich den mächtigen, sehr schweren, grauen Rucksack. Nachdem ich ihn auf einer Kommode neben dem Bett abgestellt hatte und ihn öffnete, merkte ich, wie mir heiß vor Anspannung wurde. Langsam zog ich Folgendes heraus:
- drei Schutzwesten mit den dazugehörigen Befestigungen,
- zwei Schulterholster,
- einen großen Block mit Kokain (später durch Labortests bestätigt) eingeschweißt in Plastikfolie,
- eine Pistole »CZ 75 B« mit gefülltem, eingeführtem Magazin,
- fünf große Beutel mit Kokain,
- eine Bauchtasche mit 510 Gulden und 100 US-Dollar, diversen Ringen und einer Brille.

Und zum Schluss öffnete ich eine weitere, in Tarnfarbe gemusterte Tasche, gefüllt mit einer Maschinenpistole (MP) »Agram«, zwei gefüllten Magazinen und einem Schalldämpfer in der dazugehörigen Tasche.

Dieses Arsenal von Waffen und Kokain machte nicht nur mich zunächst sprachlos, sondern auch die Kollegen des Sondereinsatzkommandos und der GSG 9, die ja einiges gewohnt waren. Und das aus gutem Grund. Denn einige der gefundenen Patronen waren durchaus in der Lage, ihre Schutzwesten locker zu durchschlagen, sollte auf sie damit geschossen werden (Die Schutzwesten wurden zwischenzeitig verbessert).

Wo aber waren Imad und Hadir? Bis jetzt hatte alles gestimmt, was uns Aron erzählt hatte. Jedoch blieb er zunächst unser Hauptverdächtiger, denn er hatte das Appartement gemietet, er hatte die Schlüssel, während von den beiden Festzunehmenden jede Spur fehlte.

Ich begab mich also zu Aron, der auf dem Flur wartete, und fragte ihn, ob er erneut Kontakt mit den beiden aufnehmen könne, um ihren aktuellen Aufenthalt zu ermitteln. Nach einer kurzen Zeit des Nachdenkens nahm er entschlossen sein Handy aus der Tasche und sagte:»Ich glaube, die sind in der Wohnung von Imad in Spandau. Soweit ich mich erinnere, hat er vor einigen Tagen erzählt, dass er einen Auftragskiller aus Irland erwartet, der heute ankommt und der in den nächsten Tagen ein ›Geschäft‹ für ihn erledigen soll. Näheres weiß ich aber dazu nicht.«

»Aron, die Sache wird immer abenteuerlicher! Von einem Auftragskiller hast du mir noch nichts erzählt. Warten noch weitere Überraschungen auf uns?«, fragte ich etwas genervt und bat ihn, Imad anzurufen, um herauszufinden, wo die drei steckten.

Aber auch Aron wurde mittlerweile nervös. Ihm war klar, dass wir die drei festnehmen mussten, schon allein, um sich selbst in Bezug auf die Waffen und das Kokain zu entlasten. Kurz darauf rief er Imad mit seinem Handy an und bekam nach einigen harmlosen Floskeln heraus, dass die drei sich tatsächlich zu Hause bei Imad aufhielten. Einen Verdacht, dass Aron mit der Polizei kooperieren könnte, hatte Imad offenbar nicht.

Während acht Leute meiner Fahndungseinheit im Appartement zurückblieben, um es weiter zu durchsuchen, den Abtransport der Waffen und des Rauschgifts zu organisieren sowie für den Fall vorbereitet zu sein, dass unsere zwei Hauptverdächtigen doch noch irgendwie dort auftauchen sollten, fuhren alle anderen mit Blaulicht und Sirene und dementsprechend rasant quer durch Berlin, zur Falckenseer Chaussee.

Die Wohnung von Imad befand sich in der fünften Etage eines Alt-Berliner Mietshauses, das allerdings zwei Jahre zuvor modernisiert worden war. Damals hatte man eine Dachterrasse angebaut, die die Aufgabe der Festnahmen für uns nicht leichter machte. Der gemeinsame Einsatzplan sah vor, dass die vier Leute meiner Einheit eine Gaststätte, die unmittelbar gegenüber des Einganges dieses Mietshauses lag, schlagartig besetzen sollten, um zu verhindern, dass Imad durch eventuelle Bekannte vor unserem Einsatz gewarnt werden könnte. Unmittelbar danach sollten sich die Spezialeinsatzkräfte ins Wohnhaus begeben, die Wohnungstür mit einer Ramme aufbrechen und die drei Gangster festnehmen. Meinen Vorschlag, auch das Dach besetzten zu lassen, um eine eventuelle Flucht über die Dachterrasse zu verhindern, wurde aufgrund der Gefährlichkeit der drei Gangster vom Leiter der SEK-Kräfte verworfen. Ein zusätzlicher Grund war die aufgefundene Munition, die in der Lage war, die Schutzwesten der Kollegen bei einem eventuellen Schusswechsel locker zu durchschlagen. Dies konnte ich natürlich gut nachvollziehen und gemeinsam waren wir der Meinung, dass der Überraschungsmoment durch das Aufbrechen der Wohnungstür ausreichen sollte.

Der Einsatz begann. Wie fast immer kamen auch hier einige Unwägbarkeiten hinzu, die im Vorfeld nicht planbar waren. So kamen die Polizeikräfte zunächst nicht ins abgeschlossene Wohnhaus hinein, weil kein Mieter den Summer für die Eingangstür drückte. Geschlagene vier Minuten mussten sie warten, bis es gelang, die Tür mit mitgebrachtem Werkzeug zu öffnen.

20 Mann stürmten nun in voller Ausrüstung die fünf Stockwerke empor, wobei sie selbstverständlich versuchten, so leise wie möglich zu sein. Oben angekommen, versuchten zwei Mann mit der Eisenramme die Wohnungstür aufzubrechen. Aber auch hier ging es nicht

so glatt wie erwartet. Die Wohnungstür machte zwar nicht den stabilsten Eindruck, aber dass Glück war dennoch nicht so ganz auf unserer Seite. Erst nach dem sechsten Aufprall der Ramme sprang die von innen besonders gesicherte Tür auf. Sofort verteilten sich die Einsatzkräfte in der Wohnung. Im Wohnzimmer saß ein stämmiger Mann in einem Sessel und hielt beide Hände in die Höhe. Die Dachterrassentür stand sperrangelweit offen.

Anders erging es den SEK-Leuten, die ins Badezimmer stürmten. Plötzlich kam von dort lautes Geschrei. Imad, der unter der Dusche stand und deshalb unser Eindringen nicht gehört hatte, überwand seinen Schock angesichts der vermummten Kollegen blitzartig. Unbeeindruckt ging er sofort zum Angriff über. Doch obwohl er beeindruckend kräftig und brutal um sich schlug, hatte er gegen die SEK-Leute keine Chance. Nach wenigen Minuten war er überwältigt und trug Handschellen.

Auch der Mann im Sessel wurde aus diesem hochgerissen, auf den Boden gebracht und gefesselt. Eine richtige Maßnahme, denn in seinem hinteren Hosenbund steckte eine durchgeladene Pistole.

Aber wo war der aus dem Knast befreite Hadir? Der war unmittelbar nach den ersten hörbaren Schlägen mit der Metallramme durch die offene Terrassentür gerannt, hatte sich von der Terrasse aufs Dach hinaufgezogen und war von dort ins nächtliche Berlin verschwunden. Unsere sofort eingeleiteten Absperr- und Durchsuchungsmaßnahmen brachten keinen Erfolg.

Der Mann aus dem Sessel, es handelte sich um einen irischen Staatsbürger, was mich aufgrund von Arons Schilderung keinesfalls mehr überraschte, war vermutlich nur deshalb nicht mit übers Dach geflüchtet, weil er einen stattlichen Leibesumfang aufwies; ein natürlicher Hemmschuh für schnelle Bewegungen. Sein arabischer Pass war, wie erwartet, eine Fälschung. In der Wohnung fanden wir noch drei geladene Pistolen, sonst aber keine weiteren Beweismittel. Die Bearbeitung dieses Falles dauerte bis in die frühen Morgenstunden, bevor ich alles dem zuständigen Bearbeiter beim Landeskriminalamt übergeben konnte.

Ausgelaugt traf ich in den frühen Morgenstunden zu Hause ein. Meine Frau staunte nicht schlecht, als ich ihr von meinen Erlebnissen der letzten Stunden erzählte. Ich selbst konnte zunächst nicht schlafen. Immerzu dachte ich darüber nach, welch »durchgeknallte« Verbrecher in meiner Heimatstadt unterwegs waren. Ich konnte es einfach nicht fassen, dass solch ein Arsenal an Schusswaffen mitten in Berlin von skrupellosen Gangstern angesammelt werden kann, die damit furchtbare Straftaten verüben wollen. Bisher war ich immer der Meinung gewesen, dass dies nur in Amerika mit seinen liberalen Waffengesetzen möglich sei. Ein Irrtum, wie ich im Laufe meiner Dienstzeit noch häufiger feststellen musste.

Der flüchtige Hadir wurde sieben Monate später bei dem Versuch festgenommen, mit einem gefälschten türkischen Pass von Griechenland aus in die Türkei einzureisen. Imad wurde einige Monate später zu einer Freiheitsstrafe von zwölf Jahren verurteilt. Den eiskalten Blick, den mir dieser Koloss von einem Mann während meiner Zeugenaussage vor Gericht zuwarf, vergaß ich nicht so schnell. Von Natur aus nicht gerade ängstlich veranlagt, verursachte der gesamte Fall doch eine erhebliche Unruhe in meiner Gemütswelt. Dies auch deshalb, weil Aron mich in den folgenden Jahren noch öfter aufsuchte. Er selbst, der zu zwei Jahren Freiheitsstrafe wegen Beihilfe verurteilt worden war, litt seit dem Tage der Festnahmen von Imad und Hadir unter ernsthaftem Verfolgungswahn. Er fürchtete, für mich durchaus nachvollziehbar, die Rache dieser Schwerverbrecher. So kam es, dass auch er, einige Jahre später, mit einer Maschinenpistole unter dem Fahrersitz seines Autos festgenommen wurde. Diese hatte er sich besorgt, um sich bei eventuellen Angriffen durch Freunde von Imad und Hadir besser verteidigen zu können.

Leider hatte er unmittelbar nach den Festnahmen ein von der Staatsanwaltschaft angebotenes Zeugenschutzprogramm für sich selbst und seine Familie abgelehnt. Dann wäre es mit Sicherheit nicht dazu gekommen, dass er sich so massiv, vor lauter Verfolgungsparanoia, bewaffnet hätte. Die Ablehnungsgründe, die er mir Jahre später dafür nannte, konnte ich nur teilweise nachvollziehen. Er erzählte mir, dass er damals der Meinung gewesen war, mit dieser Bedrohungssituation selbst umgehen zu können. Ein Fehler, wie er bald feststellen musste. Sein an sich gut gehendes Sportstudio gab er aufgrund der Gefängnisstrafe und seiner bald krankhaft verlaufenden Angst vor Rache auf. Auch seine Familie zerbrach darüber.

Er verdeutlichte mir bei unseren Treffen zwar immer wieder, dass er einen unverzeihlichen Fehler gemacht habe, als er sich von Imad überreden ließ, einige Aufträge für ihn zu übernehmen, und so in die ganze Sache hineinrutschte. Gleichzeitig gab er aber zu, froh zu sein, dass er sich rechtzeitig an die Polizei gewandt hatte, obwohl sein gesamtes, bis dahin wohlgeordnetes, Leben in die Brüche ging. Die eventuelle Tötung eines Menschen bei dem geplanten Überfall auf einen Geldtransporter wog für ihn weit schwerer und er hätte niemals damit weiterleben können, versicherte er mehrmals.

Ein Teil der Waffen.

Der irische Auftragskiller wurde übrigens nur zu einer kleinen Bewährungsstrafe wegen des unbefugten Besitzes einer Schusswaffe verurteilt. Einen Mordauftrag konnte man ihm nicht nachweisen, und so reiste er bald wieder zurück nach Irland.

Wenngleich wir uns als FAO-Trupp einen Erfolg nach dem anderen erarbeiteten, hielt dies meinen obersten Chef keinesfalls davon ab, mich »rotieren« zu lassen. Ich sollte auf eine neue Dienststelle, ob ich wollte oder nicht. Ich packte also meine sieben Sachen und machte mich auf zum Polizeiabschnitt 55 mitten im Neuköllner Norden. Dort übernahm ich, nach einer kleinen Eingewöhnungszeit, eine Dienstgruppe von rund 45 Kollegen und Kolleginnen.

Im Trüben fischen

»Guten Morgen, guten Morgen, guten Morgen Sonnenschein ...«, Nana Mouskouris Hit vor mich hin summend, schlendere ich als Fußstreife über den Bürgersteig der belebten Karl-Marx-Straße. Nur das ständige Anhalten von Radfahrern, die statt der Fahrbahn den Bürgersteig benutzen, unterbricht meine musikalischen Anwandlungen. Ansonsten ist mein Streifengang an diesem sonnendurchfluteten Morgen ein pures Vergnügen.

»Hallo, Herr Wachtmeister, ich habe mal eine Frage«, eine resolut wirkende, ältere Dame lächelt mich an und deutet meinen aufmerksamen Blick, ohne auf meine Erwiderung zu warten, als Aufforderung, gleich weiterzusprechen: »Bei mir zu Hause war kürzlich ein Mann, der vorgab, von den Berliner Wasserwerken zu sein, und sich mit einem Ausweis dieser Werke legitimierte. Nach einem Qualitätstest unseres Leitungswassers wollte er mir eine ›Wasseraufbereitungsanlage‹ für 1800 Euro verkaufen. Seltsam war, dass ich einige Tage zuvor zwei Anrufe bekam, wobei es erst um die Qualität und dann um eine unentgeltliche Untersuchung meines Leitungswassers ging. Mir kam das irgendwie komisch vor. Meine telefonische Nachfrage bei den Wasserwerken ergab, dass diese keinesfalls solche Anlagen verkaufen. Herr Wachtmeister, könnte es sein, dass dies ein Betrüger ist?«

Ohne zunächst direkt zu antworten, lautete meine Frage an sie schlicht und einfach: »Haben Sie vielleicht einen althergebrachten Vornamen?«

»Ja, ich heiße Ursula, warum?« antwortete sie überrascht.

»Aufgrund meiner polizeilichen Erfahrung weiß ich, dass sich schamlose Betrüger bevorzugt ältere Vornamen aus dem Telefonbuch heraussuchen. Sie gehen davon aus, dass hinter diesen Vornamen auch ältere Menschen stecken, und die werden dann angerufen. Immer in der Hoffnung, dass sich die Älteren leichter zu allerlei Betrügereien überreden lassen. Leider Gottes klappt dies häufig genug. Diesen psychologisch äußerst geschickt vorgehenden Täter, die sich außerdem sehr gut zu artikulieren wissen, fallen betagte Menschen oft zum Opfer!«

Ich ahnte, ja, ich war mir sogar ganz sicher, dass hier wieder einmal bevorzugt eine ältere Dame von skrupellosen Betrügern abgezockt werden sollte:»In der Tat, da stimmt etwas nicht, kommen Sie doch morgen bitte zum Polizeiabschnitt, um eine Anzeige zu erstatten«, beendete ich das Gespräch und verabredete mit ihr einen Vernehmungstermin am nächsten Tag.

Die Schilderung der eigentlichen»Wasserqualitätsprüfung« am darauffolgenden Tag hatte Ähnlichkeit mit einem Voodoo-Zauber. Es war kaum zu glauben. Ursula M. schilderte mir, wie der elegant gekleidete, offensichtlich selbsternannte Mitarbeiter der Wasserwerke bei ihr in der Wohnung erschien. Wortgewandt ließ er sich ein Glas Leitungswasser geben, steckte ein sogenanntes Elektrolysegerät hinein und kurz darauf verwandelte sich das frische Wasser in eine dunkle Brühe mit schaumigen Ausflockungen. Doch damit nicht genug. Nun wurde mit einem»Mikrosiemensstab« ein Wasserleitfähigkeitstest gemacht, der weiteres Unheil verhieß (diese fremdartigen Bezeichnungen verwendete der angebliche Wasserwerker). Ihr Wasser habe eine Leitfähigkeit von über 70, während sein selbst mitgebrachtes, aus einer Seltersflasche stammendes»Umkehrosmose«-Wasser bei dieser Überprüfung eine 2 auf der Messskala anzeigte. Damit stand für diesen sauberen Herrn fest:»Das Wasser, das aus ihrem Wasserhahn fließt, ist hochgradig verschmutzt; es muss eine Wasseraufbereitungsanlage der Firma ›Wasser Toll‹ her.«

Der hohe Preis, den die ältere Dame gar nicht hätte bezahlen können, veranlasste Frau M., diesen»Wassermann« auf einen späteren Zeitpunkt zu vertrösten. Nachdem er ihr seinen Namen gesagt und die Zusage abgerungen hatte, sich in den nächsten Tagen bei ihr zu melden, verließ er ihre Wohnung. Sie machte sich aber schon Sorgen, denn nach dieser Vorführung zweifelte sie ganz erheblich an der Wasserqualität. Erst eine fernmündliche Nachfrage bei den Berliner Wasserbetrieben, bei der ihr versichert wurde, dass das Berliner Wasser eines der besten deutschlandweit sei, und dass sie keinen Vertreter der Firma »Wasser Toll« kennen würden, wurde Frau M. stutzig. So sprach sie mich eben auf der Straße an und es kam zur Anzeige.

Noch am gleichen Tag durchgeführte Ermittlungen ergaben in Kurzform:

- Die Firma war weder beim LKA noch beim Ordnungsamt gewerblich angemeldet;
- sie hatte sich vor kurzer Zeit in einem Geschäftshaus in der Lahnstraße eingemietet;
- der Firmeninhaber hatte bisher Reinigungsmittel vertrieben.

Die der Frau M. sofort vorgelegten Bilder des bereits polizeibekannten Firmeninhabers brachten kein Ergebnis. Der bei ihr vorstellige Vertreter war jemand anderes. Also musste ein neuer Plan her. Unsere clevere Zeugin war bereit, den Vertreter, der sich Jürgen Suder nannte, unter dem Vorwand des Kaufinteresses zur Wohnung zu bestellen. Gesagt, getan. Sabine, eine Mitarbeiterin meiner Dienstgruppe, begab sich vorsichtshalber in die Wohnung von Frau M. Hier spielte sie filmreif die Tochter von Ursula M. Sobald Herr Suder die Wohnung betrat, wurde er erkannt und anschließend festgenommen.

Ein Schwall wohlgewählter Worte begleitete lautstark seinen Weg zum Polizeiabschnitt. Natürlich habe er sich niemals als Mitarbeiter der Berliner Wasserwerke ausgegeben, und er habe auch das Leitungswasser nicht schlecht gemacht. Was die ganze Aufregung eigentlich solle, und außerdem, so ließ er dezent durchblicken, seien seine Beziehungen bis in höchste Regierungsstellen exzellent. All dies verhinderte dennoch nicht, dass er zunächst erkennungsdienstlich behandelt wurde, was heißt: Seine Fingerabdrücke wurden abgenommen und er musste sich fotografieren lassen.

Selbstverständlich wurde auch seine mitgeführte »Zaubertasche« mit diversen mysteriösen Gerätschaften sichergestellt. Da verspürte unser »Wassermann« urplötzlich gewaltigen Durst und bat darum, sein mitgeführtes Mineralwasser trinken zu dürfen. Er trinkt und trinkt und die Flasche lehrt sich rasant. Misstrauisch beobachtete ich sein Tun und beendete es abrupt, als mir bewusst wird, dass dieses Wasser ja zum sogenannten Wasserleitfähigkeitstest verwandt wurde und es sich vermutlich um destilliertes Wasser handelt. Also ab damit zur PTU (Polizeitechnischen Untersuchung).

Während seines Zwangsaufenthalts beim Erkennungsdienst »besuchten« wir seinen Chef, einen Herrn Lieber, um erst einmal festzustellen, in wessen Auftrag der Wasserspezialist Suder überhaupt unterwegs war, und was die Firma wirklich produzierte.

Wir bekamen eine Firma wie im Lehrbuch zu sehen: Zunächst mussten wir uns mühselig bei anderen Mietern dieses Geschäftshauses nach einem Herrn namens Lieber durchfragen. Weder gab es ein Firmenschild noch einen Namen an der Eingangstür. Die Tür zu der Geschäftsetage stand jedoch offen und wir konnten ungehindert in einen Raum gelangen, der offensichtlich als Callcenter diente, denn ich bemerkte dort sechs telefonierende Frauen. Meine Frage an sie, wo sich denn ihr Chef, Herr Lieber, befände, wurde beantwortet mit: »Der ist nicht da, ich rufe ihn an.« Während eine der Frauen entsprechend zum Telefon griff und gleich darauf erklärte, dass Herr Lieber in 15 Minuten da sei, befragten wir die Frauen nach ihren Tätigkeiten. Kurzsilbig und ausgesprochen verschlossen erläuterten sie uns knapp, dass sie alle gerade nur so vorbeigekommen oder erst seit einem Tag hier beschäftigt seien. Ihre Tätigkeiten beschrieben sie so, dass sie wahllos Telefonnummern aus Telefonbüchern heraussuchten, um dann diese Personen anzurufen. Zweck dieser Anrufe sollte sein, die Angerufenen zu überreden, den Besuch eines Vertreters ihrer Firma »Wasser Toll« zu gestatten.

Kurz darauf traf Herr Lieber ein. Er führte uns freundlich und beredsam durch seine fünf Firmenräume und erläuterte uns seine Geschäftsidee. Über die von uns beschriebenen Machenschaften seines Vertreters zeigte er sich erbost und machte nachdrücklich klar, dass seine Wasseraufbereitungsanlagen lediglich der Herstellung zur Verbesserung der Leitungswasserqualität dienten. »Hier ist alles in Ordnung, Herrn Suder werde ich mir zur Brust nehmen«, erklärte er mit empörter Stimme. Mir reichte diese offensichtliche Scheinheiligkeit zunächst und wir verabschieden uns. Mit dem Hintergedanken, demnächst mit einem Durchsuchungsbeschluss wiederzukommen, begaben wir uns zur Dienststelle, um von dort unsere Ermittlungen fortzusetzen.

Der nächste Tag begann mit einem Telefonanruf unserer Zeugin Ursula M. Aufgeregt berichtete sie der Sachbearbeiterin Sabine, dass sie es inzwischen bedaure, sich an die Polizei gewandt zu haben. Was war geschehen? Unser selbsternannter Wasserwerksmitarbeiter Suder war unmittelbar nach seiner Entlassung vom Polizeiabschnitt zu Frau M. gelaufen. Für einen Haftbefehl hatten unsere Ermittlungen nicht ausgereicht, also war er entlassen worden. An der Wohnungstür hatte er ihren behinderten Ehemann rüde angeschnauzt und bedroht. Diesem hatte Frau M. von dem ganzen Vorfall bis dahin nichts mitgeteilt, um ihn nicht aufzuregen. Nachdem sie selbst zu Hause eingetroffen war, erfolgten viertelstündlich Anrufe des Herrn Suder, in denen er sie aufforderte, ihre Anzeige wieder zurückzunehmen. Zusätzlich beschimpfte er sie als eine debile alte Schlampe, der sowieso nicht geglaubt werde.

Ich konnte Ursula M. dann doch beruhigen und nahm zusätzlich eine Beleidigungsanzeige auf. Ferner nannte ich ihr meine private Handynummer, um ihre Angst etwas zu mindern. Ich versicherte ihr, dass sie mich jederzeit anrufen könne, wenn sich irgendetwas ereignen sollte, was sie ängstigte.

Für mich stand fest: Hier musste schnellstmöglich etwas unternommen werden. Am gleichen Tag suchten Sabine und ich unseren unverschämten, Herrn Suder bei sich zu Hause auf. Wir wollten eine sogenannte Gefährderansprache durchführen. Gefährderansprachen dienen der Abwehr einer bevorstehenden Gefahr, sie sind keine strafrechtlichen Maßnahmen. Damit soll der Versuch unternommen werden, eine mögliche zukünftige Straftat dadurch zu verhindern, dass man den Verursacher einer Gefahr auf die künftigen Folgen seines Tuns eindringlich hinweist.

Leider erreichten wir Suder nicht bei der von ihm angegebenen Anschrift, da er offensichtlich eine Scheinadresse angegeben hatte. Er war zwar in diesem Haus gemeldet, aber wohnte nicht dort.

Sonntagabend, mein Handy klingelt. Am anderen Ende Ursula M., völlig aufgelöst, offenbar mit den Nerven am Ende: »Herr Gaertner, der Herr Suder hat schon wieder angerufen, mich abermals als alte Schlampe beschimpft und mir angedroht, dass er mich umbringt, wenn ich weiterhin bei der Polizei aussage.«

»Das ist ja der Gipfel, ich kümmere mich sofort darum!« So viel Unverfrorenheit macht mich hyperaktiv. Ich tätige einige Anrufe und führe am nächsten Morgen eine erneute Einsatzbesprechung auf dem Polizeiabschnitt durch. Zusätzlich fordere ich mehrere Kollegen meiner ehemaligen Fahndungseinheit an. Wir sind gerade dabei, uns eine Einsatzstrategie zurechtzulegen, da ruft just im gleichen Augenblick Firmenchef Lieber an. Für uns kaum zu fassen, aber höchst willkommen: »Lieber Herr Gaertner, Sie waren doch bei ihrem Besuch in meiner Firma so freundlich, können Sie nicht meinem Mitarbeiter, Herrn Suder, seine Arbeitsgeräte, die sie sichergestellt haben, wieder aushändigen? Er kann doch sonst gar nicht arbeiten und Geld verdienen«, säuselt er unterwürfig durchs Telefon.

Meine Antwort, knapp und schnell: »Aber selbstverständlich, ich bin noch eine halbe Stunde hier, er soll gleich mal zum Polizeiabschnitt kommen!«

So viel Glück muß man erst mal haben, 20 Minuten später trifft Suder tatsächlich bei uns ein – und wird auf der Stelle von uns festgenommen. Seine Selbstherrlichkeit bekommt erhebliche Risse, als ich ihm erkläre, dass er als Nächstes der Staatsanwältin zum Zwecke eines Haftbefehls vorgeführt werden wird. Das Bedrohen und Nötigen einer Zeugin führt unwiderruflich und direkt in Untersuchungshaft, denn der Haftgrund lautet nun: Verdunklungsgefahr! Vier Stunden später ist es so weit, der Haftrichter stellt einen Haftbefehl aus.

Inzwischen hatte ich meinen Kollegen Uwe gebeten, mir etwas destilliertes Wasser mitzubringen, um einen Selbsttest der Wasserleitfähigkeit mit dem »Mikrosiemens« vorzunehmen. Ich war mir ganz sicher: In Suders Mineralwasserflasche befand sich destilliertes Wasser, es musste nur noch bewiesen werden.

Uwe stellte drei Gläser auf den Tisch, eins mit Leitungswasser, eins mit Mineralwasser und eins mit dem mutmaßlich destillierten Wasser. Mikrosiemensstab hineingehalten, Messung erfolgt. Leitungswasser: 72, Mineralwasser: 54, Wasser aus Mineralwasserflasche des Herrn Suder: 72. Ich konnte es nicht fassen, sollte ich mich so getäuscht haben?

Ein Blick in das schelmisch lächelnde Gesicht von Uwe machte mir jedoch sofort klar, er hatte mir statt des Wassers aus der Suders Mineralwasserflasche normales Wasser untergeschoben. Jetzt musste auch ich lachen und nachdem nun auch wirklich das neu eingefüllte, destillierte Wasser mit 2 getestet wurde, stand fest, wir lagen richtig, hier wurde handfest betrogen!

Am nächsten Tag teilten mir die Wasserwerke mit, dass es eine Vielzahl von Beschwerden über die Firma »Wasser Toll« und deren Mitarbeiter gebe. Auch hatten sie bereits ihrerseits eine entsprechende

Strafanzeige gestellt. Zusätzlich wurden mehrere Warnmeldungen über die Medien verbreitet.

Bereits vier Tage später war unsere Beweislage so gut, dass wir einen richterlichen Beschluss für die Durchsuchung der Firma des Herrn Lieber in den Händen hielten. In enger Zusammenarbeit mit dem zuständigen Kriminalkommissariat wurde seine Firma stundenlang durchsucht. Dabei konnten unzählige Beweismittel beschlagnahmt werden. Rasch stand fest, dass diese feine Firma inzwischen bereits Hunderte dieser Wasseraufbereitungsanlagen verkauft hatte. Der somit erlangte betrügerische Gewinn ging in die Hunderttausende. Laut Aussagen der dort beschäftigten Frauen, alle im übrigen als Schwarzarbeiterinnen tätig, hatte ihnen Lieber aufgetragen, vor allem Personen mit »alten Vornamen« aus den Telefonbüchern herauszufiltern und diese dann anzurufen.

In den folgenden Monaten verschickte meine Kollegin Sabine selbstentwickelte Fragebögen an die Käufer solcher Anlagen, die wir auf den von uns beschlagnahmten Listen fanden. Wir wollten versuchen, weitere Geschädigte und Zeugen für das Verfahren zu gewinnen. Und man glaubt es kaum, über 400 zusätzliche Anzeigen wegen Betruges wurden von der jetzt doch etwas überraschten, aber fleißigen Sabine gefertigt und weitere rund 400 durch die Sachbearbeiter der Kriminalpolizei. Diese Betrugsmasche hatte es offenbar in sich gehabt!

Wie wir während unserer umfangreichen Recherchen feststellen konnten, betrug der Materialwert der Wasseraufbereitungsanlagen, die aus dem Fernen Osten über den Hamburger Hafen eingeführt wurden, lediglich 27 Euro pro Stück. Die gutgläubigen Kunden hatten dafür 1800 Euro bezahlt! Eine Gewinnspanne, die einen schwindlig macht.

Vertreter Suder, der nach wenigen Tagen Haft den versuchten Betrug, die Beleidigungen und Bedrohungen von Ursula M. zugab und sich kleinlaut bei ihr entschuldigte, erhielt beim ersten Haftprüfungstermin einen Haftbefehl mit Haftverschonung. Allerdings mit der Auflage, sich bis zum Gerichtstermin zweimal die Woche auf dem Polizeiabschnitt zu melden. Demütig und leise sprechend rief er bei mir an und bat darum, seiner Meldepflicht nicht auf unserem Polizeiabschnitt nachkommen zu müssen. Warum bloß?

Nach dem Gerichtsurteil von zwei Jahren und sechs Monaten gegen den Firmeninhaber Lieber bekamen einige der Betrogenen ihr Geld zurück. Sie waren überglücklich. Es war uns gelungen, drei versteckte Konten zu ermitteln, und so über 160 000 Euro zu beschlagnahmen, die aus den Betrügereien stammten.

Ein Mikrosiemensstab.

Knapp zwei Jahre waren nun ins Land gegangen, und ich wechselte zum Polizeiabschnitt 54 als Dienstgruppenleiter der 1. Dienstgruppe. Der Zuständigkeitsbereich meiner circa 50 Mitarbeiterinnen und Mitarbeiter umfasste nun die sogenannte Arabische Meile in der Sonnenallee: die Vergnügungsmeile entlang der Weserstraße, den sogenannten Reuterkiez und den Rütlicampus. Alles unweit des Polizeiabschnitts 55 gelegen und ebenfalls mitten im Neuköllner Norden.

Buntmetalldiebstahl

Spielt die bloße Gier, spielt Gleichgültigkeit gegenüber der Allgemeinheit, spielt der Reiz des Verbotenen eine Rolle? Ich weiß es nicht, ich glaube nur eins zu wissen: So kann und sollte es nicht weitergehen. Worum geht es? Um Buntmetalldiebstahl, ein Phänomen, das ich mit dem Goldrausch im wilden Westen Amerikas gleichsetzen möchte. Zunächst einmal klingt der Begriff »Buntmetalldiebstahl« harmlos und vielleicht auch banal. Was meine Kollegen und ich erlebten, war aber alles andere als das:

Der Anruf einer Blumenverkäuferin beendet meine Arbeit am Computer augenblicklich. »Hier sind gerade wieder drei Männer vorbeigelaufen, die einen Einkaufswagen voller langer Eisenteile transportieren, und die sie mit Sicherheit aus der leer stehenden Fabrik direkt nebenan geklaut haben!«, berichtet die Anruferin. Nachdem Ort und Richtung des Abtransportes geklärt sind, renne ich zum Kollegen Waldi, gebe ihm kurz Bescheid und bereits wenige Minuten später sind wir auf dem Weg zum Tatort.

Da mir bekannt ist, dass in unmittelbarer Nähe der Fabrik zwei Schrottankaufsplätze nebeneinanderliegen, geht unsere flotte Fahrt direkt dorthin. Bereits in der Einfahrt des kleineren Schrottplatzes sehe ich die drei beschriebenen Männer mit einem leeren Einkaufswagen auf uns zukommen. Sofort nach dem Verlassen unseres Fahrzeuges werden sie angehalten und überprüft. »Wir haben lediglich ein paar am Straßenrand gefundene alte Eisenroste verkauft«, erklärt einer von ihnen mit absoluter Unschuldsmiene. Während sich Waldi um die Personalien der drei kümmert, begebe ich mich eilig zum Schrottplatz, um, so hoffe ich, jene Gitter zu finden.

Energisch und mit meiner ganzen Autorität als Polizeibeamter verlange ich zunächst den Chef des Unternehmens zu sprechen. Als er erscheint, weise ich ihn darauf hin, dass soeben drei Männer Metallgitter an sein Unternehmen verkauft haben und es sich dabei um Diebesgut handelt. Er verspricht mir, dass er versuchen will, die Metallgitter wiederzufinden. Von Begeisterung oder Verständnis ist aber wenig zu spüren, er weiß offensichtlich ganz genau, dass es sich eigentlich nur um Diebesgut handeln kann, das gerade für knapp 70 Euro von seinen Mitarbeitern angekauft wurde. Kurz darauf zeigt er mir einen großen Metallcontainer. Dort liegen tatsächlich 15 völlig intakte Metallabdeckgitter für Lichtschächte mit einem Gesamtgewicht von über 500 Kilo und einem Einkaufswert von mindestens 700 Euro.

Mein erbost vorgetragenes Argument, dass diese Gitter doch erkennbar gebrauchsfähig und keineswegs als Altmetall oder Schrott anzusehen sind, wischt der feine Geschäftsführer mit den Worten beiseite: »Die haben doch unterschrieben, dass es ihr Eigentum sei, ich kann doch nicht alles überprüfen!« Nach der Anforderung weiterer Polizeikräfte beschlagnahme ich die Gitter. Mühselig dürfen die drei festgenommenen Metalldiebe die Gitter wieder auf den Einkaufswagen laden und in die Fabrik zurückschieben. Aufmerksam beobachtet von den inzwischen eingetroffenen Kollegen.

Froh bin ich zunächst einmal, dass es mir gelungen ist, diese Gitter überhaupt noch zu finden. Wie bereits bemerkt, ist Eile schon deshalb geboten, weil nicht wenige Schrottplatzinhaber unter der anfangs beschriebenen Geldgier leiden. Tatsache ist, dass sie erkennbar gestohlenes Metall unmittelbar nach dem Erwerb unter die riesigen Schrotthaufen legal erworbenen Altmetalls schieben und es so meist nicht mehr aufgefunden werden kann. Schnell zu vollziehen, kaum zu entdecken, einfach Spitze! Die Gewinnmargen sind immens; teils genauso hoch wie beim Rauschgifthandel! Wobei bestimmte Metallsorten wie zum Beispiel Kupfer besonders begehrt und dementsprechend teuer gehandelt werden. Nur so ist zu erklären, dass eine wahre Flut von selbst ernannten Schrottsammlern ganze Landstriche heimsucht und jedes noch so kleine Metallteilchen einsammelt. Dass dabei die Versuchung groß ist, alles was nicht niet- und nagelfest ist, gegebenenfalls auch zu stehlen, liegt in der Natur der Sache.

Zurück zu unserem aktuellen Fall. Die drei Gittertransporteure trafen an der Fabrik ein und luden die Gitterroste wieder ab. Weitere Ermittlungen auf dem Gelände und in der Fabrik brachten erschreckende Resultate zutage. Diese im Besitz des Landes Berlin befindliche und zum Verkauf anstehende Fabrik war schon wochenlang ausgeplündert worden. Diverse Sicherungseinrichtungen wie Metallzäune, verschweißte Türen und mit Holzbohlen verrammelte Fenster zum Schutz vor Diebstahl waren aufgebrochen oder zerstört worden. So konnten in den Lagerhallen Metallteile welcher Art auch immer abtransportiert und zu Geld gemacht werden. Während ich mir die Beschädigungen ansah – es waren die Kabel aus den Wänden gerissen, die Metallverkleidungen der Fahrstuhlschächte und der Decken entfernt, ja, hier war wirklich alles, dass nur annähernd wie Metall aussah, mit Gewalt entfernt worden –, kam ein Imbissbesitzer vom nahen Parkplatz auf mich zu.

»Das ist ja toll, dass sie diese drei Männer geschnappt haben, die plündern diese Fabrik bereits seit drei Wochen aus. Fast zwei- bis dreimal täglich schieben sie große Einkaufswagen prall gefüllt mit Metallteilen aus diesem Gelände heraus.«

Damit hatten sich die bereitgelegten Lügen der drei Metalldiebe auch erledigt. Diese hatten zuvor steif und fest behauptet, niemals auf dem Gelände oder in der Fabrik gewesen zu sein, sie hätten die Gitter am Straßenrand gefunden. Nach deren Vernehmungen und weiteren beweissichernden Maßnahmen wollte ich so schnell wie möglich zum Schrottplatz zurück, um Unterlagen über den Verkauf weiterer Metalle im Verlauf der letzten drei Wochen zu sichern.

Beim Eintreffen war die Schlange der Fahrzeuge, die dort ihre gesammelten Metalle verkaufen wollten, immer noch erstaunlich lang. Insgeheim dachte ich, dass ich im nächsten Leben Schrottplatzbesitzer werden sollte. Da bemerkte ich ein Taxi, das uns überholte und bis zum Tor des größeren Schrottplatzes fuhr. Hier stiegen zwei Rumänen aus und luden unter äußerster Kraftanstrengung einen großen Koffer aus dem Kofferraum des Taxis aus. »Da muss ja Gold drinnen sein, so wie die schleppen!«, sagte ich zu Waldi.

Kurz darauf überprüfte wir den einen Koffertransporteur, während der andere, als er uns beim Aussteigen als Polizeibeamte erkannte, fluchtartig das Weite suchte. Hinterherzurennen war sinnlos, denn wir waren nur zu zweit, und wer konnte ahnen, welch eine Überraschung uns beim Öffnen des Koffers erwarten würde. Und siehe da, es war zwar kein Goldklumpen, aber fast das Gleiche, was mir da aus dem geöffneten Koffer entgegenleuchtete. Ein armdickes, circa 60 Kilogramm schweres Stück pures Kupferkabel glänzte in der untergehenden Sonne. Zu seiner Herkunft befragt, erklärte mir der verhinderte Kupferverkäufer, dass er es von zwei unbekannten Männern auf der Sonnenallee geschenkt bekommen habe. Also alles wie immer: Märchenstunde! Dass er kurz darauf erläuterte, dass er den Koffer mit dem Kupfer gar nicht mehr wiederhaben wolle, denn er gehöre ihm ja gar nicht, sei nur am Rande erwähnt.

Geklaut wird also alles, was auch nur nach Metall »riecht«. Schnell haben einige Zuwanderer speziell aus südosteuropäischen Ländern ebenso wie deutsche Gewohnheitsdiebe erkannt, dass sie, wenn sie ein Gewerbe als Schrotthändler oder Schrottankäufer anmelden und dann diversen Schrott sammeln, leicht ein leidliches Einkommen erreichen können. Für einige ist es aber dann doch zu verlockend, sich bei stetig steigenden Ankaufspreisen (der Bedarf auf dem Weltmarkt steigt und steigt), das begehrte Metall auch auf illegalen Wegen zu verschaffen.

Der Straßenbauarbeiter, der uns alarmiert hat, erwartet mich bereits mitten auf dem Schrottplatz. »Diebe haben mir über Pfingsten meine gesamt über die Fahrbahn geführte Wasserleitung abgebaut und hier verkauft. Es sind etwa 40 Meter Messing- und Kupferrohre mit den dazugehörigen Anschlüssen. Da meine Baustelle nur wenige hundert Meter von diesem Schrottplatz entfernt liegt, habe ich mich hier mal umgesehen: und da liegen die Teile«, erklärt er mir fassungslos und auch ein wenig resigniert. Kurz darauf hat er sein Eigentum zurück. Vom Schrottplatzbesitzer bekomme ich allerdings wiederum nur ein kurzes Schulterzucken zu sehen: »Det is eben so, ick kann nisch allet kontrollieren«, erklärt er reichlich scheinheilig und in breitem Berlinerisch.

Dass es durchaus auch anders geht, zeigt dieser Fall: Der Geschäftsführer eines weiteren Schrottplatzes in meinem Bereich hatte bereits meine Handynummer aufgrund guter Zusammenarbeit erhalten. Dienstagfrüh, ich befinde mich gerade auf dem Weg zum Dienst, ruft er mich an und erzählt mir aufgeregt, dass soeben eine Warnmeldung an alle Schrottplätze ergangen sei. Darin wird vor dem Erwerb von circa 1,5 Tonnen Cu-Leitschienen in original verpackten Holzkisten gewarnt. Diese Warnung schloss auch die Beschreibung zweier Männer ein, die versucht hatten, diese Schienen zu verkaufen. Erneut muss schnellstmöglich gehandelt werden, um zu verhindern, dass es den Tätern gelingt, diese Schienen doch noch bei einem Schrotthändler loszuwerden. Das diese Schienen gestohlen sind, ist offensichtlich.

Zunächst »greife« ich mir Heike, Barci und Normen, alle drei aus meiner Dienstgruppe, und eilig fahren wir zu der inzwischen ermittelten Halteranschrift des Lkw. Diese existiert aber nicht mehr. Mühselig wird die neue Adresse der Firma erkundet. Wie fast immer, wenn es schnell gehen soll, liegt sie genau in der entgegengesetzten Richtung der Stadt, also weit entfernt. Trotzdem schaffen wir es, dort so rechtzeitig einzutreffen, dass der uns von der Geschäftsleitung genannte Fahrer des Lkw noch nicht im Feierabend ist. Als er aufs Firmengelände gefahren kommt, wird er von uns befragt und dann vorläufig festgenommen.

Inzwischen hatten wir durch viele Recherchen, unter anderem im Internet, herausbekommen, dass diese Cu-Leitschienen nur von wenigen großen Firmen angeboten und verkauft werden. Eindringliche fernmündliche Nachfrage meinerseits führten letztlich dazu, dass mir der Sicherheitsbeauftragte einer dieser Großfirmen mitteilte, dass diese Schienen dort gestohlen wurden, ohne dass dies bis dato bemerkt worden war.

Zurück zum Fahrer und dessen genauer Beschreibung aus dem Warnschreiben. Danach und laut Aussage eines Arbeiters von dem Schrottplatz, der die Warnmeldung abgesetzt hatte, war unser Mann der Anbieter. Auf der Ladefläche seines Lkw endeckten wir die Kisten mit Leitschienen, aber nicht mehr. Obwohl er mehrere Tausend Euro in der Tasche hatte, deren Herkunft er nicht nur andeutungsweise belegen konnte, hatte er nach eigener Aussage selbstverständlich nichts mit diesem Diebstahl zu tun. Mit anderen Worten, diese Schienen waren bereits an einen unbekannten Schrotthändler verkauft worden. Wir waren zu spät gekommen.

In welchen Dimensionen sich der Diebstahl von Buntmetall inzwischen bewegt, zeigt ein weiterer unglaublicher Fall:

»Weißt du was, Schulle, wir stellen uns mal vor diesem Schrottplatz in Wilmersdorf auf. Ich habe gestern beim Vorbeifahren gesehen, wie ein mir bekannter Schrottdieb mit seinem Lastkraftwagen dort raufgefahren ist. Wer weiß, wer da noch so alles erscheint.« »Ist okay«, erwiderte Schulle und zwei Stunden später standen wir gut getarnt vor dem Eingang dieses riesigen Platzes.

Unablässig rollten vollbeladene Lkws an uns vorbei, um direkt auf eine im Boden eingelassene Waage zu fahren, mit der festgestellt wurde, welches Gewicht sich auf der Ladefläche befand. Anschließend ging die Fahrt zu den einzelnen Schuppen weiter, in denen die verschiedensten Metalle lagerten. Zunächst geschah nichts Aufregendes. Plötzlich fiel mir ein älterer Mann auf, der im Bereich des Auszahlungsschalters stand und dort wartete. Irgendwie passte der nicht ins Bild. Dem äußeren Anschein nach handelte es sich um einen Alkoholiker, der ausgesprochen ungepflegt wirkte. Kurz darauf geschah Merkwürdiges. Der Geldtransportwagen einer Bank fuhr vor und es wurden zwei Metallkoffer mit Bargeld an die Mitarbeiter im Kassenhäuschen übergeben.

Das Geldtransportfahrzeug war kaum weggefahren, als der ältere, ungepflegt wirkende Mann das Schalterhäuschen betrat. Mit dem Fernglas konnte ich nun durch die Scheiben des Häuschens Erstaunliches beobachten. Dem Mann, der sich später tatsächlich als Alkoholiker erwies, wurden dicke Bündel mit Geldscheinen übergeben, die er lässig in seine Manteltaschen steckte. Dann unterschrieb er mehrere Zettel und kam wieder aus dem Häuschen heraus. Nachdem er den Schrottplatz verlassen hatte, lief er langsam in Richtung einer Sackgasse. Hier blieb er stehen und wartete. Kurze Zeit später fuhren nacheinander 14 Fahrzeuge der oberen Fahrzeugklassen vor: BMW, Mercedes, Audis. Sie hielten unmittelbar bei unserem Mann an. Anschließend stieg der Fahrer oder Beifahrer aus und bekam jeweils ein dickes Bündel Geldscheine von unserem Mann überreicht. Minuten später rollten die meist südosteuropäisch aussehenden Männer in ihren Luxuskarossen wieder davon. Da wechselten binnen kürzester Zeit Zehntausende Euros ihren Besitzer. Nur einen Reim darauf konnten wir uns nicht machen, aber das es hier nicht mit rechten Dingen zuging, war uns klar.

Unsere Recherchen bestätigten, dass sämtliche Fahrzeuge auf Männer und Frauen zugelassen waren, die aus den Ländern Bosnien und Herzegowina, aus dem Kosovo und Mazedonien stammten.

Wir konzentrierten uns weiter auf unseren Geldverteiler, der sich inzwischen mit leeren Manteltaschen auf den Weg zur U-Bahn machte. Ich übernahm nun seine Beobachtung zu Fuß, während Schulle in unserem Fahrzeug blieb. Unser Mann, der leicht zu beobachten war, fuhr mit der U-Bahn in Richtung Schöneberg und stieg unter den Yorckbrücken aus. Hier betrat er zunächst einen Getränkeladen, kam mit zwei Flaschen Korn wieder heraus und lief dann zu seiner Wohnung. Ich konnte sehen, wie er die Wohnungstür einer Parterrewohnung aufschloss und darin verschwand. Mit diesen Erkenntnissen und dem abgelesenen Namen an der Wohnungstür brach ich meine Verfolgung ab und stieg zu Schulle ins Auto, der mir hinterhergefahren war.

»Schulle, du weißt ja, wie viele Betrügereien wir schon erkannt und bearbeitet haben, die genau diese Struktur aufweisen, nämlich: Unbescholtener Alkoholiker, ohne Schufa-Eintragung und bereits völlig verwahrlost, wird als Geschäftsführer für ominöse Firmen eingetragen. Meist werden diese dann für umfangreiche Betrügereien jeder Art benutzt. Als Lohn erhalten sie jeden Tag Schnaps ohne Ende. Werden diese meist sehr schadensintensiven Betrugsfälle dann aufgedeckt, ist bei diesen armen Schluckern nichts zu holen, während die eigentlichen Hintermänner gigantische Gewinne gemacht haben. Auch dass es sich bei diesen Hintermännern sehr häufig um Personen aus dem südosteuropäischen Raum handelt, die diese Art des Betruges bevorzugen, passt ins Bild!«, sagte ich zu Schulle, der längst das Gleiche dachte wie ich.

In unserer Dienststelle angekommen, brachten unsere Recherchen genau das Ergebnis, das wir bereits vermutet hatten. Jener Mensch in seiner Parterrewohnung war als Geschäftsführer einer Schrottverarbeitungsfirma eingetragen, die seit über einem Jahr bestand. Aber welche Art des Betruges fand dort statt? In den nächsten zwei Tagen nahm ich Kontakt zu allen möglichen Dienststellen auf, um zu erkunden, worum es sich handeln könnte. Zusätzlich befragte ich einige gute Bekannte, die auf Schrottplätzen tätig waren. Und damit kamen wir des Rätsels Lösung immer näher. Mir wurde nämlich klargemacht, dass es beim Verkauf von Altmetall zu einem Umsatzsteuerbetrug kommen kann. Das heißt, dass zunächst der Wert des abgegebenen Metalls zuzüglich der Umsatzsteuer von 19 Prozent dem offiziell Liefernden ausbezahlt wird. In unserem Fall ist dies der ominöse »Alki«. Wie dann weiter ermittelt, lieferten die Männer aus den schicken Luxuslimousinen oder ihre Zuträger im Laufe einer Woche unzählige Kilos, gar Tonnen von Buntmetall an einen geeigneten Schrottplatz. Dabei wurde nicht gleich abgerechnet, sondern es wurden die Lieferscheine, aus denen das Gewicht des gelieferten Buntmetalls hervorging, für unseren Geschäftsführer von der Schein-Schrottsammlerfirma gesammelt. Dieser »Alki«-Geschäftsführer erschien am Ende jeder Woche und kassierte die gesamte Summe für das angelieferte Buntmetall, zusätzlich der 19 Prozent Umsatzsteuer. Über den Vorsteueranspruch des Schrottgroßhändlers ist dieser nur in Höhe des abgegebenen Metalls belastet. Unsere bauernschlauen Ganoven erhalten jedoch den kompletten Warenwert, plus 19 Prozent Subvention vom Staat. Zur Verdeutlichung: Nicht nur, dass das abgegebene Metall nicht versteuert wurde; zusätzlich wurden noch 19 Prozent Umsatzsteuer, die zuvor vom Staat an den Schrottplatzbetreiber ausgezahlt worden waren, nicht rücküberwiesen. Denn wie bereits beschrieben, von dem Alkoholiker war nichts zu holen, der zahlte selbstredend keine Steuern, und die Namen der Anlieferer waren fiktiv.

Um welche Summen geht es hier? Allein in unserem Fall betrug die zu zahlende Umsatzsteuer mehr als eine Million Euro! Nochmals: Nur die betrügerisch kassierte Umsatzsteuer betrug weit über eine Million Euro, gezahlt vom gewöhnlichen Steuerzahler. Bei der Festnahme des vermeintlichen Geschäftsführers war dieser übrigens so betrunken, dass er nicht einmal seinen eigenen Namen zu nennen wusste. Seine Wohnung glich einer Müllhalde, bei ihm war wirklich nichts, aber auch gar nichts zu holen.

Dass der Schrottplatzbetreiber von diesem Spiel nichts bemerkt haben wollte, ist natürlich völlig unglaubhaft. Der zahlte am Freitag jeder Woche über ein Jahr lang an einen erkennbar völlig heruntergekommenen Alkoholiker Hunderttausende Euro aus. Aber da er an dem mehr als krummen Geschäft prächtig mitverdiente, machte er sich über die Hintergründe keine weiteren Gedanken.

Ein Informant erklärte mir zudem später, dass wegen der enormen Gewinnspannen auch große Mengen Kriegsschrott aus den ehemaligen Kampfgebieten Jugoslawiens, säuberlich zerlegt, den Weg zu unseren Schrottplätzen gefunden haben. Angesichts des lukrativen Umsatzsteuerbetrugs sollten wir nun auch einige schicke Häuser und Villen in den Außenbezirken Berlins mit ganz anderen Augen betrachten.

Beruhigend ist immerhin, dass dieses Steuergesetz im Jahr 2011 geändert wurde. Beim Handel mit Altmetall wurde das sogenannte Reverse Charge-Verfahren (Steuerumkehr) eingeführt, sodass wenigstens hier nicht mehr betrogen werden kann.

Während seiner Vernehmung wurde übrigens unser »Alki«-Geschäftsführer auf seine fünf Kinder angesprochen und gefragt, wo die denn lebten oder untergebracht seien. Verärgert äußerte er sinngemäß, dass dies überhaupt nicht seine »Gören« seien, ja er kenne die gar nicht. Er habe nur bei den »Ämtern« seine Vaterschaft bekundet, weil drei ausländische Frauen ihn darum gebeten hätten. Hintergrund dieser Scheinvaterschaft war, dass das Kind die deutsche Staatsbürgerschaft erhielt und die Mutter dementsprechend einen gesicherten Aufenthaltsstatus hatte. Unterhaltsansprüche musste unser »Alki« nicht fürchten, denn wie wir bereits wussten, war bei ihm nichts zu holen. Er hatte für diesen »Liebesdienst« mehrere Flaschen Hochprozentiges erhalten und war davon genauso beglückt wie diese »fürsorglichen« Mütter.

Das dies keine Einzelfälle sind, dürfte klar sein. Ende Januar 2014 hat übrigens das Bundesverfassungsgericht entschieden, dass eine Anfechtung der rechtswidrig erlangten Staatsbürgerschaft eines Kindes verfassungswidrig ist. Wieder einmal wird hier dem Betrug Tür und Tor geöffnet, manchmal kann man einfach nur noch staunen. Staunen musste ich auch bei folgendem Erlebnis.

Der Verdacht

Die Turmuhr der zwei Straßen weit entfernten Kirche schlägt sieben Mal hintereinander. Neunzehn Uhr also, super, nur noch knappe zwei Stunden bis zum Feierabend. Während ich am Schreibtisch meines Büros im Polizeiabschnitt 54 sitze und die Beurteilung eines Mitarbeiters verfasse, schweifen meine Gedanken immer öfter ab. Nach zehn Stunden Dienst sehne ich mich nach der Gemütlichkeit eines wohligen Abends im Kreise meiner Familie. Abrupt reißt mich das Klingeln meines Mobiltelefons in die Wirklichkeit zurück. Anhand der im Display aufleuchtenden Nummer erkenne ich sofort: der Lange ruft an.

»Hallo, Langer, was gibt es?«, beginne ich den Dialog. »Kalle, pass mal auf, ich habe soeben etwas Verdächtiges gesehen und ich sage Dir, das stinkt!«»Na los, erzähle«, erwidere ich und weiß gleichzeitig, wenn der Lange etwas bemerkt, das »stinkt«, dann ist da was dran. Wir sind schließlich nicht umsonst jahrelang gemeinsam durch die Straßen Neuköllns gefahren.

So erzählt er weiter: »Ich bin gerade auf dem Nachhauseweg und beim Durchfahren des Fenchelweges, da sehe ich, wie ein ziemlich großer Mann mit undefinierbarem Äußeren den Park, der sich rechtsseitig neben dem dortigen Kanal erstreckt, eilig verlässt und in Richtung eines schwarzen Audis läuft. Der Audi steht seltsamerweise etwa 80 Meter entfernt, und er besteigt den Wagen, ohne sofort loszufahren. Nachdem ich gewendet hatte, fuhr ich langsam vorbei und konnte erkennen, dass dieser seltsam verkleidete Mann seine Mütze tief ins Gesicht gezogen hatte und stur geradeaus guckte. Zeitgleich erblickte ich einen leeren Kindersitz auf der Rückbank. Kurz darauf ließ er den Motor an und fuhr zügig in Richtung Johannisthaler Chaussee davon. Du weißt ja, dass es hier im Park und auf dieser Nebenstraße stockduster ist. Auch läuft hier keine Menschenseele durch die Gegend, schon gar nicht bei diesem Sturm und der Eiseskälte. Ich sage dir, das stinkt zum Himmel, was meinst du?«

»Du hast recht, da stimmt irgendetwas nicht. Eventuell hat dieser ›Verkleidungskünstler‹ ein Kind dort abgelegt, in den Kanal geschmissen, umgebracht oder etwas anderes Furchtbares gemacht. Ich komme gleich hin, sag mir mal das Kennzeichen des Audis«, antworte ich.

»Es war ein Berliner Kennzeichen und zwar … Sei so nett und kümmere dich darum, ich muss dringend nach Hause fahren, denn ich habe eine wichtige Verabredung. Bis bald, Kalle, und melde dich bitte.«

Mein Feierabend ist damit dahin! Mein Weg führt mich nun zunächst drei Zimmer weiter, wo Kollege Waldi und seine Partnerin Anja Haftbefehle bearbeiten. Ich gebe ihnen eine kurze Zusammenfassung des Geschehens und bereits wenige Minuten später befinden wir uns auf der Stadtautobahn in Richtung Johannisthaler Chaussee. Während der Fahrt dorthin stellen wir per Funknachfrage fest, dass der Audi offensichtlich auf ein großes Firmenkonsortium zugelassen ist.

Nach einer rund 12-minütigen zügigen Fahrt treffen wir am beschriebenen Ort ein und beginnen gemeinsam, das Parkgelände am Kanal zu durchsuchen. Es erscheint keineswegs abwegig, dass hier ein Kind Opfer eines Verbrechens geworden ist. Hartnäckig, gründlich und ausdauernd leuchten wir mit unseren Taschenlampen jeden Winkel des Parks aus, suchen unter jedem Gebüsch, kehren Laubsäcke um, begehen die Uferböschung und erhellen mit unseren Lampen sogar Teile des Kanals. Die unangenehme Witterung, totale Finsternis, kalter Wind und einsetzender Nieselregen machen uns die Suche nicht leichter und nach mehr als 40 Minuten brechen wir die Suche frierend und durchnässt sowie erfolglos ab. Wir haben weder ein Kind noch andere verdächtige Utensilien gefunden, dafür sind meine Kollegin Anja und ich in diverse Hundehaufen getreten, die in dieser Finsternis für uns unsichtbar in großer Zahl in und zwischen den Büschen lagen. Unsere Stimmung entwickelt sich dementsprechend.

Aufzugeben kommt aber nicht infrage und so beschließen wir, uns direkt mit diesem Firmenkonsortium, also mit dem Halter des Audis, in Verbindung zu setzen, um herauszubekommen, wer das Fahrzeug nutzt. Leichter gesagt als getan. Es ist bereits 20.00 Uhr, und ich telefoniere zunächst mit einem Mitarbeiter, der für den überregionalen Service zuständig ist. Dieser teilt mit, dass er uns nicht weiterhelfen kann, er versuche aber, den zuständigen Fahrzeugmeister zu erreichen.

Während wir in unserem Funkwagen durchgefroren und schmutzig auf den Rückruf warten, wir haben zuvor unsere Schuhe notdürftig gesäubert, bringen unsere Kollegen auf der Abschnittswache in Erfahrung, dass der Firmenhauptsitz nur wenige Kilometer von unserem Standort entfernt ist. Wir beschließen, in diese Richtung zu fahren, und kurz darauf erhalte ich auch den Anruf vom Fahrzeugmeister. Er erklärt kurz und knapp, dass er nicht wisse, wer der Fahrzeugnutzer sei, und bei sich zu Hause auch keinen Zugang zum Firmencomputer habe. Er vertröstet mich auf den nächsten Tag und will mir dann kurz nach 06.00 Uhr den Namen mitteilen. Zwischenzeitig sind wir aber bereits am Hauptsitz der Firmengruppe im Bezirk Mitte eingetroffen. Wir wollen es versuchen. Vielleicht gibt es hier ja Mitarbeiter, die um diese Zeit noch arbeiten und weiterhelfen können. Erst einmal stehen wir jedoch staunend vor einem imposanten, sehr beeindruckenden Bürokomplex mit riesigen Glasflächen.

Nach dreimaligem Klingeln öffnet endlich ein Sicherheitsmitarbeiter und erklärt auf meine Fragen mit leicht gerümpfter Nase: »Mal sehen, was sich machen lässt. Zwar kennen mein Kollege und ich den Fahrzeugführer nicht, aber wir sehen mal in der Tiefgarage nach, ob der Audi dort steht!« »Na wunderbar, ist doch wenigstens ein Anfang«, erwidere ich und schon begeben wir uns in die Tiefgarage. Leider bleibt unsere dortige Suche erfolglos.

»Ist denn eventuell noch ein kompetenter Mitarbeiter der Firma im Haus, der helfen kann?«, stelle ich freundlich eine letzte Frage in Richtung des Sicherheitsmannes. Erstaunlicherweise doch hilfsbereiter als erwartet, begibt er sich mit uns in die siebte Etage, da dort noch Licht aus einem Büro scheint. Wir durchschreiten einen endlosen Flur, als der technische Geschäftsführer, wie sich später herausstellen sollte, sein Büro verlassen will. Geradezu unterwürfig spricht ihn der Sicherheitsmann leise an und bittet ihn, uns zu empfangen. Ich mische mich jetzt in dieses geflüsterte Gespräch ein und mache dem Geschäftsführer deutlich und unmissverständlich klar, dass wir den Anfangsverdacht einer Straftat haben und dabei eines der Firmenfahrzeuge eine Rolle spielt. Dann schildere ich ihm kurz dass beobachtete Geschehen. Überzeugt und leicht beunruhigt bittet er uns in sein Büro. Es folgen seinerseits mehrere Anrufe quer durch die Chefetage. Dabei gelingt es ihm zunächst nicht, festzustellen, wer besagten Audi fährt. Vermutlich will keiner diese Auskunft geben. Erst als er mich selbst mit dem Firmenchef telefonieren lässt, teilt mir dieser mit, dass ein Audi in dieser Ausstattung von einem weiteren Direktor, einem gewissen Dr. K., gefahren wird. Allerdings verweist er auf seine Rechtsabteilung und erklärt, dass er nicht möchte, dass wir mit ihm Kontakt aufnehmen, bevor er nicht mit einem Rechtsanwalt gesprochen hat. Mein Einwurf, dass es sich ja auch um etwas Harmloses handeln könnte und es wahrlich sinnvoll wäre, zunächst einmal selbst mit Dr. K. zu sprechen, führt dann doch dazu, dass er mir die Telefonnummer des Herrn übermittelt.

Schnell wähle ich die Nummer und nach viermaligem Klingeln meldet sich eine selbstbewusste Stimme mit den Worten »Dr. K., wer wünscht mich zu dieser späten Stunde noch zu sprechen?« Ich stelle mich vor und komme gleich zur Sache, indem ich die Frage stelle, ob er gegen 19.00 Uhr mit dem firmeneigenen Audi im Fenchelweg in Rudow unterwegs war. Es folgt eine längere Gesprächspause. Nach einigen unsicheren Ausreden bittet er darum, ein persönliches Gespräch über diese Angelegenheit führen zu dürfen. Meinen Vorschlag, zu ihm nach Hause zu kommen oder auf unserem Polizeiabschnitt zu erscheinen, lehnt er fast flehentlich ab und bietet an, in 20 Minuten in der Firma zu erscheinen. Ich gehe darauf ein und der technische Geschäftsführer bittet uns, so lange in seinem Büro Platz zu nehmen.

Bei diesem Büro handelt es sich um zwei riesige ineinander übergehende Räume, die eher einer Hotelsuite ähneln als dem, was man landläufig als Büro bezeichnet. Alles nagelneu und geschmackvoll ausgestattet. Heller, flauschiger Bodenbelag, dunkle Ledersessel, zwei Schreibtische im Edelholzdesign und vieles Noble mehr schmeicheln geradezu unseren von unseren eigenen Büros nicht gerade verwöhnten Augen.

Während uns der sehr entgegenkommende Geschäftsführer etwas zu trinken anbietet und einen interessanten Vortrag über sein riesiges Unternehmen hält, erscheint mir die ganze Angelegenheit doch etwas skurril. Anja und ich waren ja während unserer Suche im Park in einige Hundehaufen getreten und so sahen nicht nur unsere Schuhe dementsprechend aus, sondern es breitete sich zusätzlich ein ausgesprochen unangenehmer Geruch aus – und das in dieser »piekfeinen« Umgebung. Insgeheim musste ich aufgrund dieser etwas absonderlichen Situation etwas schmunzeln.

Fast auf den Punkt genau, 20 Minuten nach unserem Telefongespräch, erscheint Dr. K. Etwas blass im Gesicht, mit einem dunkelblauen Designeranzug bekleidet und einer schwarzen Aktentasche in der rechten Hand, steht ein fast 1,90 Meter großer Mann vor uns. Höflich, mit leiser, leicht feminin klingender Stimme spricht er mich an und bittet darum, ihn in sein Büro zu begleiten. Erneut betreten wir ein Büro, das mich in Erstaunen versetzt, und dies alles mit unseren verdreckten Schuhen. Nachdem besagter Dr. K. die Tür hinter sich geschlossen hat, beginnt er mit gesenktem Kopf und etwas schamhafter Stimme zu erzählen, dass er in der Tat gegen 19.00 Uhr in jenem Park gewesen sei. »Ich habe da so eine Divergenz, mit anderen Worten eine Andersartigkeit, die ich mir selbst nur schwer erklären kann«, führt er aus. Ohne dass wir ihn unterbrechen, teilt er weiter mit, dass er sich häufig mal umkleiden müsse und dabei vorzugsweise in Frauenkleider schlüpft.

»Wenn ich mich dann so angezogen habe, dann muss ich ganz für mich alleine sein und deshalb suchte ich diesen abgeschiedenen dunklen Park auf. Das ist wie ein Zwang, das brauche ich einfach ab und an«, berichtet er mit verlegener, leicht kratziger Stimme, und fügt hinzu: »Ich habe ja bemerkt, dass mich beim Verlassen des Parks ein Mann beobachtet hat, und wollte mich so unauffällig wie möglich entfernen, aber das klappte wohl nicht so richtig, ich glaube, das war nicht besonders intelligent von mir, entschuldigen sie bitte. Es wäre sehr nett von Ihnen, wenn meine Ehefrau und meine Kinder nichts von dieser Sache erfahren.«

Da mir in meiner langen Dienstzeit so einige wundersame Dinge untergekommen sind, meine Toleranz gegenüber Andersartigkeiten ausgesprochen hoch ist und mir auch sonst nichts Menschliches fremd ist, zeige ich schnell das notwendige Maß an Verständnis. Dies auch deshalb, weil ich merke, wie peinlich meinem Gegenüber das alles ist. Hinzu kommt, dass mir selbstverständlich ein Stein vom Herzen fällt, dass kein Kind zu Schaden gekommen ist, wie ursprünglich vermutet. Mein darauffolgendes kurzes Statement beschließe ich mit der Bitte, zukünftig weniger geheimnisvoll aufzutreten, um nicht erneut einer Straftat verdächtigt zu werden.

Ich verhehle nicht, dass meine Kollegen und ich auf dem Weg zum Polizeiabschnitt etwas grinsen mussten. Nicht nur wegen der Art und Weise, wie uns Dr. K. gegenüber getreten war, sondern auch wegen unserer unglaublich dreckigen Schuhe und Hosen, die im krassen Gegensatz zu den schicken Büros standen. All das verursachte doch eine gewisse Fröhlichkeit, zumal feststand, dass nichts Schlimmes passiert war.

Voller Spaß war allerdings auch abschließend mein Anruf beim Langen. Ich riet ihm zunächst, einen Augenarzt aufzusuchen, denn er hatte ja einen seltsam gekleideten großen Mann gesehen. Aus dem Park sei dann aber eine Frau im schicken Kleid gekommen, wie ich ihm nun erklärte. Verwundert fing er nun an, mit mir streiten zu wollen, und schwor Stein und Bein, dass dies ein seltsam gekleideter Mann gewesen sein muss, und er nur die Kleidung nicht genau erkannt habe, da es ja stockduster gewesen sei. Zum Schluss schilderte ich ihm dann den gesamten Vorgang. Dabei beschrieb ich auch Dr. K. und seine besondere Leidenschaft. Nun musste auch der Lange herzhaft lachen und war erlöst, dass kein grausiges Verbrechen geschehen war.

Messer, immer wieder Messer

Bedrohungen, Körperverletzungen, Raubtaten und Todesfälle, in denen ein Messer als Waffe eingesetzt wird, sind seit Jahren ein Phänomen, mit dem ich mich sehr schwertue. Praktisch täglich musste ich erleben oder in den kriminalpolizeilichen Lagebildern lesen, dass wieder jemand mit einem Messer schwer verletzt oder gar getötet wurde. Festzustellen ist erschreckenderweise auch, dass dabei die Täter immer jünger werden und bei ihren Taten hemmungslos Messer einsetzen, die teilweise eher Macheten oder Schwertern gleichen. Die Ausreden derjenigen, die diese Waffen benutzten oder die wir bei Personenkontrollen mit solchen antrafen, glichen sich aufs Wort: »Ich habe Angst vor einem Überfall, ich muss mich verteidigen, ich habe das Messer nur einfach so dabei« usw. Wer aber ein Messer mit sich führt, so jedenfalls meine polizeiliche Erfahrung, der ist auch bereit, es einzusetzen.

Jene Erkenntnis, durch eigene Geschehnisse hinlänglich belegt, führte dazu, dass ich gemeinsam mit dem Quartiersmanager Fadi Saad ein Fußballturnier im sogenannten Körnerkiez von Neukölln initiierte. Dieses verbanden mein arabischer Freund und ich mit der Forderung, in unserem Kiez waffenfrei durch die Straßen zu wandeln. Tatsächlich war nicht nur dieses Fußballturnier, »Körner-Cup« genannt, ein großer Erfolg, der bis zum heutigen Tage andauert, sondern die messertragenden Jünglinge waren bald eine Minderheit. Folgerichtig halten wir seitdem Vorträge an Schulen und anderen Einrichtungen, in denen wir Möglichkeiten der Gewaltprävention, also der Vorbeugung von Gewalt, beschreiben und dort besonders auf den Irrsinn des Messertragens eingehen. Unser gemeinsames Buch »Kampfzone Straße« befasst sich intensiv mit dieser Problematik und der Jugendkriminalität im Allgemeinen.

Wie aktuell diese Aufgabe ist, zeigen viele neue Fälle. Das Jahr 2014 war noch nicht einmal drei Tage alt, als es bereits zu vier üblen Messerattacken kam, bei denen Menschen folgenschwer verletzt wurden. Bei einem dieser Vorfälle wurde einem Mann ein Messer dreizehnmal in den Oberschenkel und das Gesäß gerammt. Der Täter war bereits nach einigen Stunden wieder auf freiem Fuß, während das Opfer tagelang unter großen Schmerzen um seine Gesundheit bzw. um sein Leben bangte. Der Paragraf 224 im Strafgesetzbuch, der die gefährliche Körperverletzung mit einer Waffe benennt, wird zwar rechtmäßig angewendet, hat aber leider nicht den richtigen Strafrahmen, um wenigstens eine gewisse Abschreckung zu bewirken. Dass es hier ein Missverhältnis zwischen dem berechtigten Interesse des meist fürchterlich verletzten Opfers nach einer angemessenen, sofortigen Verfolgung dieser Straftat und der realistischen, humanen Strafverfolgung besteht, liegt auf der Hand. Ein Überdenken dieses Paragrafen in Bezug auf das Strafmaß (vom Vergehen zum Verbrechenstatbestand) und die Möglichkeit, ihn wie bei einem Kapitalverbrechen so zu verändern, dass die Untersuchungshaft zwingend bis zur Gerichtsverhandlung verhängt wird (Fluchtgefahr aufgrund der zu erwartenden Strafe), erscheint mir zumindest diskussionswürdig. In unserer Zeit haben sich bestimmte Straftaten so verändert, dass sie dem »Jetzt« angepasst werden müssen. Gerade die körperliche Unversehrtheit ist aus meiner Sicht ein Gut, das ohne Einschränkungen besonders geschützt werden muss. Es darf einfach nicht passieren, dass zum Beispiel einem Krankenpfleger, der sich schützend vor eine Krankenschwester stellt, ein Messer von hinten in die Lunge gerammt wird, er danach auf der Intensivstation um sein Leben bangt und der Täter nach vierstündiger Vernehmung bei der Polizei entspannt nach Hause spaziert (Fehlender Haftgrund).

Hier wird der Rechtsstaat dem Opfer nicht gerecht! Ich bin zwar nicht blauäugig, denn mir ist durchaus bewusst, dass es ein Rechtssystem, in dem immer der recht bekommt, der recht hat, nicht geben kann. Aber ein deutliches Zeichen gegen das fast zur Normalität gewordene, verrohende Verwenden von Messern und anderen Waffen ist in der heutigen Zeit dringend geboten.

Häufig werde ich gefragt, was sich denn seit dem Beginn meiner Dienstzeit bis zum heutigen Tage verändert habe. Meine Antwort darauf lautet: Das für mich Bedrückendste ist die Brutalität der alltäglichen Gewalt. Natürlich hatte ich es auch schon zu Beginn meiner Karriere mit harten Gewaltverbrechen zu tun. Aber im Gegensatz dazu war die heutzutage praktizierte, fast schon zur Gewohnheit gewordene Gewalt kein Thema. Brutale Gewaltexzesse, häufig von Jugendlichen oder sogar von Kindern begangen, finden sich heute fast täglich im Kriminalitätslagebild.

Auch die immer massiver werdenden Angriffe gegen Personen, die dazu bestimmt sind, das staatliche Gewaltmonopol durchsetzen, stellen ein Phänomen unserer Zeit dar. Dass unter anderem Polizisten allein schon deshalb angegriffen werden, weil sie in Uniform auf der Straße Streife laufen, gibt mehr als zu denken und fordert die Politik zu entschiedenem Handeln auf.

Wie schnell sich inzwischen die Gewaltspirale dreht, zeigt sich zum Beispiel darin, dass es inzwischen zur Normalität gehört, dass mittlerweile stämmige Wachmänner in Freibädern und an Schulen Dienst schieben müssen, um zu verhindern, dass es dort zu Schlägereien oder Messerstechereien kommt.

Ein weiteres Beispiel für die ausufernde Gewaltbereitschaft sind beispielsweise Verkehrsunfälle, die in Massenschlägereien umschlagen. Plötzlich erscheinen am Unfallgeschehen unbeteiligte Personen, die sich hemmungslos in das Geschehen einmischen. Es entstehen Gruppen von bis zu 80 und mehr Personen und kurz darauf entbrennt eine wüste Prügelei. Eine Funkwagenbesatzung mit zwei Beamten kann da nur hilflos zusehen. Erst mit dem Einsatz ganzer

Polizei-Hundertschaften können diese völlig sinnlosen Gewaltexzesse beendet werden. An diesen überraschenden Wutausbrüchen sind übrigens zumindest in Berlin immer wieder Mitglieder der schon erwähnten kriminellen Großfamilien mit arabischem oder türkischem Hintergrund beteiligt.

Weiterhin besteht auch in anderen Teilen unserer Gesellschaft eine generelle Respektlosigkeit gegenüber anderen. Toleranz wird nur im Blick auf die eigene Person eingefordert. Überall dort, wo Einzelne meinen, dass ihr persönliches Ego auch nur ansatzweise eingeschränkt worden ist, kommt es immer mal wieder zu verbalen und körperlichen Auseinandersetzungen von bislang unbekanntem Ausmaß.

Pöbelnd, Respektlos, Aggressiv

Dienstagvormittag, mein Weg führt mich die Sonnenallee in Richtung Hermannplatz. Vor der Ernst-Abbe-Schule steht ein Daimler quer über den Gehweg geparkt. Der Wagen ist unverschlossen, die Seitenscheibe ist offen. Ich bleibe stehen und notiere mir das Kennzeichen. Mein Blick wandert umher, ein Verantwortlicher des Kfz ist nirgends zu sehen. Allerdings bemerke ich vier Burschen, die ein Café verlassen und auf mich zuschlendern:

»Was willst Du?«, werde ich lautstark und mit grimmiger Miene angeblafft.

»Gehört jemandem von Ihnen dieses Fahrzeug?« Meine Frage verhallt ungehört, stattdessen:

»Warum, hast Du Problem?«

Ich gehe auf die Provokation nicht ein, sondern schreibe weiter.

»Ich kenne Fahrer, bleib da, ich holen!« Einer dieser »netten« jungen Männer entfernt sich, während die anderen sich auf Arabisch offensichtlich prächtig über mich amüsieren. Kurz darauf kommt eine vor Kraft strotzende, etwa 1,60 Meter große, finster dreinblickende Person breitbeinig auf mich zugelaufen:

»Hast Du Problem?«, werde ich erneut mit hasserfüllter Miene gefragt.

»Ja, habe ich. Dieses Fahrzeug behindert nicht nur den Fußgängerverkehr, sondern ist auch nicht gesichert und steht zusätzlich noch im absoluten Halteverbot. Das ist mein Problem! Sind Sie eventuell der Halter?«, entgegne ich.

Ein erneutes »Warum?« wird mir entgegengeschleudert. Weitere unvollständige, beleidigende Sätze folgen. Erst mein Hinweis, dass dieser Pkw in den nächsten Minuten abgeschleppt werden wird, führt zu der Bemerkung: »Ich fahren Daimler – und jetzt?«

Meine Aufforderung, mir seine Papiere zur Person und zum Fahrzeug vorzulegen, führt nach einer längeren Debatte dazu, dass der Fahrzeugschein übergeben wird. Meine Frage nach dem Führerschein bzw. nach seinen Ausweispapieren wird mit »Schreib Anzeige«, einer abfälligen Handbewegung und kraftmeierischen Schritten in Richtung Mittelstreifen bedacht.

Mit viel innerer Ruhe und Gelassenheit gelingt es mir, die Papiere zu überprüfen, den Fahrer zu veranlassen, sein Fahrzeug zu entfernen. Ich schreibe eine Anzeige. Mittlerweile stehen bereits sieben Personen um mich herum und ich verlasse diesen ungemütlichen Kreis mit einem deutlichen Grummeln im Bauch.

Während ich weiterlaufe, erreicht mein Puls langsam wieder normale Werte. Allerdings komme ich nur bis zur nächsten Kreuzung. Verwundert stelle ich fest, dass auf der anderen Fahrbahnseite nichts mehr »läuft«. Auf der Sonnenallee staut sich der Verkehr hinter einem Lastwagen mindestens 200 Meter. Der Grund dafür ist schnell erkannt: ein blauer Polos, der in zweiter Spur steht und so den Lkw sowie den nachfolgenden Verkehr blockiert. Ich begebe mich in Richtung des VW-Polos und sehe, dass mich die Insassen bemerken und sich sofort demonstrativ zueinanderdrehen.

Mein Klopfen gegen das Fahrzeugfenster wird erst einmal nicht beachtet. Plötzlich wird die Tür aufgerissen und der Beifahrer stürzt wie ein wilder Stier auf mich zu. Mit einem gezielten Stoß gegen seine Brust stoppe ich den vermeintlichen Angriff, er wankt zurück. Überrascht von meiner schnellen Reaktion, näselt er schleimig und mit übertriebener Freundlichkeit: »Ich wollt dir bloß deine Brille wieder in die Hemdtasche stecken!«

Widerwillig lässt er anschließend die übliche Prozedur der Personalienfeststellung über sich ergehen, wobei er immer wieder wütend arabische Sätze in sich hineinmurmelt. Kaum bin ich etwa 30 Meter weitergegangen, tönt es hinter mir: »Wär ich Deutsch, hättest du nicht gemacht.« Eine türkische Frau läuft gemeinsam mit ihrer Tochter kopfschüttelnd vorbei und meint in meine Richtung: »Blöd, frech und unerzogen, wo führt das bloß hin?«, wobei sie dies zusätzlich mit einer hilflosen Geste ihrer Arme unterstreicht.

Am nächsten Tag laufe ich den gleichen Streifenweg gemeinsam mit meinem stellvertretenden Abschnittsleiter, der den Bereich der ersten Dienstgruppe kennenlernen möchte. Wir kommen bis zur Rütlistraße und treffen dort auf den zuständigen Schulleiter der Rütlischule, den ich ihm vorstelle. Während wir drei gemeinsam zusammenstehen und Gedanken austauschen, erhalte ich plötzlich einen massiven Stoß in den Rücken und taumle nach vorne. Ein 14-Jähriger ist mir offensichtlich in den Rücken gesprungen oder wurde in meine Richtung geschubst. Mein Schreck, der Schmerz, meine aufkommende Wut kann ich nur mühsam bremsen. Woher kommen nur diese anlasslose Wut, diese Bereitschaft zur Gewalt?

Ach, übrigens: Die 16 Fahrradfahrer, die mir auf meiner Streifentour rasant und ohne schlechtes Gewissen auf den Gehwegen entgegenkamen, mich dabei fast umfuhren und dabei immer mit denselben Ausreden antworteten, wie: »Ist denn das Fahrradfahren auf dem Gehweg verboten?« oder: »Kümmern Sie sich lieber um wichtigere Dinge!«, möchte ich nur vollständigkeitshalber erwähnen. Wie selbstverständlich vergaßen diese Radfahrer in der Mehrzahl auch nicht, mich penetrant darauf hinzuweisen, wie ökologisch wertvoll ihr Beitrag zum Straßenverkehr sei: Sozusagen ihr persönlicher »Persilschein« dafür, dass die Straßenverkehrsordnung für sie nur in einem eingeschränkten Sinne gilt.

Im Nachgang

Die Geschichten »Geiselnahme« und »Versuchter Mord« wurden vom Fernsehsender RTL in der Serie »Top Cops« verfilmt. Anlässlich dieser Filmaufnahmen, die in München stattfanden, gelang es mir, einen Serientäter im Bereich des Trickdiebstahls festzunehmen. Als ich dann nach Berlin zurückkehrte, fand ich diese tolle Kolumne, geschrieben von Peter Glaser, dem Pressesprecher der Berliner Polizei, vor:

Ein Preuße in Bayern
Daß Preußen und Bayern nicht miteinander auskommen, gehört spätestens nach der dritten »Molle« ins Reich der Fabel. Daß Polizisten und Ganoven niemals miteinander auskommen, gilt in Bayern und in Preußen. Es gilt natürlich auch, wenn Zivilfahnder aus Berlin völlig privat durch München spazieren.

Hier die Geschichte des 39-jährigen Polizeihauptmeisters Karlheinz Gaertner von einer Kreuzberger Einsatzbereitschaft:

Karlheinz G. ist ein überaus erfolgreicher Zivilfahnder. So ist es kein Wunder, daß ihn einer seiner Fälle jetzt nach München führte. Als Berater sollten er und ein Kollege zu einem selbst erlebten brisanten Einsatz Schauspielern zur Seite stehen. Es ging um Festnahmen von Rauschgifthändlern. Selbstverständlich hatte der Berliner Polizist aber auch Interesse am schönen München.

Am 21. Januar lernte er es dann von seiner unangenehmen Seite kennen. In der Nymphenburger Str. hörte er plötzlich Hilferufe einer Frau. Ohne zu zögern bahnte er sich einen Weg durch die herumstehenden Zuschauer und bekam mit, was die Frau wollte. Sie hatte einen Trickdieb wiedererkannt, der einige Tage vorher einen 88-jährigen Mann überlistet und bestohlen hatte. Karlheinz G. schaltete schnell und rannte dem 38-jährigen Münchner Robert H. hinterher.

Er holte ihn ein und übergab ihn seinen bayrischen Kollegen. Die bedankten sich und nannten den Preußen einen mustergültigen Polizisten.

Daß er das ist, bewies der Hauptmeister schon drei Tage später erneut. Wieder im Dienst und in Berlin, war er in der vergangenen Nacht unterwegs. Gegen 01.15 Uhr fiel ihm ein Auto auf, daß offenbar viel zu schnell fuhr. Eine kurze Verfolgungsfahrt und der Polizist hatte zum x-tenmal sein »feines Näschen« bewiesen. Im Wagen saß ein Mann, der dringend im Zusammenhang mit einem Raub gesucht wurde.

Danksagung

Dieses Buch widme ich denen, die mit viel Enthusiasmus und Fleiß versuchten, mit mir gemeinsam das Leben in Berlins Straßen etwas sicherer zu machen. Einige wurden in diesem Buch mit ihrem Vornamen oder ihrem Spitznamen genannt und sind mir längst gute Freunde geworden.

Sämtliche Namen und Orte der beschriebenen Geschehnisse wurden geändert.

Die Spitz- und Vornamen der in diesem Buch erwähnten Kolleginnen und Kollegen sind mit ihrem Einverständnis unverändert geblieben.